ABITUR
CLEVER VORBEREITET

PHYSIK

tandem.VERLAG
print line

ABITUR
CLEVER VORBEREITET

PHYSIK

Autor: Rolf Hermes

Umschlaggestaltung: Stefanie Brüssel, Potsdam
Bildnachweis Cover: shutterstock
Gesamtherstellung: Tandem Verlag GmbH, Potsdam

ISBN: 978-3-8427-1431-1

Vorwort

Abitur clever vorbereitet – Physik soll Ihnen helfen, prüfungsrelevante Themen im Fach Physik zu wiederholen. Sie finden hier einen kompakten Überblick, der es Ihnen ermöglicht, den gesamten Stoff zu wiederholen und Ihre eigenen Wissenslücken zu erkennen – und zu beheben: Schlagen Sie einfach die Bereiche nach, in denen Sie noch nicht ganz sicher sind.

Das Buch enthält zahlreiche Merkkästen, Insider-Tipps und Checklisten, die Ihnen das Lernen erleichtern sollen. Vor allem die fett gedruckten Begriffe im Text sollen Sie an die wichtigsten Schlagworte erinnern – gehen Sie sicher, dass Sie diese verstanden haben und gegebenenfalls auch ausführlicher erklären können. Vertiefungskästen behandeln weitergehenden Stoff.

Es ist nicht nötig, das Buch von vorne nach hinten durchzuarbeiten. Jedes Kapitel steht für sich und behandelt einen anderen Themenbereich der Prüfung. Deshalb ist es auch möglich, nur einzelne Bereiche, wie beispielsweise die Kernphysik, nachzuschlagen und zu wiederholen.

Das **Prüfungstraining** auf der beiliegenden CD-ROM ermöglicht es Ihnen, einzelne Themenbereiche aus dem Buch aktiv zu trainieren. Es enthält Musteraufgaben und Prüfungsbeispiele für das schriftliche und mündliche Abitur. Auch allgemeine Tipps zur Abiturvorbereitung im Fach Physik finden Sie dort. Das Buch kann man gut in Kombination mit der CD-ROM benutzen: zuerst ein Thema im Buch nachlesen und dann das Gelernte durch die entsprechenden Aufgaben auf der CD vertiefen und prüfen.
Hinweise zur Nutzung der CD-ROM „**Abitur clever vorbereitet – Prüfungstraining**" finden Sie auf der letzten Seite dieses Buches.

Wir wünschen Ihnen viel Erfolg für die Prüfung!

Inhalt

1 Grundlagen der Mechanik

Im Rahmen der Kinematik (Bewegungslehre) werden die Grundtypen geradliniger und ebener Bewegungen behandelt. Es folgt die Dynamik, in deren Mittelpunkt die drei Newton'schen Grundgesetze stehen. Dabei begründet der Kraftbegriff nicht nur Änderungen des Bewegungszustands, sondern führt auch hin zur mechanischen Arbeit und zur Leistung. Die Betrachtung der kinetischen, der potenziellen sowie der Spannenergie mündet in den Energieerhaltungssatz, der zusammen mit dem Impulserhaltungssatz die Behandlung des geraden elastischen Stoßes ermöglicht. Für gerade unelastische Stöße wird lediglich der Impulserhaltungssatz benötigt.

1.1 Kinematik geradliniger Bewegungen

Wenn ein Körper im Zeitablauf Ortsänderungen entlang einer geraden Linie (Weg-Achse) vollzieht, dann spricht man von einer **geradlinigen Bewegung**. Eine wesentliche Aufgabe der Bewegungslehre (Kinematik) besteht nun darin, die Abhängigkeit des **Ortes *s*** von der **Zeit *t*** experimentell zu erfassen, durch ein entsprechendes Weg-Zeit-Gesetz $s(t)$ zu beschreiben und einem Bewegungstyp (z. B. gleichförmige oder gleichmäßig beschleunigte Bewegung) zuzuordnen. Dabei werden die erforderlichen Ortsbestimmungen vereinfacht, indem man sich die ausgedehnte Masse des betrachteten Körpers in seinem Schwerpunkt zusammengefasst denkt (**Massenpunktmodell**) und sich für die Bewegung eben dieses Punktes als des Repräsentanten des ausgedehnten Körpers interessiert.

Zu einer **geradlinig gleichförmigen Bewegung** gehört stets ein **lineares Weg-Zeit-Gesetz**, wobei die Gerade im t-s-Diagramm dann sogar im Koordinatenursprung beginnt, wenn mit dem Beginn der Bewegung ($t = 0\,\text{s}$) auch die Positions-Nullmarke ($s = 0\,\text{m}$) verbunden wird. Jedes Steigungsdreieck führt hier auf die konstante **Durchschnittsgeschwindigkeit** $\bar{v} = \frac{\Delta s}{\Delta t}$, die ein Maß ist für die in jeder Zeiteinheit erfolgte Ortsänderung.

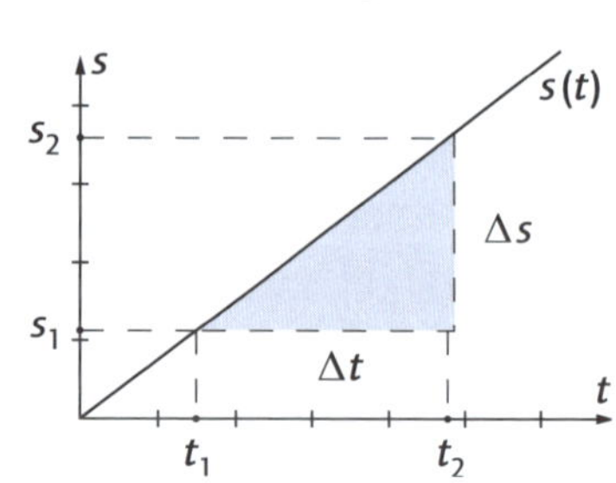

BEISPIEL 1 ▪ Ein Radfahrer startet um 10.20 Uhr in A-Dorf und erreicht das 54 km entfernte B-Dorf um 13.20 Uhr. Nachdem er die ersten 30 km der Strecke mit 24 km/h zurückgelegt hat, legt er eine 15-minütige Pause ein, bevor er auch den Rest der Strecke wieder mit konstanter Geschwindigkeit zurücklegt. Bestimmen Sie seine Durchschnittsgeschwindigkeit und seine Geschwindigkeit auf der Reststrecke.

Mit 13.20 Uhr − 10.20 Uhr = 3 h folgt:

Durchschnittsgeschwindigkeit: $\bar{v} = \frac{54\,\text{km} - 0\,\text{km}}{3\,\text{h}} = 18\,\text{km/h} = 5\,\text{m/s}$

Zeit für die 1. Teilstrecke: $\Delta t_1 = \frac{\Delta s_1}{v_1} = \frac{30\,\text{km}}{24\,\text{km/h}} = 1{,}25\,\text{h}$; hier: $v_1 = 6{,}7\,\text{m/s}$

Zeit für die Pause: $\Delta t_2 = 15\,\text{min} = 0{,}25\,\text{h}$; hier: $v_2 = 0\,\text{m/s}$

Geschwindigkeit auf der Reststrecke:

$$v_3 = \frac{\Delta s_3}{\Delta t_3} = \frac{54\,\text{km} - 30\,\text{km}}{3\,\text{h} - 1{,}5\,\text{h}} = 16\,\text{km/h} = 4{,}4\,\text{m/s}$$

Dieses Beispiel zeigt, dass die Durchschnittsgeschwindigkeit $\bar{v}$ eines Körpers nicht mit seiner **Momentangeschwindigkeit *v*** verwechselt werden darf! Die Momentangeschwindigkeit wird ermittelt, indem man das Zeitintervall Δt so klein wie (messtechnisch) möglich wählt, was formal durch die **Grenzwertbildung** $v = \lim\limits_{\Delta t \to 0} \frac{\Delta s}{\Delta t}$ ausgedrückt wird.

Während die Momentangeschwindigkeit bei einer gleichförmigen Bewegung stets mit der Durchschnittsgeschwindigkeit übereinstimmt, ist das nicht mehr der Fall, sobald sich die Momentangeschwindigkeit während des Beobachtungszeitraumes ändert. Man spricht dann von einer **beschleunigten Bewegung**. Die **Beschleunigung *a*** eines Körpers gibt an, in welchem Maße sich die Geschwindigkeit je Zeiteinheit ändert, und man unterscheidet, analog zur Geschwindigkeit, zwischen der **durchschnittlichen Beschleunigung** $\bar{a} = \frac{\Delta v}{\Delta t}$ und der **momentanen Beschleunigung** $a = \lim\limits_{\Delta t \to 0} \frac{\Delta v}{\Delta t}$.

BEISPIEL 2 ▪ Ein Sportwagen erreicht aus dem Stand heraus nach 4 Sekunden die Geschwindigkeit 50 km/h und nach weiteren 4 Sekunden 100 km/h. Bestimmen Sie die beiden Momentanbeschleunigungen und vergleichen Sie sie mit der durchschnittlichen Beschleunigung.

Erste Momentanbeschleunigung: $a_1 = \frac{\Delta v_1}{\Delta t_1} = \frac{13{,}9\,\text{m/s} - 0\,\text{m/s}}{4\,\text{s} - 0\,\text{s}} = 3{,}5\,\text{m/s}^2$

Zweite Momentanbeschleunigung: $a_2 = \frac{\Delta v_2}{\Delta t_2} = \frac{27{,}8\,\text{m/s} - 13{,}9\,\text{m/s}}{8\,\text{s} - 4\,\text{s}} = 3{,}5\,\text{m/s}^2$

Durchschnittliche Beschleunigung: $\bar{a} = \frac{\Delta v}{\Delta t} = \frac{27{,}8\,\text{m/s} - 0\,\text{m/s}}{8\,\text{s} - 4\,\text{s}} = 3{,}5\,\text{m/s}^2$

Die durchschnittliche Beschleunigung stimmt hier mit den beiden Momentanbeschleunigungen überein.

Stimmt, wie im Beispiel 2, die Momentanbeschleunigung zu jedem Zeitpunkt mit der durchschnittlichen Beschleunigung überein, so liegt eine **gleichmäßig beschleunigte Bewegung** vor. Für diesen Fall nehmen die Bewegungsgesetze, nämlich das Weg-Zeit-Gesetz $s(t)$, das Geschwindigkeits-Zeit-Gesetz $v(t)$ und das Beschleunigungs-Zeit-Gesetz $a(t)$, die folgende Form an:

MERKE

gleichmäßig beschleunigte Bewegung		gleichförmige Bewegung
$s(t) = s_0 + v_0 \cdot t + \frac{1}{2} \cdot a \cdot t^2$	$a = 0\,\text{m/s}^2 \Rightarrow$	$s(t) = s_0 + v_0 \cdot t$
$v(t) = v_0 + a \cdot t$	$a = 0\,\text{m/s}^2 \Rightarrow$	$v(t) = v_0$
$a(t) = a = \text{const.}$	$a = 0\,\text{m/s}^2 \Rightarrow$	$a(t) = 0\,\text{m/s}^2$

Offensichtlich gehen diese Gesetze im Falle einer unbeschleunigten Bewegung ($a = 0\,\text{m/s}^2$) in die Bewegungsgesetze der gleichförmigen Bewegung über. Umgekehrt: Eine gleichmäßig beschleunigte Bewegung setzt sich nach dem **Überlagerungsprinzip** additiv zusammen aus einer gleichförmigen und einer beschleunigten Bewegungskomponente. Auch das folgende Beispiel knüpft an diesen Zusammenhang zwischen den beiden Bewegungstypen an, wobei wir eine Bewegung unter dem Einfluss der **konstanten Fallbeschleunigung** (auch: **Erdbeschleunigung**) $g = 9{,}81\,\text{m/s}^2$ betrachten wollen:

BEISPIEL 3

a) Ein Stein wird mit der Geschwindigkeit $v_0 = 2\,\text{m/s}$ senkrecht nach oben geworfen. Notieren Sie die Bewegungsgesetze für diesen senkrechten Wurf und zeichnen Sie die zugehörenden *t-s*- und *t-v*-Diagramme. Welche Koordinaten hat der höchste Punkt der Wurfbahn?

$$s(t) = v_0 \cdot t - \frac{1}{2} \cdot g \cdot t^2 = 2\,\text{m/s} \cdot t - 4{,}91\,\text{m/s}^2 \cdot t^2$$
$$v(t) = v_0 - g \cdot t = 2\,\text{m/s} - 9{,}81\,\text{m/s}^2 \cdot t$$
$$a(t) = -g = -9{,}81\,\text{m/s}^2$$

Im höchsten Bahnpunkt $(t_m | s_m)$ ist die Momentangeschwindigkeit gerade null und $v_0 - g \cdot t_m = 0\,\text{m/s}$ führt auf die Steigzeit $t_m = \frac{v_0}{g} = \frac{2\,\text{m/s}}{9{,}81\,\text{m/s}^2} = 0{,}20\,\text{s}$. Damit erhält man die Steighöhe:

$$s_m = s(t_m) = v_0 \cdot \frac{v_0}{g} - \frac{1}{2} \cdot g \cdot \left(\frac{v_0}{g}\right)^2 = \frac{v_0^2}{2 \cdot g} = \frac{(2\,\text{m/s})^2}{2 \cdot 9{,}81\,\text{m/s}^2} = 0{,}20\,\text{m}.$$

b) Der Vorgang aus a) wird nun von einem zweiten Beobachter beschrieben, der sich selbst in einem Aufzug befindet und mit 2 m/s nach oben bewegt. Beim Abwurf befindet sich für ihn der Stein 1,5 m über dem Aufzugboden. Welchen Bewegungstyp nimmt dieser Beobachter wahr?

Begründen Sie Ihre Aussage und notieren Sie die Bewegungsgesetze. Zeichnen Sie die *t-s*- und *t-v*-Diagramme. Nach welcher Zeit hat der Stein das Niveau des Aufzugbodens erreicht? Welche Geschwindigkeit besitzt er dann?

Weil sich der Beobachter selbst mit der Abwurfgeschwindigkeit von 2 m/s gleichförmig nach oben bewegt, fällt der Stein aus seiner Sicht frei nach unten. Also beobachtet er einen freien Fall mit den Bewegungsgesetzen:

$$s(t) = -\frac{1}{2}\cdot g\cdot t^2; \quad v(t) = -g\cdot t; \quad a(t) = -g$$

Für eine Fallstrecke von $s = -1{,}5\,\text{m}$ wird die Zeit

$$t = \sqrt{-2\cdot\frac{s}{g}} = \sqrt{\frac{-2\cdot(-1{,}5\,\text{m})}{9{,}81\,\text{m/s}^2}} = 0{,}55\,\text{s} \text{ benötigt.}$$

Seine Fallgeschwindigkeit beträgt zu diesem Zeitpunkt

$$v(0{,}55\,\text{s}) = -9{,}81\,\text{m/s}^2\cdot 0{,}55\,\text{s} = -5{,}4\,\text{m/s}.$$

Diagramme zu

a)

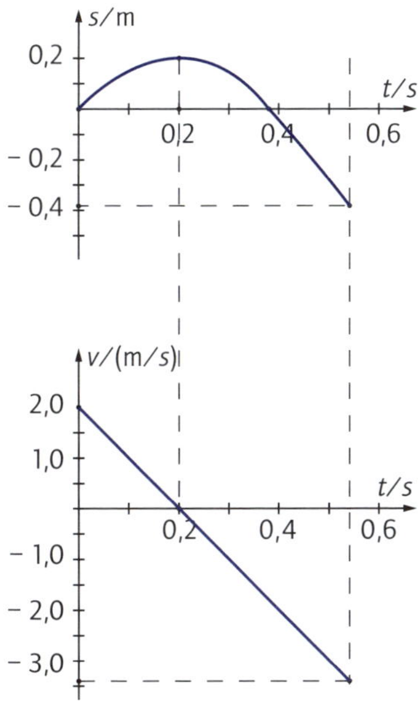

b)

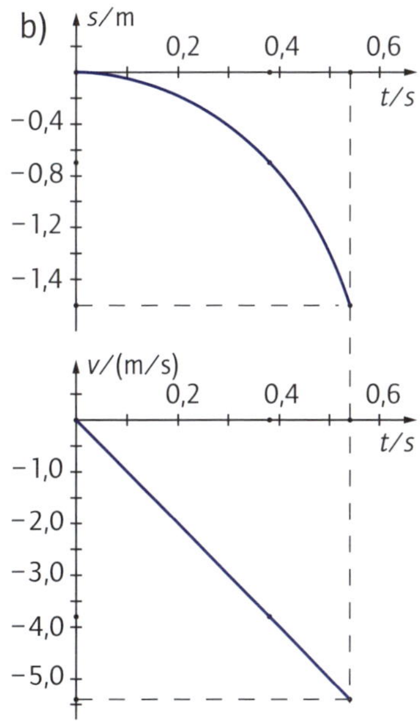

INSIDER-TIPP

Beschreiben Sie eine Bewegung möglichst so, dass sich der Körper zu Beginn ($t = 0\,\text{s}$) bei der Wegmarke $s = 0\,\text{m}$ befindet.
Dann entfällt nämlich die additive Konstante s_0 und das Weg-Zeit-Gesetz lautet vereinfacht: $s(t) = v_0\cdot t + \frac{1}{2}a\cdot t^2$, und im *t-s*-Diagramm startet die Bewegungskurve im Koordinatenursprung.

ZUR VERTIEFUNG

1. Die mit der Momentangeschwindigkeit und der Momentanbeschleunigung verbundenen Grenzwertbildungen lassen sich als Ableitungen (vgl. Differenzialrechnung) auffassen. Es gilt:
   $v = \frac{ds}{dt} = \dot{s}$ und $a = \frac{dv}{dt} = \dot{v}$
   Prüfen Sie diese Zusammenhänge für die Bewegungsgesetze dieses Abschnitts bitte nach.
2. Der Weg s, den ein Körper im Zeitraum von t_1 bis t_2 zurücklegt, kann anschaulich als Inhalt derjenigen Fläche aufgefasst werden, die im t-v-Diagramm von dem Graphen $v(t)$ über dem Intervall $[t_1;\ t_2]$ berandet wird (vgl. Integralrechnung). Prüfen Sie diesen Zusammenhang für den einfachen Fall einer geradlinig gleichförmigen Bewegung nach.
3. Die im Beispiel 3 aufgezeigte Verwandtschaft zwischen freiem Fall und senkrechtem Wurf führt zu dem allgemeingültigen Relativitätsprinzip von Galilei. Es besagt, dass Bewegungen, die sich nur durch eine konstante Geschwindigkeitskomponente voneinander unterscheiden, durch einen geeigneten Wechsel des Koordinatensystems, eine sogenannte Galilei-Transformation, ineinander überführt werden können.

1.2 Kinematik ebener Bewegungen

Zur Beschreibung von Bewegungen, die in einer Ebene stattfinden, verwendet man Koordinatensysteme, die aus zwei senkrecht zueinander verlaufenden Wegachsen, der s_x- und der s_y-Achse, gebildet werden. Und bei geschickter Wahl des Achsensystems ist es oftmals möglich, die ebene Bewegung durch Projektionen auf die Koordinatenachsen in zwei **geradlinige Teilbewegungen $s_x(t)$ und $s_y(t)$** bekannten Typs zu zerlegen.

Umgekehrt besagt das **Unabhängigkeitsprinzip** in Verbindung mit dem bereits im vorigen Abschnitt erwähnten **Überlagerungsprinzip**, dass sich die beiden Teilbewegungen wieder zur Gesamtbewegung überlagern, ohne sich gegenseitig zu beeinflussen, zusammen also eine vollständige Beschreibung der ebenen Bewegung liefern.

Gleichermaßen lassen sich auch die ebenen Geschwindigkeiten bzw. Beschleunigungen durch die gleichzeitige Angabe der **Geschwindigkeitskomponenten $v_x(t)$ und $v_y(t)$** bzw. der **Beschleunigungskomponenten $a_x(t)$ und $a_y(t)$** vollständig erfassen. Dieser Weg wird auch bei der folgenden Behandlung des waagerechten Wurfes und der gleichförmigen Kreisbewegung beschritten, wobei mit diesen beiden Bewegungsformen bereits der überwiegende Teil ebener Bewegungen aus der Schulphysik kinematisch beschrieben werden kann.

Ähnlich dem senkrechten Wurf (→ Seite 8, Beispiel 3) kann auch dem **waagerechten Wurf** mithilfe des Überlagerungsprinzips eine enge Verwandtschaft zum freien Fall nachgewiesen werden:

BEISPIEL 4 ▪ Ein Skateboardfahrer (A) fährt mit der Geschwindigkeit $v_{0x} = 1\,m/s$ an dem ruhenden Beobachter (B) ($v_{0x} = 0\,m/s$) vorbei und lässt im Augenblick des Passierens einen Ball aus 0,8 m Höhe über dem Erdboden fallen.

a) Berechnen Sie die Position des Balles auf den von A und B wahrgenommenen Bahnkurven in 0,1-s-Abständen bis zum Auftreffen auf dem Boden.

t/s	0,0	0,1	0,2	0,3	0,4
für B s_x/m	0,00	0,10	0,20	0,30	0,40
für A u. B s_y/m	0,00	−0,05	−0,20	−0,44	−0,78

b) Welche Bahnkurven beobachten A und B? Geben Sie für B die zeitfreie Form (auch: geschlossene Form) der Bahnkurve an.

A bewegt sich in s_x-Richtung parallel zum Ball und beobachtet daher einen freien Fall. Für B hingegen besitzt der Ball die horizontale konstante Geschwindigkeit $v_{0x} = 1\,m/s$, die sich dem freien Fall überlagert und zur **Wurfparabel des waagerechten Wurfes** führt.

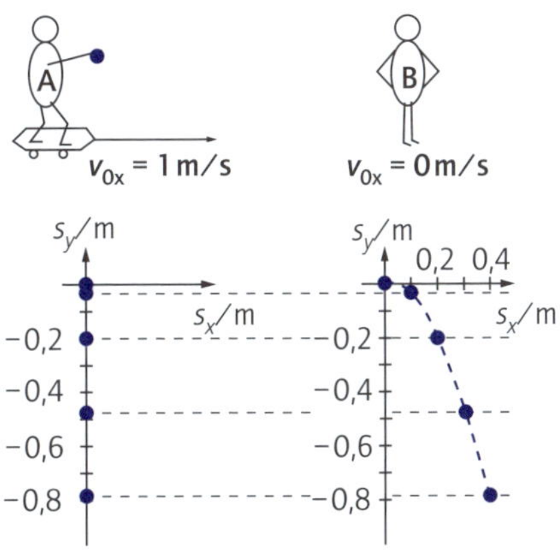

Aus $s_x(t) = v_{0x} \cdot t$ folgt $t = \frac{s_x}{v_{0x}}$ und die Substitution in $s_y(t) = -\frac{1}{2} \cdot g \cdot t^2$ liefert mit

$s_y = -\left(\frac{g}{2v_{0x}^2}\right) \cdot s_x^2$ die nach unten geöffnete Wurfparabel.

Zusammenfassend hier die Bewegungsgesetze des waagerechten Wurfes im Überblick:

MERKE ▪ Bewegungsgesetze des waagerechten Wurfes

Weg-Zeit-Gesetze der Teilbewegungen:

$$s_x(t) = v_{0x} \cdot t + s_{0x} \text{ und } s_y(t) = -\frac{1}{2} \cdot g \cdot t^2 + s_{0y}$$

Geschwindigkeits-Zeit-Gesetze:

$$v_x(t) = \dot{s}_x(t) = v_{0x} \text{ und } v_y(t) = \dot{s}_y(t) = -g \cdot t$$

Beschleunigungs-Zeit-Gesetze:

$$a_x(t) = \dot{v}_x(t) = 0 \text{ und } a_y(t) = \dot{v}_y(t) = -g$$

Wählt man die Anfangspositionen $s_{0x} = s_{0y} = 0$, so erhält man die geschlossene Darstellung der Wurfparabel: $s_y(s_x) = -\left(\frac{g}{2 v_{0x}^2}\right) \cdot s_x^2$

Von einer **gleichförmigen Kreisbewegung** spricht man, wenn ein Körper eine Kreisbahn mit **konstanter Bahngeschwindigkeit *v*** durchläuft, also für jeden Umlauf die feste **Umlaufszeit** (auch: **Periode**) *T* benötigt. Dem Kreisradius *r* entspricht der Kreisumfang $2\pi r$, sodass sich die Bahngeschwindigkeit zu $v = \frac{2\pi r}{T} = \frac{2\pi}{T} \cdot r = \omega \cdot r$ ergibt.

Die **Winkelgeschwindigkeit** $\omega = \frac{\Delta\varphi}{\Delta t}$ entspricht dem Quotienten aus dem überstrichenen Winkel (hier: $\Delta\varphi = 2\pi$) und der hierfür benötigten Zeit (hier: $\Delta t = T$) und stellt den vom Radius unabhängigen Teil der Geschwindigkeit dar. Und weil die Umlaufzeit *T* durch die Beziehung $f = \frac{1}{T}$ mit der **Frequenz *f*** verknüpft ist, wird die Größe

$\omega = \frac{2\pi}{T} = 2\pi \cdot f$ auch als **Kreisfrequenz** bezeichnet.

BEISPIEL 5 ▪ Eine Waschmaschinentrommel vom Durchmesser 50 cm schleudert mit 900 Umdrehungen pro Minute.

a) Wie groß ist die Winkelgeschwindigkeit der Trommel?

Zur Frequenz $f = 900\,\text{min}^{-1} = 15\,\text{s}^{-1}$ gehört die Winkelgeschwindigkeit $\omega = 2\pi \cdot f = 2\pi \cdot 15\,\text{s}^{-1} = 94{,}2\,\text{s}^{-1}$.

b) Welche Bahngeschwindigkeit erreichen die Wäschestücke beim Schleudern?

Die Wäschestücke werden nach außen gedrückt und durchlaufen Kreisbahnen vom Radius $r = 0{,}25\,\text{m}$ mit einer Bahngeschwindigkeit von $v = \omega \cdot r = 94{,}2\,\text{s}^{-1} \cdot 0{,}25\,\text{m} = 23{,}6\,\text{m/s}$ (= 84,8 km/h).

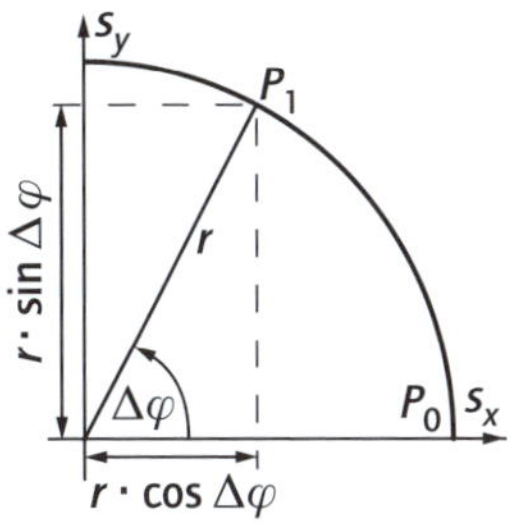

Ein Massenpunkt, der während des Zeitintervalls Δt den Kreisbogen $\widehat{P_0P_1}$ vom Radius r durchlaufen hat, besitzt die Ortskoordinaten

$$s_x(\Delta t) = r \cdot \cos\left[\left(\frac{\Delta\varphi}{\Delta t}\right) \cdot \Delta t\right] = r \cdot \cos(\omega \cdot \Delta t) \text{ und}$$

$$s_y(\Delta t) = r \cdot \sin(\omega \cdot \Delta t).$$

Beginnt die Zeitmessung bei $t_0 = 0\,\text{s}$, so notiert man vereinfachend $\Delta t = t - t_0 = t$ und erhält so die:

MERKE ▪ Bewegungsgesetze der gleichförmigen Kreisbewegung

Weg-Zeit-Gesetze der Teilbewegungen:

$$s_x(t) = r \cdot \cos(\omega \cdot t) \text{ und } s_y(t) = r \cdot \sin(\omega \cdot t)$$

Geschwindigkeits-Zeit-Gesetze:

$$v_x(t) = \dot{s}_x(t) = -r \cdot \omega \cdot \sin(\omega \cdot t) \text{ und}$$

$$v_y(t) = \dot{s}_y(t) = r \cdot \omega \cdot \cos(\omega \cdot t)$$

Beschleunigungs-Zeit-Gesetze:

$$a_x(t) = \dot{v}_x(t) = -r \cdot \omega^2 \cdot \cos(\omega \cdot t) \text{ und}$$

$$a_y(t) = \dot{v}_y(t) = -r \cdot \omega^2 \cdot \sin(\omega \cdot t)$$

Der Satz des Pythagoras führt auf die geschlossene Form der Kreisbewegung: $s_x^2 + s_y^2 = r^2$

BEISPIEL 6

a) Leiten Sie die Bahngeschwindigkeit einer gleichförmigen Kreisbewegung aus den Geschwindigkeits-Zeit-Gesetzen her. Welche Richtung besitzt die Bahngeschwindigkeit?

Der Satz des Pythagoras liefert zusammen mit der trigonometrischen Formel $\sin^2 x + \cos^2 x = 1$: $v = \sqrt{v_x^2 + v_y^2} = \sqrt{r^2 \cdot \omega^2 \cdot (\sin^2 \omega\, t + \cos^2 \omega\, t)} = \omega \cdot r$

Die Geschwindigkeit weist stets tangential zur Kreisbahn, also senkrecht zum Verbindungsradius des umlaufenden Körpers, und sie ändert daher ständig ihre Richtung, nicht aber ihren Betrag.

b) Leiten Sie die Zentripetalbeschleunigung aus den Beschleunigungs-Zeit-Gesetzen her. Warum tritt sie auf und welche Richtung besitzt sie?

$$a = \sqrt{a_x^2 + a_y^2} = \sqrt{r^2 \cdot \omega^4 \cdot (\cos^2 \omega\, t + \sin^2 \omega\, t)} = \omega^2 \cdot r$$

Trotz der Gleichförmigkeit der Kreisbewegung tritt eine Beschleunigung auf, denn die Geschwindigkeit ändert zwar nicht ihren Betrag, aber stets ihre Richtung. Die Zentripetalbeschleunigung ist in jedem Punkt der Kreisbahn hin zum Mittelpunkt gerichtet.

ZUR VERTIEFUNG

1. Eine formal umfassende Behandlung ebener Bewegungen erfordert die Einführung von Orts-, Geschwindigkeits- und Beschleunigungsvektoren:
$$\vec{s} = \begin{pmatrix} s_x(t) \\ s_y(t) \end{pmatrix}; \quad \vec{v} = \begin{pmatrix} v_x(t) \\ v_y(t) \end{pmatrix}; \quad \vec{a} = \begin{pmatrix} a_x(t) \\ a_y(t) \end{pmatrix},$$
die sich in den Zeichnungen als Pfeile darstellen lassen. Notieren Sie einmal die Bewegungsgesetze des waagerechten Wurfes und der gleichförmigen Kreisbewegung in vektorieller Schreibweise.
2. Der schiefe Wurf setzt sich aus einer geradlinig gleichförmigen Bewegung und einem senkrechten Wurf als den horizontalen und vertikalen Teilbewegungen zusammen. Notieren Sie seine Bewegungsgesetze und bestimmen Sie die Steigzeit zu $t_m = \frac{v_{0y}}{g}$, die Steighöhe zu $s_{ym} = \frac{{v_{0y}}^2}{2g}$ und die Wurfweite zu $s_{xm} = \frac{2\,v_{0x}v_{0y}}{g}$.
(Zur Schreibweise: $v_{0x} = v_0 \cdot \cos\alpha$; $v_{0y} = v_0 \cdot \sin\alpha$)

1.3 Die drei Grundgesetze der Dynamik

Während die Kinematik zur Aufgabe hat, Bewegungen zu beschreiben und zu typisieren, sollen im Rahmen der Dynamik die Ursachen für Bewegungen aufgedeckt werden. **I. Newton** fasste 1686 seine Erkenntnisse hierzu in Form **dreier Grundgesetze** (auch: **Axiome**) zusammen und seitdem bilden sie das Grundgerüst der Dynamik. Zum Verständnis dieser Grundgesetze müssen jedoch zunächst zwei wichtige Begriffe, nämlich die **Masse** m (Maßeinheit: $[m] = 1\,\text{kg}$) und die **Kraft** F (Maßeinheit: $[F] = 1\,\text{kg} \cdot \text{m/s}^2 = 1\,\text{N}$) in Erinnerung gerufen werden.

Was geschieht, wenn sich ein Schlittschuhläufer am Anfang einer sehr langen Eisbahn in Bewegung setzt und dann ruhig auf seinen parallel zur Fahrtrichtung ausgerichteten Kufen stehen bleibt? Infolge der sehr geringen Reibung zwischen den Kufen und der Eisoberfläche gleitet der Läufer die Bahn entlang und kommt erst in einiger Entfernung zum Stillstand. Würde man – im Gedankenexperiment – die Reibung immer mehr reduzieren, so würde die Gleitstrecke immer länger werden, bis sie im Grenzfall vollständiger Reibungsfreiheit eine unbegrenzte Länge hätte. Die mit dem Wegfall jeglicher Reibung (allgemeiner gesagt: jeglicher äußeren Krafteinwirkungen) vollzogene Idealisierung führt direkt auf das erste Grundgesetz der Dynamik:

MERKE ▪ 1. Newton'sches Axiom (Trägheitsgesetz)

Ein Körper beharrt im Zustand der Ruhe ($v = 0\,m/s$) oder der geradlinig gleichförmigen Bewegung ($v = const.$), solange er nicht durch Einwirkungen äußerer Krafteinflüsse (z. B. Reibung) gezwungen wird, diesen Zustand zu ändern.

Das Bestreben eines jeden Körpers, sich Änderungen seines Bewegungszustandes zu widersetzen, wird als **Trägheit** bezeichnet und als eine fundamentale Eigenschaft seiner Masse angesehen. Ob nun ein Körper im Zustand der Ruhe oder aber der geradlinig gleichförmigen Bewegung verharrt, das wird nach dem Relativitätsprinzip von Galilei (→ Seite 10 f.) allein durch die Wahl des Beobachtungssystems bestimmt, sodass beide Zustände einander gleichwertig sind.

Das zweite Grundgesetz lässt sich experimentell, z. B. auf einer Luftkissenfahrbahn, leicht bestätigen. Es liefert die Antwort auf die Frage, in welchem Maße sich ein Körper beschleunigt bewegt, um dadurch seinen Bewegungszustand zu ändern:

MERKE ▪ 2. Newton'sches Axiom

Ein Körper der Masse m, der sich mit der Beschleunigung a bewegt, erfährt die äußere Kraft $F = m \cdot a$ (vektoriell: $\vec{F} = m \cdot \vec{a}$).

BEISPIEL 7 ▪

a) Ein Pkw der Masse $m = 1200\,kg$ beschleunigt in 10,7 s von 0 km/h auf 100 km/h. Welche (durchschnittliche) Kraft muss der Motor hierbei aufbringen?

Beschleunigung: $a = \frac{\Delta v}{\Delta t} = \frac{100\,km/h - 0\,km/h}{10{,}7\,s - 0\,s} = \frac{27{,}78\,m/s}{10{,}7\,s} = 2{,}60\,m/s^2$

Kraft: $F = m \cdot a = 1200\,kg \cdot 2{,}60\,m/s^2 = 3120\,N = 3{,}12\,kN$.

b) Auf einer abschüssigen Straße benötigt derselbe Pkw nur 8,2 s. Wie viel Prozent Gefälle hat diese Straße mindestens?

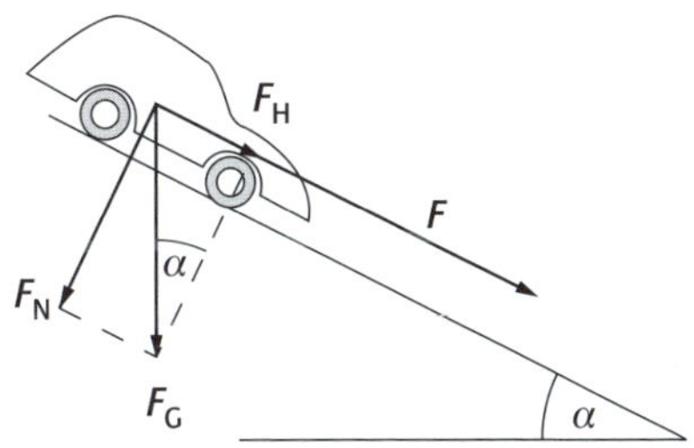

Die Gewichtskraft $F_G = m \cdot g$ lässt sich vektoriell in die Normalkomponente F_N und die Hangabtriebskomponente

$$F_H = m \cdot g \cdot \sin\alpha$$
$$= 1200\,kg \cdot 9{,}81\,m/s^2 \cdot \sin\alpha$$
$$= 11\,772\,N \cdot \sin\alpha$$

zerlegen.

F_H vergrößert die aus Teil a) bekannte Kraft F auf

$$F_{ges} = F + F_H = 3120\,\text{N} + 11\,772\,\text{N}\cdot\sin\alpha = 1200\,\text{kg}\cdot\left(\frac{27{,}78\,\text{m/s}}{8{,}2\,\text{s}}\right) = 4065\,\text{N}.$$

Damit folgt: $\sin\alpha = \frac{4065\,\text{N} - 3120\,\text{N}}{11\,772\,\text{N}} = 0{,}0803$, also $\alpha = 4{,}6°$

und mit $\tan 4{,}6° = 0{,}0805$ beträgt das Gefälle mindestens 8 %.

Beispiel 7 zeigt auch, dass nicht jede Kraft eine Beschleunigung bewirkt, denn die Normalkomponente F_N, die das Fahrzeug auf die Straße drückt, ruft infolge der Festigkeit des Bodens eine Gegenkraft hervor, durch die sie statisch kompensiert wird. Dass das zweite Grundgesetz nicht nur auf lineare, sondern auch auf kreisförmige Bewegungen angewendet werden kann, zeigt das folgende Beispiel.

BEISPIEL 8 ▪ **Ein Seil soll Zugkräfte von mindestens 1000 N aushalten. Zum Test wird ein Körper der Masse 2 kg an einem 0,8 m langen Seilstück befestigt und daran auf einer horizontalen Kreisbahn herumgeschleudert. Welche Frequenz muss das Seil mindestens unbeschadet überstehen?**

Die Zentripetalbeschleunigung $a = \omega^2 \cdot r = 4 \cdot \pi^2 \cdot f^2 \cdot r$ führt mit

$F = m \cdot a$ auf $F = m \cdot 4 \cdot \pi^2 \cdot f^2 \cdot r$, das heißt $f = \sqrt{\frac{F}{4 \cdot \pi^2 \cdot m \cdot r}}$

und mit Daten: $f = \sqrt{\frac{1000\,\text{N}}{4 \cdot \pi^2 \cdot 2\,\text{kg} \cdot 0{,}8\,\text{m}}} = 4\,\text{s}^{-1}$.

Allgemein gilt somit: Ein Körper, der eine Kreisbahn vom Radius r mit konstanter Geschwindigkeit v bzw. konstanter Winkelgeschwindigkeit ω durchläuft, erfährt die **Zentripetalkraft** $\boldsymbol{F_z = m \cdot \frac{v^2}{r} = m \cdot \omega^2 \cdot r}$.

Sie ist stets hin zum Mittelpunkt der Kreisbahn gerichtet und hält den Körper auf dieser Bahn.

Unsere beiden Skateboardfahrer stoßen gerade auf das dritte Grundgesetz der Dynamik:

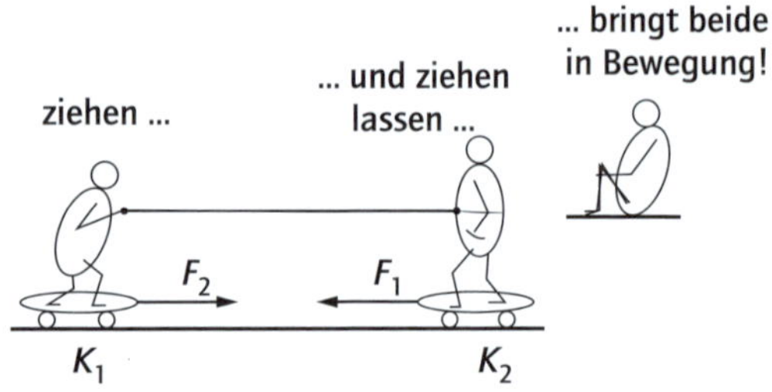

MERKE ▪ 3. Newton'sches Axiom (Gleichheit von *actio* und *reactio*)

Übt ein Körper K_1 die Kraft F_1 (*actio*) auf einen anderen Körper K_2 aus, so erfährt er von diesem eine Gegenkraft (*reactio*) gleicher Größe:

$$F_2 = -F_1.$$

Hierbei ist insbesondere zu beachten, dass sich die Kräfte F_1 und F_2 nicht statisch kompensieren können, weil sie von verschiedenen Körpern ausgehen und auch auf verschiedene Körper einwirken.

BEISPIEL 9

a) Der Meister sieht, wie sein Auszubildender mit dem Hammer einen Nagel in die Wand schlägt. Wie kann er ihm dabei die Gleichheit von actio und reactio erklären?

Er erklärt ihm, dass mit dem Hammer eine Kraft (actio) auf den Nagel ausgeübt wird, die ihn in die Wand treibt. Gleichzeitig übt auch der Nagel eine gleich große Gegenkraft (reactio) auf den Hammer aus und bremst dessen Bewegung ab.

b) Der Azubi scheint die Worte des Meisters schnell verstanden zu haben, denn am Abend behauptet er, er könne die Karre mit den Werkzeugen nicht heimziehen, weil sie seiner Zugkraft stets eine gleich große Gegenkraft entgegen setze, die sein Bemühen zunichte machen würde.

Der Lehrling übersieht, dass Kraft und Gegenkraft stets auf unterschiedliche Körper wirken, sodass es nicht zu der behaupteten Kräftekompensation kommt. Die Gegenkraft, die der Wagen auf ihn ausübt, kann überwunden werden, indem er sich beim Ziehen mit den Füßen auf dem Boden abdrückt.

ZUR VERTIEFUNG

1. **Die träge Masse m_t (Messung durch unelastische Stöße) muss prinzipiell von der schweren Masse m_s (Messung mit der Balkenwaage) unterschieden werden, denn die unterschiedlichen Messverfahren erfassen unterschiedliche Eigenschaften eines Körpers. Weil aber beide Massen proportional zueinander sind, wird durch die Wahl des Proportionalitätsfaktors zu „1" ihre Äquivalenz herbeigeführt und die Unterscheidung kann praktisch entfallen: $m_t = m_s = m$.**
2. **Ebenso muss die dynamische Kraft F_{dyn} (Messung über das zweite Axiom) prinzipiell von der statischen Kraft F_{stat} (Messung mit der Federwaage) unterschieden werden. Auch hier begründet die Wahl des Proportionalitätsfaktors „1" ihre Äquivalenz: $F_{dyn} = F_{stat} = F$.**

1.4 Arbeit und Leistung, Energieformen und Energieerhaltung

Wird ein Körper unter dem Einfluss einer konstanten Kraft F um eine Strecke s verschoben, wobei die Richtung der Kraft den Winkel φ mit der Richtung der Verschiebung einschließt, dann gibt das Produkt aus der Strecke s und der zu ihr parallelen Kraftkomponente F_s die erforderliche **Arbeit W** an:

$$W = F_s \cdot s = F \cdot s \cdot \cos\varphi$$

und die Maßeinheit der Arbeit lautet: **$[W]$ = 1 N·m = 1 J (Joule)**

In der Abbildung ist φ ein spitzer Winkel ($0 \leq \varphi < 90°$) und F_s weist in die Richtung von s. Eine **positive Arbeit** bedeutet also, dass sie dem bewegten Körper zugeführt wird. Für stumpfe Winkel ($90° < \varphi \leq 180°$) weisen F_s und s hingegen in entgegengesetzte Richtungen und daraus resultiert eine **negative Arbeit**, die vom Körper selbst abgegeben wird (Beispiel: Abbremsen eines fahrenden Wagens). Ist φ ein rechter Winkel ($\varphi = 90°$), dann entfällt die Kraftkomponente $F_s = F \cdot \cos 90° = 0$ und es wird keine Arbeit geleistet (Beispiel: Wegtragen einer Tasche auf konstanter Höhe).

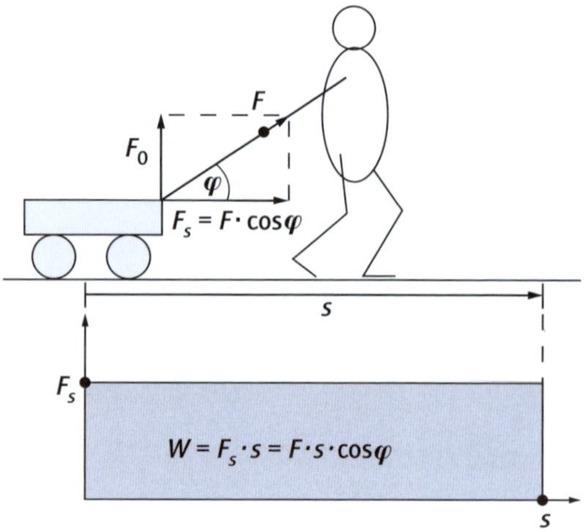

Nun kommt es in vielen Situationen darauf an, dass ein bestimmtes Arbeitspensum ΔW in einer bestimmten, oftmals vorgegebenen Zeitspanne Δt verrichtet wird. Daher bezeichnet man den Quotienten beider Größen als die **durchschnittliche Leistung** $\overline{P} = \frac{\Delta W}{\Delta t}$ mit der Maßeinheit **$[P]$ = 1 J/s = 1 W (Watt)**. Wird das Zeitintervall so klein wie möglich gewählt, dann resultiert die **momentane Leistung** $P = \lim\limits_{\Delta t \to 0} \frac{\Delta W}{\Delta t}$.

BEISPIEL 10 ▪ Großvaters Standuhr wird über eine Masse m = 800 g angetrieben. Nach einer Woche ist diese Masse abgesunken und muss dann wieder um s = 1,2 m hochgezogen werden.

a) Warum und wie viel Arbeit erfordert das Hochziehen des Antriebskörpers?

Die Gewichtskraft $F_G = -m \cdot g = -0{,}800\,\text{kg} \cdot 9{,}81\,\text{m/s}^2 = -7{,}85\,\text{N}$ treibt über die Kette, an der die Masse hängt, das Uhrwerk an. Zu ihrer Überwindung ist eine nach oben gerichtete Zugkraft F gleicher Stärke erforderlich, um den Körper gleichförmig anzuheben, wobei die kurzen Beschleunigungsphasen zu Beginn und am Ende des Hochziehens vernachlässigt werden. $F = -F_G = 7{,}85\,\text{N}$ und s weisen beide nach oben, sodass die Arbeit

$W = F \cdot s \cdot \cos\varphi = 7{,}85\,\text{N} \cdot 1{,}2\,\text{m} \cdot \cos 0° = 9{,}42\,\text{J}$ zu verrichten ist.

b) Wie groß sind die durchschnittliche und die momentane Leistung des Uhrwerks?

Die Arbeit $\Delta W = 9{,}42\,\text{J}$ ist erforderlich, um die Uhr $\Delta t = 1\ \text{Woche} = 604\,800\,\text{s}$ lang anzutreiben.

Die mittlere Leistung beträgt daher

$$\overline{P} = \frac{\Delta W}{\Delta t} = \frac{9{,}42\,\text{J}}{604\,800\,\text{s}} = 15{,}6 \cdot 10^{-6}\,\text{W} = 15{,}6\,\mu\text{W},$$

und weil die Antriebsmasse gleichförmig absinkt, beträgt auch die momentane Leistung $P = 15{,}6\,\mu\text{W}$.

Beispiel 10 zeigt, dass ein Körper die beim Arbeiten zugeführte **Hubarbeit** speichert, indem er ein höheres Niveau einnimmt, und man kennzeichnet seine Lage durch die **Zustandsgröße „potenzielle Energie E_p"**. Sie gibt an, welches Maß an Arbeit aus der betreffenden Lage möglicherweise (das heißt „potenziell") wieder freigesetzt werden kann. Die Abbildung zeigt, dass ein um $s_1 = h$ angehobener Körper die potenzielle Energie $E_p = F_G \cdot h$ gewinnt, also genau diejenige Arbeit W_1, die zu seinem Anheben aufgewendet werden muss.

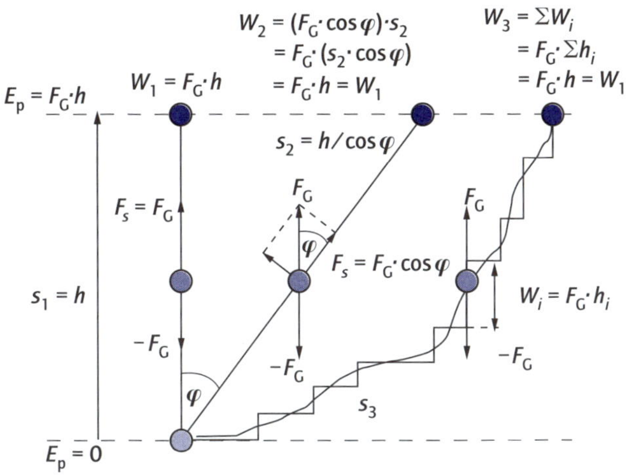

Auch dann, wenn der Körper entlang einer schiefen Ebene reibungsfrei heraufgezogen wird, bleibt die Arbeit unverändert, denn die verminderte Zugkraft $F_s = F_G \cdot \cos\varphi$ führt wegen des verlängerten Zugweges $s_2 = \frac{s_1}{\cos\varphi}$ wieder auf $W_2 = W_1$.

Schließlich kann das Anheben auch entlang eines beliebigen Weges s_3 erfolgen, der näherungsweise in eine Vielzahl kleiner Stufen zerlegt wird. Während die Stufentiefen keinen Arbeitsbeitrag erfordern, summieren sich alle Stufenhöhen zur Gesamtstrecke $s_3 = h$, sodass erneut $W_3 = F_G \cdot \sum h_i = F_G \cdot h = W_1$ gilt. Die **Festlegung des Energie-Nullpunktes** ist frei und hat keinen Einfluss auf die Arbeitsbeträge, die ja als Energiedifferenzen $W_{12} = E_{p2} - E_{p1}$ bestimmt werden. Man sieht, dass sich die potenzielle Energie durch die zugeführte Hubarbeit $W_{12} > 0$ erhöht ($E_{p2} > E_{p1}$), durch eine abgegebene Arbeit $W_{12} < 0$ hingegen verringert ($E_{p2} < E_{p1}$).

BEISPIEL 11 ▪ **Ein Skispringer ($m = 55\,\text{kg}$) gleitet aus der Ruhe heraus und völlig reibungsfrei eine 60 m lange Sprungschanze herab, die unter 30° gegen die Waagerechte abfällt.**

a) Zeigen Sie, dass der Skispringer nach Herabgleiten der Strecke s die Geschwindigkeit $v = \sqrt{2 \cdot a \cdot s}$ besitzt. Wie groß ist seine Absprunggeschwindigkeit?

Aus $v = a \cdot t$ wird die Zeit $t = \frac{v}{a}$ in das Weg-Zeit-Gesetz $s = 0{,}5 \cdot a \cdot t^2$ eingesetzt und ergibt $s = 0{,}5 \cdot a \cdot \left(\frac{v}{a}\right)^2$, das heißt $v = \sqrt{2 \cdot a \cdot s}$.

Hier beträgt die Hangabtriebskraft $F = F_G \cdot \sin 30° = 0{,}5 \cdot m \cdot g$ und führt mit dem zweiten Newton'schen Grundgesetz auf $0{,}5 \cdot m \cdot g = m \cdot a$, das heißt $a = 0{,}5 \cdot g$. Damit folgt für die Absprunggeschwindigkeit $v = \sqrt{2 \cdot (0{,}5 \cdot g) \cdot s}$ $= \sqrt{g \cdot s}$ und mit Daten: $v = \sqrt{9{,}81\,m/s^2 \cdot 60\,m} = 24\,m/s$

b) Zeigen Sie, dass die Hangabtriebskraft beim Herabgleiten des Skispringers die Beschleunigungsarbeit $W = \frac{1}{2} \cdot m \cdot v^2$ verrichtet. Wie groß ist sie hier?

Der Lösung zu Teil a) entnimmt man die Beziehung $a = \frac{v^2}{2s}$, sodass die Hangabtriebskraft auch zu $F = m \cdot \frac{v^2}{2s}$ notiert werden kann, und die Beschleunigungsarbeit folgt zu $W = F \cdot s = \frac{1}{2} \cdot m \cdot v^2$.

Mit Daten: $W = \frac{1}{2} \cdot 55\,\text{kg} \cdot (24\,\text{m/s})^2 = 15\,840\,\text{J} = 16\,\text{kJ}$

c) Welche potenzielle Energie besitzt der Skispringer zu Beginn?

Legt man den Nullpunkt potenzieller Energie auf das Absprungniveau, so erhält man anfänglich

$$E_p = m \cdot g \cdot h = 55\,\text{kg} \cdot 9{,}81\,\text{m/s}^2 \cdot (60\,\text{m} \cdot \sin 30°) = 16\,187\,\text{J} = 16\,\text{kJ}.$$

Dieser Wert stimmt (unter Beachtung der Rundungen) mit der Beschleunigungsarbeit, die in Teil b) ermittelt wurde, überein.

d) Kann die Absprunggeschwindigkeit auch – anders als in Teil a) – aus der Energie-Arbeits-Bilanz bestimmt werden?

Es gilt: $W = E_p$, das heißt $\frac{1}{2} \cdot m \cdot v^2 = m \cdot g \cdot h$ und damit $v = \sqrt{2 \cdot g \cdot h}$.
Mit Daten folgt: $v = \sqrt{2 \cdot 9{,}81\,\mathrm{m/s^2} \cdot 60\,\mathrm{m} \cdot \sin 30°} = 24\,\mathrm{m/s}$

Wird einem Körper Beschleunigungsarbeit zugeführt, so speichert er diese Arbeit als **kinetische Energie** (auch: **Bewegungsenergie**) $E_k = \frac{1}{2} \cdot m \cdot v^2$, denn nach dem ersten Newton'schen Axiom behält er ja seinen einmal durch die vorangehende Beschleunigung erreichten Bewegungszustand bei. Und so, wie ein Skispringer beim Herabgleiten auf einer Sprungschanze potenzielle Energie in einen gleichen Betrag an kinetischer Energie umwandelt, so baut z. B. eine Kugel, die eine schiefe Ebene hinaufrollt, ihre kinetische Energie ab und wandelt sie dabei in potenzielle Energie um.

Dieses Prinzip der verlustfreien Energieumwandlung ist in allen Bereichen der Physik von großer Bedeutung und führt unter Berücksichtigung der bisher vorgestellten Energieformen zu einer ersten Formulierung der Energieerhaltung von potenzieller und kinetischer Energie:

MERKE ▪ Energieerhaltung von potenzieller und kinetischer Energie
Ein Körper, der durch seine Umgebung keine Einflüsse, insbesondere keine Reibungskräfte erfährt, bewahrt seine anfängliche Gesamtenergie E im Zeitablauf. Sie entspricht zu jedem Zeitpunkt der Summe aus potenzieller Energie E_p und kinetischer Energie E_k, das heißt

$$E = E_p + E_k = \text{const.}$$

Zu beliebigen Zeitpunkten $t_1 \neq t_2$ gilt daher:

$$E_{p_1} + E_{k_1} = E_{p_2} + E_{k_2} \Leftrightarrow m \cdot g \cdot h_1 + \frac{1}{2} \cdot m \cdot v_1^2 = m \cdot g \cdot h_2 + \frac{1}{2} \cdot m \cdot v_2^2$$

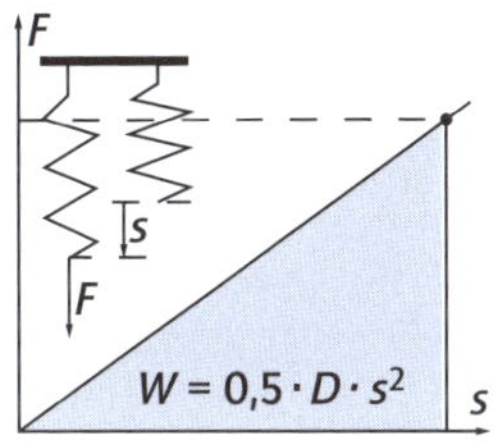

Eine weitere Energieform, nämlich die **Spannenergie E_s**, tritt beim Spannen, das heißt Komprimieren oder Ausdehnen einer Feder, auf. Die aufzuwendende Kraft steigt nach dem **Hooke'schen Gesetz $F = D \cdot s$** proportional zur Spannstrecke s an und die aufgewandte Spannarbeit W lässt sich, wie schon eingangs bei der Hubarbeit dargestellt, als Inhalt der entsprechenden Fläche im s-F-Diagramm deuten. Das rechtwinklige Dreieck besitzt den Flächeninhalt $W = \frac{1}{2} \cdot F \cdot s = \frac{1}{2} \cdot D \cdot s^2$. Eben dieser Arbeitsbetrag wird von der Feder als Spannenergie E_s gespeichert und kann beim Entspannen über die dabei abgegebene Arbeit wieder in eine andere Energieform umgewandelt werden.

MERKE ▪ Energieerhaltung von potenzieller, kinetischer und Spannenergie

Für mechanische Vorgänge, die ohne äußere Einflüsse, also insbesondere reibungsfrei verlaufen, entspricht die Summe aus potenzieller Energie E_p, kinetischer Energie E_k und Spannenergie E_s stets der konstanten Gesamtenergie $E = E_p + E_k + E_s = \text{const}$.

Zu beliebigen Zeitpunkten $t_1 \neq t_2$ gilt daher:

$$E_{p_1} + E_{k_1} + E_{s_1} = E_{p_2} + E_{k_2} + E_{s_2} \Leftrightarrow m \cdot g \cdot h_1 + \frac{1}{2} \cdot m \cdot v_1^2 + \frac{1}{2} \cdot D \cdot s_1^2 = m \cdot g \cdot h_2 + \frac{1}{2} \cdot m \cdot v_2^2 + \frac{1}{2} \cdot D \cdot s_2^2$$

1.5 Impuls und Kraftstoß, gerader unelastischer Stoß und Impulserhaltung

Das zweite Newton'sche Axiom $F = m \cdot a = m \cdot \frac{\Delta v}{\Delta t}$ mit $\Delta t \to 0$ kann umgeformt werden zu $F \cdot \Delta t = m \cdot \Delta v = m \cdot (v_e - v_a) = m \cdot v_e - m \cdot v_a$, wobei der Zusatz „$\Delta t \to 0$" entfallen kann, wenn Δt ein hinreichend kleines Zeitintervall ist oder F die *mittlere* Kraft, die während des beliebigen Zeitintervalls Δt wirkt. Das Produkt aus der Masse m und der Geschwindigkeit v eines Körpers bezeichnet man als seinen **Impuls** $\boldsymbol{p = m \cdot v}$ (Maßeinheit: $[p] = 1\,\text{kg} \cdot \text{m/s} = 1\,\text{N} \cdot \text{s}$) und man sieht: Das als **Kraftstoß** bezeichnete Produkt $\boldsymbol{F \cdot \Delta t}$ bewirkt die Impulsänderung $F \cdot \Delta t = \Delta p = p_e - p_a$ bzw. $F \cdot \Delta t = m \cdot v_e - m \cdot v_a$, bei konstanter Masse also einen Übergang von der Anfangsgeschwindigkeit v_a zur Endgeschwindigkeit v_e.

BEISPIEL 12 ▪ Ein Tennisball ($m = 150\,\text{g}$) trifft mit 50,0 km/h auf den Schläger des Spielpartners auf und wird von ihm innerhalb von 0,100 s mit derselben Geschwindigkeit zurückgeschlagen.

a) Welche Impulsänderung erfährt der Tennisball beim Zurückschlagen?

Anfangsimpuls: $p_a = m \cdot v = 0{,}15\,\text{kg} \cdot \frac{50}{3{,}6}\,\text{m/s} = 2{,}08\,\text{N} \cdot \text{s}$

Endimpuls: $p_e = -p_a = -2{,}08\,\text{N} \cdot \text{s}$

Impulsänderung: $\Delta p = p_e - p_a = -4{,}16\,\text{N} \cdot \text{s}$

b) Mit welcher Kraft wurde der Ball zurückgeschlagen?

Aus dem Kraftstoß $F \cdot \Delta t = \Delta p$ folgt für die Kraft:

$$F = \frac{\Delta p}{\Delta t} = \frac{-4{,}16\,\text{N} \cdot \text{s}}{0{,}100\,\text{s}} = -41{,}6\,\text{N}$$

Das Minuszeichen zeigt an, dass die Kraft der Anflugrichtung des Tennisballes entgegensteht.

Die physikalische Bedeutung des Impulses liegt vor allem darin, dass er sich für eine Anordnung von Körpern, die keinen äußeren Einflüssen unterliegen, nicht ändert, also zeitlich erhalten bleibt, auch dann, wenn die Körper z. B. durch Stöße untereinander in Wechselwirkung treten. Am Beispiel des **geraden unelastischen Stoßes** zweier Körper soll nun gezeigt werden, dass die **Impulssumme** der Stoßpartner eine **Erhaltungsgröße** ist und dass hieraus die gemeinsame Geschwindigkeit der Körper nach dem Stoß berechnet werden kann.

BEISPIEL 13 ▪ Zwei Wagen ($m_1 = 300\,g$, $m_2 = 140\,g$) gleiten reibungsfrei auf einer Luftkissenfahrbahn aufeinander zu und haften nach dem Zusammenstoß mit ihren Knetgummi-Puffern zusammen.
Jeder Wagen trägt eine $\Delta s = 2{,}0\,cm$ breite Messfahne, die beim Passieren der Lichtschranken (LS 1, LS 2) die Uhren in Gang setzen und auf die Zeiten $\Delta t_1 = 0{,}162\,s$ und $\Delta t_2 = 0{,}135\,s$ führen. Nach dem Stoß gleiten die Wagen zusammen nach rechts weiter und lösen mittels LS 2 die Messzeit $\Delta t_{12} = 0{,}568\,s$ aus.

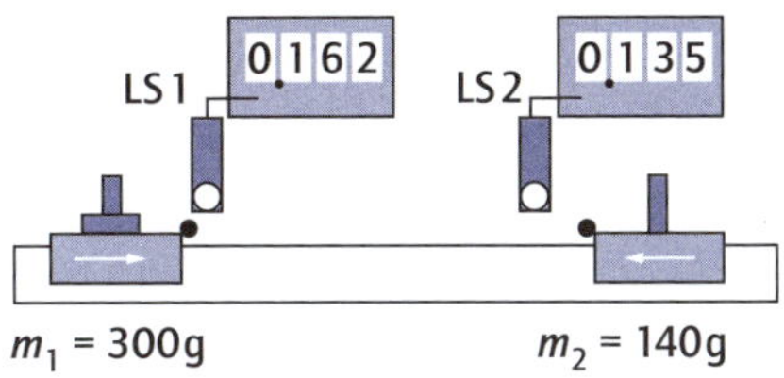

a) Welche Geschwindigkeiten und Impulse treten vor (v_1, v_2 und p_1, p_2) und nach (u_{12} und p_{12}) dem Stoß auf? Auf welche Gesetzmäßigkeit deuten die Impulse hin?

Eine nach rechts gerichtete Bewegung entspricht hier einer positiven Geschwindigkeit.

Geschwindigkeiten:

$$v_1 = \frac{\Delta s}{\Delta t_1} = \frac{0{,}020\,m}{0{,}162\,s} = 0{,}12\,m/s; \quad v_2 = -0{,}15\,m/s; \quad u_{12} = 0{,}035\,m/s$$

Impulse:

$$p_1 = m_1 \cdot v_1 = 0{,}3\,kg \cdot 0{,}12\,m/s = 0{,}036\,N \cdot s;$$
$$p_2 = -0{,}021\,N \cdot s; \quad p_{12} = 0{,}015\,N \cdot s$$

Offensichtlich stimmen die Impulssummen vor und nach dem Stoß überein:

$p_1 + p_2 = p_{12}$ und mit Daten: $0{,}036\,N \cdot s + (-0{,}021\,N \cdot s) = 0{,}015\,N \cdot s$.

b) Kann hier der Energieerhaltungssatz angewendet werden? Begründung.

kinetische Energien:

$$E_{k_1} = 0{,}5 \cdot m_1 \cdot v_1^2 = 0{,}5 \cdot 0{,}3\,kg \cdot (0{,}12\,m/s)^2 = 2{,}16\,mJ$$
$$E_{k_2} = 1{,}58\,mJ; \quad E_{k_{12}} = 0{,}27\,mJ;$$

offensichtlich gilt: $E_{k_1} + E_{k_2} \gg E_{k_{12}}$!
Es wäre allerdings falsch, hier eine Verletzung des Energieerhaltungssatzes anzunehmen. Richtig ist vielmehr, dass die beim Zusammenstoß in die Verformung der Knetgummi-Puffer geflossene Energie $(E_{k_1} + E_{k_2}) - E_{k_{12}} = 3{,}47\,\mathrm{mJ}$ nicht mehr in der Energiebilanz berücksichtigt wurde. Sie ist allerdings auch nicht direkt berechenbar, sodass der unelastische Stoß nicht auf die Energieerhaltung gestützt werden kann!

Die **theoretische (deduktive) Behandlung des unelastischen Stoßes** setzt beim dritten Newton'schen Axiom (actio = reactio) an, denn die beiden Stoßpartner üben entgegengesetzt gleiche Kräfte $F_{12} = -F_{21}$, also auch entgegengesetzt gleiche Kraftstöße $F_{12} \cdot \Delta t = -F_{21} \cdot \Delta t$ aufeinander aus.
Daher sind auch die Impulsänderungen entgegengesetzt gleich:
$\Delta p_{12} = -\Delta p_{21}$, das heißt $m_1 \cdot u_{12} - m_1 \cdot v_1 = -(m_2 \cdot u_{12} - m_2 \cdot v_2)$
oder umgestellt auch: $m_1 \cdot v_1 + m_2 \cdot v_2 = (m_1 + m_2) \cdot u_{12}$
und das führt zur folgenden Formulierung der

MERKE ▪ Impulserhaltung beim geraden unelastischen Stoß
Zwei Körper, die sich ohne äußere Einflüsse entlang derjenigen Linie bewegen, die durch ihre Schwerpunkte verläuft, zusammenstoßen und sich danach gemeinsam weiterbewegen, führen einen geraden unelastischen Stoß aus. Die inneren Kräfte, die sie beim Stoß aufeinander ausüben, genügen dem dritten Newton'schen Axiom, sodass sich die Impulssumme, das heißt der Gesamtimpuls beider Körper, durch den Stoß nicht ändert; die Impulserhaltung wird ausgedrückt durch:
$$p_1 + p_2 = p_{12} \Leftrightarrow m_1 \cdot v_1 + m_2 \cdot v_2 = (m_1 + m_2) \cdot u_{12}$$

ZUR VERTIEFUNG
Newton formulierte sein zweites Grundgesetz in der Form $F = \lim\limits_{\Delta t \to 0} \frac{\Delta p}{\Delta t}$. Das unterstreicht nicht nur die physikalische Bedeutung des Impuls-Begriffes. Wegen $\Delta p = m \cdot \Delta v + v \cdot \Delta m$ wird durch seine Formulierung auch diejenige Situation erfasst, bei der eine Massenänderung Δm (z. B. beim Flug einer Rakete) zu einer Impulsänderung führt. Bleibt jedoch die bewegte Masse mit $\Delta m = 0$ konstant, so resultiert das zweite Axiom in der bereits bekannten Form, denn aus $\Delta p = m \cdot \Delta v$ folgt jetzt $F = \lim\limits_{\Delta t \to 0} \frac{\Delta p}{\Delta t} = m \cdot \lim\limits_{\Delta t \to 0} \frac{\Delta v}{\Delta t} = m \cdot a$.

1.6 Der gerade elastische Stoß

Ersetzt man die unelastischen Knetgummi-Puffer aus Beispiel 13 durch zwei elastische Feder-Puffer, so führen die beiden Gleitwagen einen geraden elastischen Stoß aus, bei dem die in die Puffer geflossene Verformungsenergie infolge der **vollständigen elastischen Rückbildung der Verformung** wieder in den anfänglichen Betrag an kinetischer Energie zurückverwandelt wird.

BEISPIEL 14 ▪ Zwei mit Feder-Puffern versehene Luftkissenwagen gleicher Masse fahren aufeinander zu. Beschreiben Sie, welche Energieformen vor, während und nach dem Stoß vorliegen. Wie groß sind jeweils die Energiesummen?

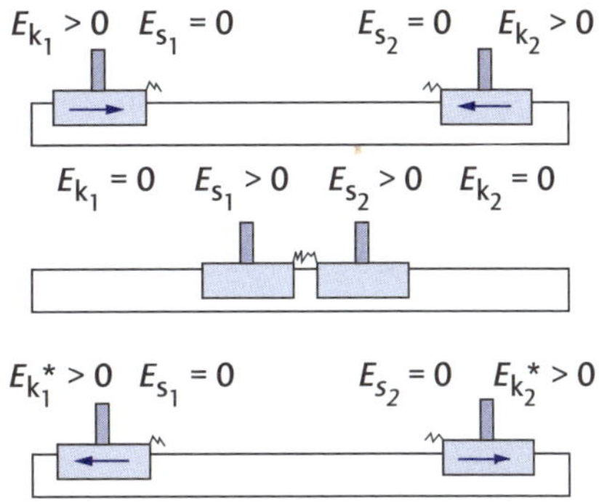

Vor dem Stoß haben beide Wagen kinetische Energien ($E_{k_1} > 0$, $E_{k_2} > 0$), während die entspannten Puffer-Federn keine Spannenergien besitzen ($E_{s_1} = E_{s_2} = 0$).
Die Gesamtenergie beträgt somit $E = E_{k_1} + E_{k_2}$.
Während des elastischen Stoßes werden die kinetischen Energien zugunsten der Spannenergien abgebaut. Im Augenblick der stärksten Verformung ruhen beide Wagen ($E_{k_1} = 0$ $E_{k_2} = 0$) und die Puffer-Federn haben jetzt mit $E_{s_1} > 0$ und $E_{s_2} > 0$ die Gesamtenergie E als Spannenergien übernommen: $E = E_{s_1} + E_{s_2}$.
Nach dem Stoß haben sich die Puffer-Federn wieder vollständig entspannt ($E_{s_1} = E_{s_2} = 0$) und die Spannenergien sind den zurückfahrenden Wagen wieder als kinetische Energien $E^*_{k_1} > 0$ und $E^*_{k_2} > 0$ zugeflossen, wobei sich die Gesamtenergie $E = E^*_{k_1} + E^*_{k_2}$ nicht verändert hat.

Für einen elastischen Stoß behält außerdem auch das Prinzip der Impulserhaltung (→ Seite 23) seine Gültigkeit bei, sodass er durch die Anwendung *beider* Erhaltungssätze charakterisiert wird:

MERKE ▪ Energie- und Impulserhaltung beim geraden elastischen Stoß

Zwei Körper, die sich ohne äußere Einflüsse entlang derjenigen Linie bewegen, die durch ihre Schwerpunkte verläuft, zusammenstoßen und sich dann getrennt weiterbewegen, führen dann einen geraden elastischen Stoß aus, wenn die Summen ihrer kinetischen Energien vor und nach dem Stoß übereinstimmen. Neben der Energieerhaltung gilt hier auch die Impulserhaltung. Beide Erhaltungssätze zusammen erlauben es, bei bekannten Massen m_1 und m_2 die Geschwindigkeiten u_1 und u_2 der Stoßpartner nach dem Stoß aus den Geschwindigkeiten v_1 und v_2 vor dem Stoß zu berechnen.

Die Herleitung der Stoßgesetze aus den beiden Erhaltungssätzen ist zwar formal aufwendig, soll hier aber einmal zur Bestimmung der Geschwindigkeit u_1 durchgeführt und erläutert werden:

(1) Energieerhaltungssatz:

$$0{,}5 \cdot m_1 \cdot v_1^2 + 0{,}5 \cdot m_2 \cdot v_2^2 = 0{,}5 \cdot m_1 \cdot u_1^2 + 0{,}5 \cdot m_2 \cdot u_2^2$$

$$\Leftrightarrow \; m_1 \cdot (v_1 - u_1) \cdot (v_1 + u_1) = m_2 \cdot (u_2 - v_2) \cdot (u_2 + v_2)$$

(2) Impulserhaltungssatz:

$$m_1 \cdot v_1 + m_2 \cdot v_2 = m_1 \cdot u_1 + m_2 \cdot u_2 \; \Leftrightarrow \; m_1 \cdot (v_1 - u_1) = m_2 \cdot (u_2 - v_2)$$

Einsetzen von (2) in (1):

$$m_2 \cdot (u_2 - v_2) \cdot (v_1 + u_1) = m_2 \cdot (u_2 - v_2) \cdot (u_2 + v_2)$$

(3) $\Leftrightarrow \; u_2 = v_1 - v_2 + u_1$

Einsetzen von (3) in (2):

$$m_1 \cdot (v_1 - u_1) = m_2 \cdot [(v_1 - v_2 + u_1) - v_2]$$

$$\Leftrightarrow \; m_2 \cdot (2 \cdot v_2 - v_1) + m_1 \cdot v_1 = (m_1 + m_2) \cdot u_1 \; \Leftrightarrow \; u_1 = \frac{m_1 \cdot v_1 + m_2 \cdot (2 \cdot v_2 - v_1)}{m_1 + m_2}$$

Die Herleitung der Geschwindigkeit u_2 erfolgt in gleicher Weise und man erhält die

MERKE ▪ Stoßgesetze des geraden elastischen Stoßes

Stößt ein Körper $(m_1; v_1)$ gerade und vollkommen elastisch auf einen zweiten Körper $(m_2; v_2)$, dann betragen ihre Geschwindigkeiten nach dem Stoß: $u_1 = \frac{m_1 \cdot v_1 + m_2 \cdot (2 v_2 - v_1)}{m_1 + m_2}$ **und** $u_2 = \frac{m_2 \cdot v_2 + m_1 \cdot (2 v_1 - v_2)}{m_1 + m_2}$

BEISPIEL 15

a) Ein Wagen der Masse 400 g fährt mit 0,80 m/s und stößt elastisch mit einem zweiten Wagen der Masse 600 g zusammen, der ihm mit 0,40 m/s entgegenkommt. Wie groß sind die Geschwindigkeiten beider Wagen nach dem Stoß, wenn keine Reibung auftritt?

$$u_1 = \frac{0{,}40\,\text{kg}\cdot 0{,}80\,\text{m/s} + 0{,}60\,\text{kg}\cdot\left(2\cdot(-0{,}40\,\text{m/s}) - 0{,}80\,\text{m/s}\right)}{0{,}40\,\text{kg} + 0{,}60\,\text{kg}} = -0{,}64\,\text{m/s}$$

$$u_2 = \frac{0{,}60\,\text{kg}\cdot(-0{,}40\,\text{m/s}) + 0{,}40\,\text{kg}\cdot\left(2\cdot 0{,}80\,\text{m/s} - (-0{,}40\,\text{m/s})\right)}{0{,}40\,\text{kg} + 0{,}60\,\text{kg}} = 0{,}56\,\text{m/s}$$

Beide Wagen, so zeigen es die Vorzeichen der Geschwindigkeiten an, ändern ihre Bewegungsrichtung.

b) Was sagen die Stoßgesetze für den Fall aus, dass beide Stoßpartner gleiche Massen besitzen ($m_1 = m_2 = m$)? Geben Sie Beispiele für diese Situation an.

$$u_1 = \frac{m\cdot(v_1 + 2\cdot v_2 - v_1)}{2\cdot m} = v_2 \quad \text{und} \quad u_2 = \frac{m\cdot(v_2 + 2\cdot v_1 - v_2)}{2\cdot m} = v_1$$

Offensichtlich tauschen die Stoßpartner ihre Geschwindigkeiten aus, so wie z. B. eine Billiardkugel, die zentral auf eine zweite, ruhende Kugel trifft, nach dem Stoß liegen bleibt, während die zweite Kugel mit der Auftreff-Geschwindigkeit der ersten Kugel weiterrollt. Dabei kommt es auch zu einem vollständigen Austausch der Impulse und kinetischen Energien. Weitere Beispiele: zentrale Stöße zwischen gleichartigen Atomen eines Gases, vollständige Abbremsung von thermischen Neutronen durch zentrale Stöße mit Wasserstoffkernen (Protonen) (→ Kapitel 12.5).

INSIDER-TIPP

Aus den drei direkt messbaren Größen Masse ($[m] = 1\,\text{kg}$), Strecke ($[s] = 1\,\text{m}$) und Zeit ($[t] = 1\,\text{s}$) werden alle anderen Größen der Mechanik abgeleitet, z. B. die Geschwindigkeit als $v = \frac{\Delta s}{\Delta t}$ $\left([v] = \frac{1\,\text{m}}{1\,\text{s}} = 1\,\frac{\text{m}}{\text{s}}\right)$. Bei Berechnungen müssen die Maßeinheiten aller auftretenden Größen mitgeführt werden und sich letztlich zur Maßeinheit der gesuchten Zielgröße zusammenfassen lassen.

Gelingt dies nicht, so wurde ein Umformungsfehler begangen oder die Berechnung fehlerhaft angesetzt. In diesem Zusammenhang sollten Sie auch die gängigen Abkürzungen kennen und verwenden können:

- $[F] = 1\,\text{N} = 1\,\text{kg}\,\frac{\text{m}}{\text{s}^2}$
- $[W] = 1\,\text{J} = 1\,\text{Nm} = 1\,\text{kg}\,\frac{\text{m}^2}{\text{s}^2}$
- $[P] = 1\,\text{W} = 1\,\frac{\text{J}}{\text{s}} = 1\,\text{kg}\,\frac{\text{m}^2}{\text{s}^3}$

CHECKLISTE

1 Grundlagen der Mechanik

- Bewegungsgesetze eines Körpers: Weg-Zeit-Gesetz $s(t)$, Geschwindigkeits-Zeit-Gesetz $v(t)$ und Beschleunigungs-Zeit-Gesetz $a(t)$. Zusammenhang: $v(t) = \dot{s}(t)$; $a(t) = \dot{v}(t) = \ddot{s}(t)$.
- Grundformen geradliniger Bewegungen: gleichförmige und gleichmäßig beschleunigte Bewegungen. Hieraus lässt sich mithilfe des Überlagerungsprinzips der senkrechte Wurf herleiten.
- Zu den Grundformen ebener Bewegungen zählen der waagerechte und der schiefe Wurf, sowie die gleichförmige Kreisbewegung.
- Auf Sir Isaac Newton gehen die drei Grundgesetze der Dynamik zurück. Insbesondere können Kräfte einen Körper beschleunigen.
- Dividiert man die mechanische Arbeit durch die hierzu erforderliche Zeit, so resultiert die durchschnittliche Leistung und bei grenzwertmäßiger Verkleinerung des Zeitintervalls die momentane Leistung.
- Geleistete oder gewonnene Arbeit geht nicht verloren, sondern wird im betreffenden Körper gespeichert und als Zustandsgröße Energie erfasst. Man unterscheidet: potenzielle Energie $E_p = m g h$ (Lagenergie); kinetische Energie $E_k = \frac{1}{2} m v^2$ (Bewegungsenergie) und Spannenergie $E_s = \frac{1}{2} D s^2$.
- Energieerhaltungssatz: In einem System von Körpern, auf das keine äußeren Kräfte einwirken, ist die Summe aller Energien zeitlich konstant.
- Der Impuls eines Körpers beträgt $p = m \cdot v$. Eine Kraft F, die während der Zeitspanne Δt auf einen Körper der Masse m einwirkt, bewirkt die Impulsänderung $\Delta p = F \cdot \Delta t$ (Kraftstoß).
- Impulserhaltungssatz: In einem System von Körpern, auf das keine äußeren Kräfte einwirken, ist die Summe aller Teilimpulse zeitlich konstant.
- Beim geraden unelastischen Stoß zweier Körper geht ein Teil der anfänglichen Bewegungsenergie in nicht näher erfasste Verformungsenergie über. Die gemeinsame Geschwindigkeit nach dem Stoß ergibt sich hier alleine aus dem Impulserhaltungssatz. Beim geraden elastischen Stoß zweier Körper treten keine „Verformungsverluste" auf. Die beiden Geschwindigkeiten nach dem Stoß lassen sich aus dem Energie- und dem Impulserhaltungssatz berechnen.

2 Gravitation

Die drei Kepler'schen Gesetze ebnen nicht nur den Weg vom ptolemäisch-aristotelischen zum heliozentrischen Weltbild, sondern bringen vor allem auch Ordnung in die große Anzahl beobachtbarer Himmelskörper-Bewegungen (Kinematik). Auch wird die Gravitationskraft als Ursache dieser Bewegungen dargestellt (Dynamik) und durch das Gravitationsgesetz mathematisch beschrieben. Ihre Fernwirkung führt zur Vorstellung eines Gravitationsfeldes. Es schließt sich eine Analyse der energetischen Verhältnisse in Gravitationsfeldern an, die Aufschluss gibt sowohl über die möglichen gebundenen und ungebundenen Bewegungszustände, als auch über Änderungen von Bahnkurven bzw. das Verlassen eines Gravitationsfeldes.

2.1 Die Kepler'schen Gesetze, das Gravitationsgesetz und das Gravitationsfeld

Der Beobachtung nächtlicher Himmelserscheinungen kommt von alters her eine große Bedeutung zu. Sie gab den Reisenden und Seefahrenden Orientierung auf ihren weiten Wegen, den Gelehrten, Forschern und Priestern aber auch Anlass zur Schaffung kosmologischer Weltbilder als Antwort auf die Fragen nach dem Sinn und dem Platz der Menschheit in einer Schöpfung gigantischen Ausmaßes. Bis in das auslaufende Mittelalter dominierte das **ptolemäisch-aristotelische Weltbild**, das uns Erdbewohnern zwar durch seine Geozentrik die zentrale Rolle im gesamten Kosmos vermittelte, aber mit seinen zahlreichen Sphären, Zyklen und Epizyklen ein sehr kompliziertes und spekulatives Konstrukt darstellte, das den aufkommenden naturwissenschaftlichen Beobachtungen und Erklärungsbedürfnissen nicht standhalten konnte. Mit den Namen N. Kopernikus (1473 – 1543), G. Galilei (1564 – 1642), J. Kepler (1571 – 1630) und I. Newton (1643 – 1727) verbindet sich der Übergang zum **heliozentrischen Weltbild**. Es überzeugt durch seine vergleichsweise wenigen und einfachen naturwissenschaftlich fundierten Grundlagen, verbannt aber die Erde aus ihrer zentralen Bedeutung.

Gestützt auf die umfassenden Himmelsbeobachtungen von T. Brahe (1546 – 1601) formulierte **J. Kepler** die **drei nach ihm benannten Gesetzmäßigkeiten**, die Ordnung brachten in die Vielfalt planetarer Bewegungen.

Die folgenden drei Gesetze lassen sich nicht nur auf unser Sonnensystem, sondern auf jedes System, in dem sich Trabanten um ein Zentralgestirn bewegen, anwenden:

MERKE ▪ 1. Kepler'sches Gesetz

Alle Planeten (*P*) bewegen sich auf ellipsenförmigen Bahnen, in deren einem Brennpunkt (F_2) die Sonne steht.

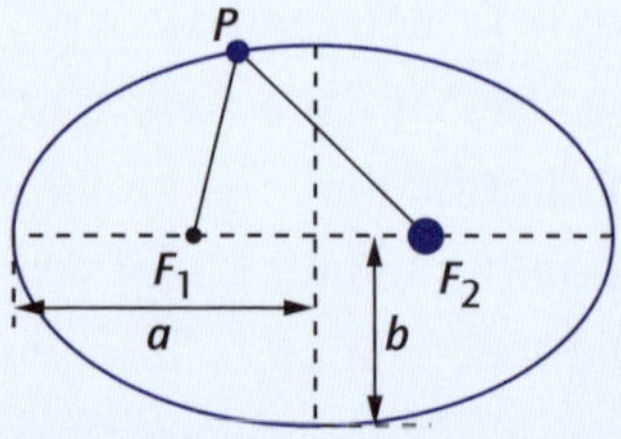

Ellipsenprinzip: $\overline{F_1P} + \overline{F_2P} = 2a = \text{const.}$
Große Halbachse: a; kleine Halbachse: b

Hier wird die frühere Vorstellung vom Kreis als der idealen und somit am Himmel einzig möglichen Bewegungsbahn aufgegeben. Das erste Kepler'sche Gesetz lässt aber durchaus auch kreisförmige Planetenbahnen zu, nämlich dann, wenn beide Brennpunkte zu einem Punkt, dem Kreismittelpunkt, verschmelzen.

MERKE ▪ 2. Kepler'sches Gesetz (Flächensatz)

Der Fahrstrahl *r* Planet – Sonne überstreicht in gleichen Zeitabschnitten gleich große Flächen.

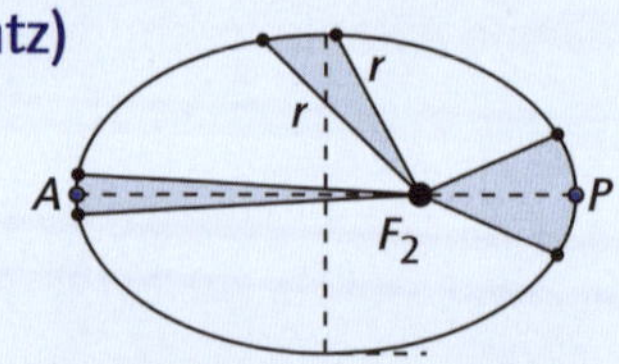

Sonnenfernster Punkt: Aphel *A*
Sonnennächster Punkt: Perihel *P*

Dieses Gesetz besagt insbesondere, dass sich ein Planet in der Nähe des Perihels schneller bewegt als in der Nähe des Aphels.

Schließlich gibt es auch einen wichtigen Zusammenhang zwischen der großen Halbachse *a* einer Ellipsenbahn und der Zeit *T*, die zum Durchlaufen dieser Bahn benötigt wird:

MERKE ▪ 3. Kepler'sches Gesetz

Für jeden Planeten eines Sonnensystems ist das Verhältnis aus der dritten Potenz der großen Halbachse *a* seiner Ellipsenbahn und dem Quadrat der zum Durchlaufen dieser Bahn benötigten Zeit *T* eine Konstante: $\frac{a^3}{T^2} = C = \text{const.}$

BEISPIEL 1

a) Die Ellipse, auf der die Erde die Sonne umrundet, hat die große Halbachse $a_E = 149{,}6 \cdot 10^6$ km.

Bestimmen Sie die Konstante C des dritten Kepler'schen Gesetzes.

$$C = \frac{a_E^3}{T_E^2} = \frac{(149{,}6 \cdot 10^9 \mathrm{m})^3}{(31{,}536 \cdot 10^6 \mathrm{s})^2} = 3{,}367 \cdot 10^{18} \mathrm{m}^3/\mathrm{s}^2.$$

b) Merkur ist der innerste Planet unseres Sonnensystems, die große Halbachse seiner Bahn beträgt $a_M = 57{,}9 \cdot 10^6$ km.

Wie lange benötigt er für einen Umlauf?

$$T_M = \sqrt{\frac{a_M{}^3}{C}} = \sqrt{\frac{(57{,}9 \cdot 10^9 \mathrm{m})^3}{3{,}367 \cdot 10^{18} \mathrm{m}^3/\mathrm{s}^2}} = 7\,592\,701 \mathrm{~s} = 0{,}24 \mathrm{~a}$$

Während die drei Kepler'schen Gesetze rein kinematischen, das heißt beschreibenden Charakter haben, gelang es **I. Newton** (1642 – 1726) mit der **Formulierung des Gravitationsgesetzes**, diejenige Kraft aufzudecken, die die Dynamik aller Planetenbewegungen bestimmt. Er erkannte, dass dieselbe Kraft, die auf der Erdorberfläche Fallbewegungen bewirkt, ebenso zwischen zwei Himmelskörpern wirkt und weit entfernte Planeten auf geschlossene Bahnen um die Sonne zwingt oder auch den Mond um die Erde kreisen lässt.

Nimmt man vereinfachend an, dass ein Trabant der Masse m das Zentralgestirn der Masse M auf einer Kreisbahn im Abstand r in der Umlaufszeit T umrundet, dann wirkt die Gravitationskraft als Zentripetalkraft

$$F = m \cdot \omega^2 \cdot r = m \cdot \left(\frac{2\pi}{T}\right)^2 \cdot r,$$

und das dritte Kepler'sche Gesetz $T^2 = C \cdot r^3$ führt auf

$$F = \frac{4\pi^2}{C} \cdot \frac{m}{r^2} = \alpha \cdot \frac{m}{r^2} \quad (\alpha = \text{const.}).$$

Nach dem dritten Newton'schen Axiom übt auch der Trabant eine gleich große Gegenkraft auf das Zentralgestirn aus, die sich entsprechend als $F^* = \beta \cdot \frac{M}{r^2}$ (β = const.) notieren lässt, und aus der betraglichen Übereinstimmung $F = F^*$ folgt:

$$\alpha \cdot \frac{m}{r^2} = \beta \cdot \frac{M}{r^2}, \quad \text{das heißt} \quad \frac{\alpha}{M} = \frac{\beta}{m}$$

Damit diese Gleichung auch bei einer Variation von M oder m ihre Gültigkeit behält, müssen die Proportionalitäten $\alpha = G \cdot M$ und $\beta = G \cdot m$ angenommen werden.

F und F^* führen somit beide auf das Gravitationsgesetz:

MERKE ▪ Gravitationsgesetz

Zwei Körper der Massen m und M ziehen sich entlang der Verbindungslinie ihrer Schwerpunkte mit der Gravitationskraft $F = G \cdot \frac{M \cdot m}{r^2}$ mit $G = 6{,}673 \cdot 10^{-11}\,\mathrm{m^3/(kg \cdot s^2)}$ (oder: $\mathrm{N \cdot m^2/kg^2}$) an.
F ist proportional zu jeder der beiden Massen und umgekehrt proportional zu ihrem Abstandsquadrat.

Die sogenannte **Gravitationskonstante** G konnte nicht aus den Bewegungen der Himmelskörper bestimmt werden. Erst 1798 gelang es H. Cavendish, ihren Wert mithilfe einer **Gravitationsdrehwaage** zu ermitteln.

BEISPIEL 2

a) Welche Erdbeschleunigung ruft die Erde ($m_E = 5{,}97 \cdot 10^{24}\,\mathrm{kg}$; $r_E = 6371\,\mathrm{km}$) auf ihrer Oberfläche hervor?

Mit dem zweiten Newton'schen Axiom $m \cdot g = G \cdot \frac{m \cdot m_E}{r_E^2}$ folgt:

$$g = G \cdot \frac{m_E}{r_E^2},$$

mit Daten: $g = \frac{6{,}673 \cdot 10^{-11}\,\mathrm{m^3/kg \cdot s^2} \cdot 5{,}97 \cdot 10^{24}\,\mathrm{kg}}{(6{,}371 \cdot 10^6\,\mathrm{m})^2} = 9{,}81\,\mathrm{m/s^2}$

b) Der Mond umrundet die Erde in 27,3 Tagen. Welchen Abstand r_{EM} hat er von der Erde? Welcher Bruchteil von g wirkt auf den Mond ein?

Die Gleichsetzung von Zentripetal- und Gravitationskraft

$$m_M \cdot \left(\frac{2\pi}{T_M}\right)^2 \cdot r_{EM} = G \cdot \frac{m_E \cdot m_M}{r_{EM}^2} \text{ führt auf}$$

$$r_{EM} = \sqrt[3]{G \cdot \frac{m_E \cdot T_M^2}{4\pi^2}} = \sqrt[3]{6{,}673 \cdot 10^{-11}\,\frac{\mathrm{m^3}}{\mathrm{kg \cdot s^2}} \cdot \frac{5{,}97 \cdot 10^{24}\,\mathrm{kg} \cdot (2\,358\,720\,\mathrm{s})^2}{4\pi^2}}$$
$$= 382{,}9 \cdot 10^6\,\mathrm{m}$$

Dort wirkt eine Erdbeschleunigung von

$$g^* = G \cdot \frac{m_E}{r_{EM}^2} = 6{,}673 \cdot 10^{-11}\,\frac{\mathrm{m^3}}{\mathrm{kg \cdot s^2}} \cdot \frac{5{,}97 \cdot 10^{24}\,\mathrm{kg}}{(382{,}9 \cdot 10^6\,\mathrm{m})^2} = 0{,}002\,72\,\frac{\mathrm{m}}{\mathrm{s^2}}.$$

Bruchteil:

$$g^* : g = 0{,}002\,72\,\frac{\mathrm{m}}{\mathrm{s^2}} : 9{,}81\,\frac{\mathrm{m}}{\mathrm{s^2}} = 1 : 3610 = (r_E : r_{EM})^2.$$

Beispiel 2 zeigt, dass man grundsätzlich jedem Raumpunkt die von einer Masse M ausgehende **Gravitationsfeldstärke** $g(r) = \frac{F}{m} = G \cdot \frac{M}{r^2}$ zuordnen kann. Sie gibt an, welche Gravitationskraft F ein Probekörper der Masse $m = 1\,\mathrm{kg}$ dort erfahren würde.

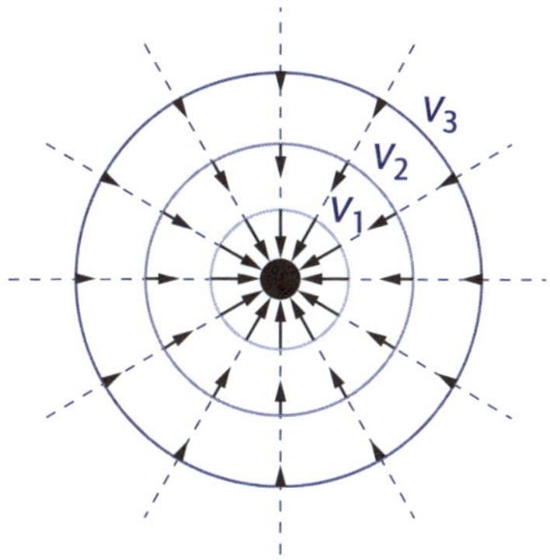

Jedem Raumpunkt kann daher ein Pfeil (Vektor) $\vec{g}(r)$ zugeordnet werden, dessen Länge dem Betrag $g(r)$ entspricht und dessen Richtung mit der Richtung der Gravitationskraft auf den Probekörper übereinstimmt, also stets auf die Masse M gerichtet ist. Die Gesamtheit aller Feldstärkepfeile wird als das **Gravitationsfeld von *M*** bezeichnet und bringt zum Ausdruck, dass die Masse M ihre Anziehungskraft auf m ohne direkten Kontakt beider Körper ausübt, also gleichsam dem umgebenden Raum als (Feld-) Eigenschaft zukommt. Die Kugelsymmetrie des Gravitationsfeldes einer punktförmigen Masse hat zur Folge, dass die konzentrischen Kugelschalen V_1, V_2, V_3, ... die Orte konstanter Feldstärke sind, wobei die Richtung der Feldstärke stets senkrecht zu den Kugeloberflächen weist.

ZUR VERTIEFUNG

1. **Zeigen Sie, dass sich die Konstante des dritten Kepler'schen Gesetzes mithilfe des Gravitationsgesetzes zu $C = G \cdot \frac{M_S}{4\pi^2}$ ($M_S = 1{,}989 \cdot 10^{30}\,\text{kg}$, Masse der Sonne) bestimmen lässt und bestätigen Sie den Wert aus Beispiel 1 a).**
2. **Im Gravitationsgesetz bezeichnet *r* den Abstand der beiden Massenschwerpunkte. Das bedeutet aber nicht, dass die Gravitationskräfte alleine von diesen Punkten ausgehen bzw. allein auf diese Punkte einwirken. Genau genommen müssten die Gravitationswirkungen aller Massenpunkte eines ausgedehnten Körpers summiert (das heißt integriert) werden. Im Falle kugelförmiger Körper, so erkannte bereits Newton, führt das Massenpunktmodell jedoch zu exakten Kraftwerten, und es bietet auch dann, wenn – wie bei Himmelskörpern üblich – der Abstand zwischen den Körpern vergleichsweise groß gegenüber ihren Ausdehnungen ist, eine sehr gute Näherung.**
3. **Lesen Sie in der Fachliteratur nach, wie die Gravitationsdrehwaage von Cavendish aufgebaut ist und welches Mess- und Auswertungsprozedere auf den Wert der Gravitationskonstanten *G* führt.**

2.2 Bewegungen im Gravitationsfeld

Die vielfältigen Bewegungen, die von Planeten, Monden, Kometen, aber auch von Satelliten oder Raumstationen in einem Gravitationsfeld ausgeführt werden, lassen sich am leichtesten verstehen und klassifizieren, wenn man ihre energetischen Zustände betrachtet. Aus Kapitel 1.4 ist bereits bekannt, dass zur Überwindung eines Höhenunterschiedes $h = r_2 - r_1$ die Hubarbeit $W = F \cdot h \cdot \cos\varphi$ gegen die Gravitationskraft (das heißt Gewichtskraft) aufgebracht werden muss und von dem angehobenen Körper als potenzielle Energie E_p gespeichert wird.

Soll z. B. ein Satellit von der Erdoberfläche $(r = r_1)$ in eine Umlaufbahn $(r = r_2)$ gebracht werden, so erfordert jeder Verbindungsweg, z. B. $\overline{P_0 P_1}$ oder $\overline{P_0 P_2}$ *dieselbe* Hubarbeit, sodass die potenzielle Energie des Satelliten nur von seinem Abstand zur Erdmitte, nicht aber von dem Weg abhängt, auf dem er sein Umlaufniveau erreicht. Für die **Berechnung der Hubarbeit** genügt es somit, den senkrechten Abschuss $\overline{P_0 P_2}$ zu betrachten, denn auf diesem Weg weist die Hubkraft stets in Richtung des Weges und der eingeschlossene Winkel liefert vereinfachenderweise $\cos 0° = 1$.

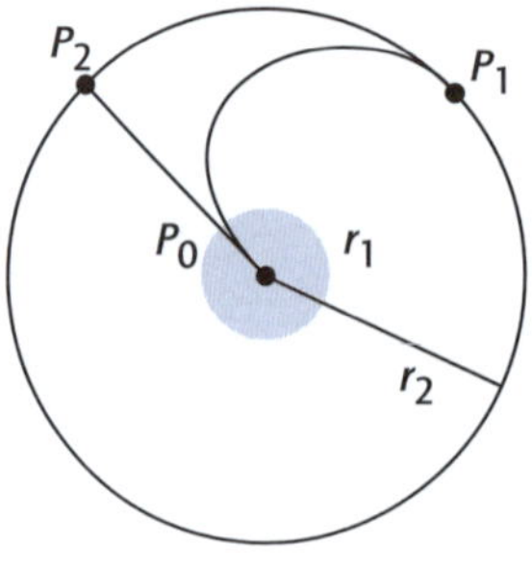

Anders als im erdnahen Bereich muss jedoch bei der Überwindung großer Höhenunterschiede, wie sie im astronomischen Maßstab üblich sind, die mit dem Quadrat des Abstandes einhergehende Abnahme der Gravitationskraft berücksichtigt werden, sodass hier die einfache Formel $W = F \cdot h$ ihre Gültigkeit verliert. Die Abbildung macht deutlich, dass sich die Hubarbeit nach wie vor als Fläche unter der Kurve $F(r)$ über dem Wegintervall $r_1 \leq r \leq r_2$ darstellen lässt. Die Berechnung erfolgt dementsprechend als **Summation über alle kleinen Beiträge** $\boldsymbol{W_i = F_i \cdot \Delta r}$, bei denen die Kraft $F_i = F(r_i)$ über dem hinreichend kleinen Intervall Δr als konstant betrachtet wird:

$$W_{12} = \Sigma W_i = \sum_i F_i \cdot \Delta r$$

und das Gravitationsgesetz liefert:

$$W_{12} = G \cdot m \cdot M \cdot \sum_i \left(\frac{1}{r_i}\right)^2 \cdot \Delta r$$

$$\Rightarrow \boldsymbol{W_{12} = G \cdot m \cdot M \cdot \left(\frac{1}{r_1} - \frac{1}{r_2}\right)}$$

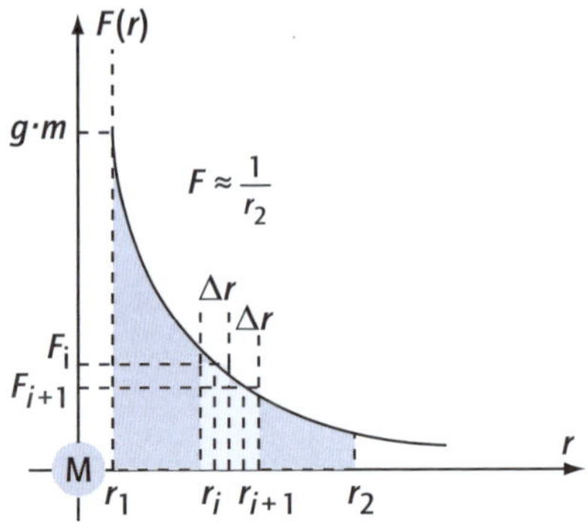

ZUR VERTIEFUNG

Die Genauigkeit des Summenwertes $W_{12} = G \cdot m \cdot M \cdot \sum_i \left(\frac{1}{r_i}\right)^2 \cdot \Delta r$ wird offensichtlich mit zunehmender Verfeinerung der Intervallbreite Δr verbessert. Im Grenzfall $\Delta r \to 0$ (= $\mathrm{d}r$) geht die Summation über in das folgende Integral, das exakt bestimmt werden kann:

$$W_{12} = G \cdot m \cdot M \cdot \int_{r_1}^{r^2} \frac{1}{r^2} \mathrm{d}r = G \cdot m \cdot M \cdot \left[-\frac{1}{r}\right]_{r_1}^{r_2} = G \cdot m \cdot M \cdot \left(\frac{1}{r_1} - \frac{1}{r_2}\right)$$

Wird ein (Probe-)Körper der Masse m im Gravitationsfeld $g(r) = G \cdot \frac{M}{r^2}$ eines punktförmig gedachten Körpers der Masse M von einer Position mit Abstand r_1 zu einer neuen Position $r_2 > r_1$ bewegt, dann muss die **Hubarbeit**
$W_{12} = G \cdot m \cdot M \cdot \left(\frac{1}{r_1} - \frac{1}{r_2}\right)$ aufgebracht werden.

INSIDER-TIPP

In der Formel $W_{12} = G \cdot m \cdot M \cdot \left(\frac{1}{r_1} - \frac{1}{r_2}\right)$ steht r_1 immer für die anfängliche Entfernung der Masse m von M und r_2 für die Entfernung nach Abschluss der Bewegung von m. Dabei kann

- **$r_1 < r_2$ sein. Dann kann m nur unter Zufuhr der Arbeit $W_{12} > 0$ vom Abstand r_1 auf die größere Entfernung r_2 von M gebracht werden.**
- **oder $r_1 > r_2$ sein. Jetzt nähert sich m vom Abstand r_1 auf die kürzere Entfernung r_2 von M und setzt dabei die Arbeit $W_{12} < 0$ frei.**

Sie wird vom (Probe-)Körper als zusätzliche potenzielle Energie $\Delta E_p = W_{12}$ gespeichert. Das **Nullniveau der potenziellen Energie** kann frei gewählt werden und wird üblicherweise in unendlicher Entfernung zur Masse M angenommen, denn für $r \to \infty$ verschwindet der Einfluss des Gravitationsfeldes. Somit besitzt dann der (Probe-)Körper im Abstand r von M die stets negative potenzielle Energie $E_p(r) = -G \cdot m \cdot M \cdot \frac{1}{r}$. Bezieht man die potenzielle Energie auf die Masseneinheit des (Probe-)Körpers, so erhält man das **Gravitationspotenzial** $V(r) = \frac{E_p(r)}{m} = -G \cdot M \cdot \frac{1}{r}$ und alle Raumpunkte eines Gravitationsfeldes, die das gleiche Potenzial besitzen, bilden eine **Äquipotenzialfläche**. Solche Flächen wurden bereits in der Abbildung von Seite 33 als zu M konzentrische Kugelflächen angedeutet und dort mit V_1, V_2, V_3, ... bezeichnet. Ein (Probe-)Körper m vermag daher den Zentralkörper M auf einer Kreisbahn, das heißt auf einer Bahn, die in einer Äquipotenzialfläche verläuft, ohne aufzuwendende oder frei werdende Arbeit dauerhaft zu umkreisen. Dieser Sachverhalt kam ja bereits in der zentralen, jedoch spekulativ-mystisch basierten Grundannahme des geozentrischen Weltbildes zum Ausdruck, nach der Kreisbahnen als die idealen und im Bereich der Himmelsbewegungen auch einzig möglichen Bewegungsformen anzusehen waren.

BEISPIEL 3 ▪ Ein Satellit ($m = 500\,\text{kg}$) soll von der Erde ($M = 5{,}97 \cdot 10^{24}\,\text{kg}$; $r_1 = 6371\,\text{km}$) aus auf eine kreisförmige Umlaufbahn der Höhe $r_2 = 2 \cdot r_1$ gebracht werden.

a) Welche potenzielle Energie besitzt der Satellit auf der Erde und auf seiner Umlaufbahn? Welche Hubarbeit ist zu verrichten?

Erde:

$$E_p(r_1) = -G \cdot \frac{m \cdot M}{r_1} = -6{,}673 \cdot 10^{-11} \frac{\text{m}^3}{\text{kg} \cdot \text{s}^2} \cdot \frac{500\,\text{kg} \cdot 5{,}97 \cdot 10^{24}\,\text{kg}}{6{,}371 \cdot 10^6\,\text{m}} = -3{,}13 \cdot 10^{10}\,\text{J}$$

Umlaufbahn:

$$E_p(r_2) = -G \cdot \frac{m \cdot M}{r_2} = E_p(r_1) \cdot \frac{r_1}{r_2} = -3{,}13 \cdot 10^{10}\,\text{J} \cdot \frac{1}{2} = -1{,}56 \cdot 10^{10}\,\text{J}$$

Hubarbeit:

$$W_{12} = E_p(r_2) - E_p(r_1) = -1{,}56 \cdot 10^{10}\,\text{J} - (-3{,}13 \cdot 10^{10}\,\text{J}) = 1{,}56 \cdot 10^{10}\,\text{J}.$$

b) Mit welcher Geschwindigkeit durchläuft der Satellit seine Umlaufbahn und welche kinetische Energie besitzt er dort?

Die Gravitationskraft wirkt als Zentripetalkraft, daher gilt: $m \cdot \frac{v^2}{r_2} = G \cdot \frac{m \cdot M}{r_2^2}$, das heißt $v = \sqrt{G \cdot \frac{M}{r_2}}$ und mit Daten:

$$v = \sqrt{6{,}673 \cdot 10^{-11}\,\text{m}^3/\text{kg} \cdot \text{s}^2 \cdot \frac{5{,}97 \cdot 10^{24}\,\text{kg}}{12{,}742 \cdot 10^6\,\text{m}}} = 5590\,\text{m/s} \approx 20\,100\,\text{km/h}$$

Die kinetische Energie beträgt:

$$E_k = \frac{1}{2} \cdot m \cdot v^2 = \frac{1}{2} \cdot 500\,\text{kg} \cdot (5590\,\text{m/s})^2 = 0{,}78 \cdot 10^{10}\,\text{J} = -\frac{1}{2} \cdot E_p(r_2)$$

c) Weisen Sie die Allgemeingültigkeit der in Teilaufgabe b) für kreisförmige Umlaufbahnen festgestellten Beziehung $E_k = -\frac{1}{2} \cdot E_p$ nach. Wie groß ist die Gesamtenergie eines Satelliten auf solchen Bahnen?

Mit den Zusammenhängen aus a) und b) folgt:

$$E_k = \frac{1}{2} \cdot m \cdot v^2 = \frac{1}{2} \cdot m \cdot G \cdot \frac{M}{r} = -\frac{1}{2} \cdot E_p(r_2)$$

Die Gesamtenergie setzt sich aus der potenziellen und der kinetischen Energie zusammen: $E_g = E_p + E_k = E_p - \frac{1}{2} \cdot E_p = \frac{1}{2} \cdot E_p$

Beispiel 3 zeigt, dass ein Körper im Abstand r von der Gravitationsmasse M mit der Geschwindigkeit $v_0 = \sqrt{G \cdot \frac{M}{r}}$ in seine **kreisförmige Umlaufbahn** eintreten muss. Aber welche Bahnformen kommen eigentlich zustande, wenn der Körper mit einer höheren Geschwindigkeit $v > v_0$ in seine Bahn eintritt, wenn also auch die Gesamtenergie des Körpers größer als $\frac{1}{2} \cdot E_p$ ist?

BEISPIEL 4

a) Für welche Geschwindigkeit v_1 nimmt die Gesamtenergie eines Körpers mit dem Abstand r zur Gravitationsmasse M den Wert null an?

$E_g = E_p + E_k = 0$ bedeutet $E_k = -E_p$ oder $\frac{1}{2} \cdot m \cdot v_1^2 = G \cdot \frac{m \cdot M}{r}$,

das heißt $v_1 = \sqrt{2 \cdot G \cdot \frac{M}{r}}$.

v_1 ist die sogenannte **Fluchtgeschwindigkeit**, mit der es erstmals gelingt, dem Gravitationseinfluss des Zentralkörpers endgültig zu entkommen.

b) Wie groß ist die Fluchtgeschwindigkeit für einen Köper, der von der Erdoberfläche aus startet?

$$v_1 = \sqrt{2 \cdot 6{,}673 \cdot 10^{-11}\,\mathrm{m^3/kg \cdot s^2} \cdot \frac{5{,}97 \cdot 10^{24}\,\mathrm{kg}}{6{,}371 \cdot 10^{6}\,\mathrm{m}}} = 11\,183\,\mathrm{m/s} = 11{,}2\,\mathrm{km/s}$$

Zusammenfassend lassen sich nun die folgenden **Bewegungsformen** eines Körpers unterscheiden, falls ihm im Abstand r von der Gravitationsmasse M senkrecht zu seinem Verbindungsradius mit M die Bahngeschwindigkeit v erteilt wird:

MERKE ▪ Bewegungsformen

1. $v = v_0$ und $E_g = \frac{1}{2} \cdot E_p$

   Der Körper tritt in eine Kreisbahn um die Gravitationsmasse M ein.

2. $v_0 < v < v_1$ und $\frac{1}{2} \cdot E_p < E_g < 0$

   Der Körper tritt in eine Ellipsenbahn ein, in deren einem Brennpunkt sich die Gravitationsmasse M befindet (→ 1. Kepler'sches Gesetz).

3. $v = v_1$ und $E_g = 0$

   Der Körper tritt auf einer Parabelbahn, deren Scheitelpunkt im Perihel liegt, in das Gravitationsfeld ein und verlässt es auch auf dieser Bahn.

4. $v > v_1$ und $E_g > 0$

   Der Körper tritt auf einer Hyperbelbahn, deren Scheitelpunkt im Perihel liegt, in das Gravitationsfeld ein und verlässt es auch auf dieser Bahn.

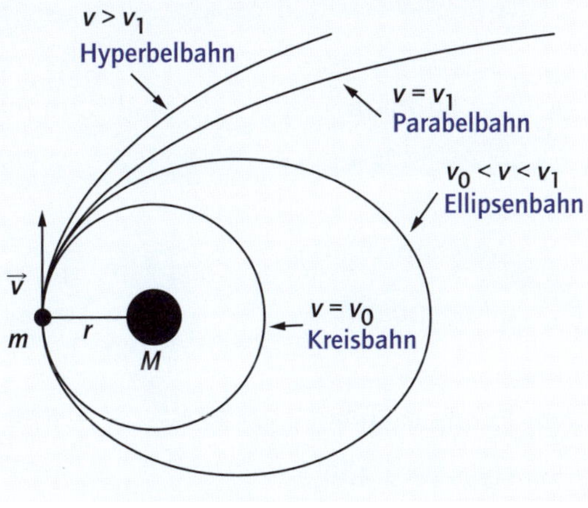

BEISPIEL 5

a) Hale-Bopp gehört mit einer geschätzten Umlaufzeit von 2380 Jahren zu den langperiodischen Kometen, die die Sonne ($M_S = 1{,}989 \cdot 10^{30}\,\text{kg}$) auf einer parabelnahen Ellipse umlaufen. Am 1.4.1997 durchlief er sein Perihel im Abstand von 136,7 Millionen Kilometern. Schätzen Sie die Geschwindigkeit von Hale-Bopp zu diesem Zeitpunkt ab.

$$v \approx v_1 = \sqrt{2 \cdot G \cdot \frac{M_S}{r}} = \sqrt{2 \cdot 6{,}673 \cdot 10^{-11}\,\text{m}^3/\text{kg} \cdot \text{s}^2 \cdot \frac{1{,}989 \cdot 10^{30}\,\text{kg}}{136{,}7 \cdot 10^9\,\text{m}}}$$
$$= 44\,067\,\text{m/s} \approx 44\,\text{km/s}$$

b) Bisher wurden noch keine Kometen beobachtet, die sich der Sonne auf Hyperbelbahnen nähern. Was kann daraus geschlossen werden?

Alle Kometen stammen aus unserem Sonnensystem und verbleiben im Gravitationsbereich der Sonne.

CHECKLISTE

2 Gravitation

- J. Kepler führte alle Himmelsbewegungen auf die drei nach ihm benannten Gesetze zurück.
- I. Newton formulierte das Gravitationsgesetz $F = G \cdot \frac{m \cdot M}{r^2}$, das zusammen mit seinem zweiten Grundgesetz $F = ma$ die Dynamik aller Himmelskörper-Bewegungen begründet.
- Die Gravitationskraft einer Masse M wirkt auf jede räumlich entfernte Masse m. Diese Vorstellung einer Kräfte-Fernwirkung führt zum Gravitationsfeld von M.
- Wird eine Masse m im Gravitationsfeld von M auf einem beliebigen Weg vom Abstand r_1 auf den Abstand r_2 zu M gebracht, so wird die Arbeit $W_{12} = G \cdot m \cdot M \cdot \left(\frac{1}{r_1} - \frac{1}{r_2}\right)$ zugeführt ($W_{12} > 0$ für $r_2 > r_1$) oder freigesetzt ($W_{12} < 0$ für $r_2 < r_1$).
- Die Bahnkurve eines Himmelskörpers wird durch das Verhältnis seiner kinetischen Energie E_k zu seiner potenziellen Energie E_p bestimmt:

  Kreisbahn: $v = v_0 = \sqrt{G \cdot \frac{M}{r}} \Rightarrow E_k = -\frac{1}{2}E_p \Leftrightarrow E_g = E_k + E_p = \frac{1}{2}E_p$

  Ellipsenbahn: $v_0 < v < v_1 = \sqrt{2G \cdot \frac{M}{r}} \Rightarrow -\frac{1}{2}E_p < E_k < -E_p$
  $\Leftrightarrow \frac{1}{2}E_p < E_g < 0$

  Parabelbahn: $v = v_1 \Rightarrow E_k = -E_p \Leftrightarrow E_g = 0$

  Hyperbelbahn: $v > v_1 \Rightarrow E_k > -E_p \Leftrightarrow E_g > 0$

3 Mechanische Schwingungen und Wellen

Neben den Bewegungsgesetzen harmonischer Oszillatoren interessieren auch die Energieverläufe. Auf einer linearen Oszillatorkette können sich Wellen ausbreiten, Reflexionen rufen stehende Wellen hervor. Ebene Wellen führen zu Beugungs- und Interferenzerscheinungen.
Schließlich werden auch die Doppler-Effekte für bewegte Sender und/oder Empfänger untersucht.

3.1 Harmonische Schwingungen

Unsere Erfahrung zeigt, dass zahlreiche mechanische Vorrichtungen wie Schrauben- und Blattfedern, Pendel, Stangen und Rohre, Gläser und Glasscheiben u. a., Schwingungen ausführen können, die entweder direkt sichtbar, durch Vibrationen spürbar oder als Töne hörbar sind. Es genügt jedoch, wenn wir uns hier auf eine Schraubenfeder konzentrieren, die oben befestigt und mit einem Gewichtsstück der Masse *m* beschwert ist, weil an diesem Federpendel bereits alle für Schwingungen typischen Vorgänge ersichtlich und auch die Gesetzmäßigkeiten herleitbar sind.

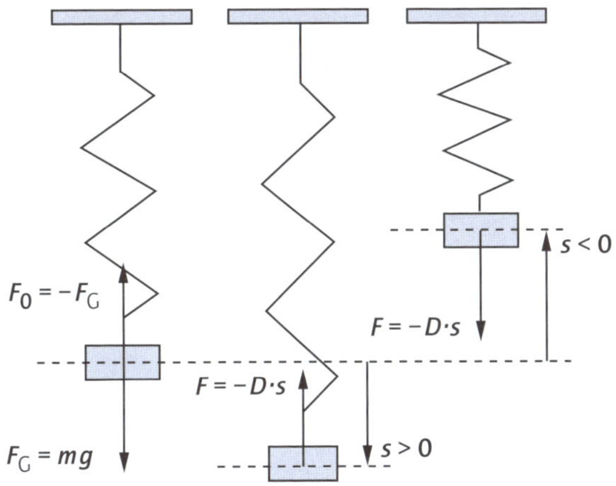

In der Ruhelage ruft die Gewichtskraft F_G eine betraglich gleich große, aber entgegengesetzt wirkende Federkraft $F_0 = -F_G$ hervor, sodass sich diese beiden Kräfte statisch kompensieren und im Weiteren unberücksichtigt bleiben können. Eine nach unten gerichtete Auslenkung $s > 0$ der Masse *m* bewirkt nach dem **Hooke'schen Gesetz** eine nach oben, zur Gleichgewichtslage hin weisende **Rückstellkraft** $\boldsymbol{F = -D \cdot s} < 0$, und auch dann, wenn $s < 0$ nach oben gerichtet ist, wirkt $F = -D \cdot s > 0$ nach unten und damit erneut zur Gleichgewichtslage hin. Wird die Pendelmasse m nun zunächst ausgelenkt und dann freigelassen, so bewegt sie sich infolge ihrer **Trägheit** über die Gleichgewichtsposition hinaus, und die erneut, jetzt aber in umgekehrter Richtung einsetzende Rückstellwirkung führt so zu einem periodischen „Hin und Her" um die Gleichgewichtslage, was eben als **Schwingung** bezeichnet wird.

Der zeitliche Verlauf einer Schwingung lässt sich aus dem Vergleich mit einer gleichförmigen Kreisbewegung bestimmen. Hierzu gleicht man die Lage des Kreis-Mittelpunktes M in der Ebene E_1 mit der Pendel-Gleichgewichtslage G in E_2 ab und lenkt das Pendel anfänglich so weit aus, dass sich die beiden mit „1" bezeichneten Positionen entsprechen. Beide Bewegungen werden im Parallellicht als Schattenprojektionen auf dem Schirm S dargestellt und bei abgeglichenen Umlauf- und Schwingungszeiten beobachtet man **synchrone Schwingungen der Schattenbilder**. Eine Schwingung kann somit als eine der beiden Teilbewegungen aufgefasst werden, die bei senkrechter Überlagerung zu einer gleichförmigen Kreisbewegung führen. Ersetzt man in den x-Komponenten der schon auf → Seite 13 angegebenen Bewegungsgesetze den Radius r durch die **maximale Auslenkung** (auch: **Amplitude**) s_0, so erhält man die Bewegungsgesetze einer harmonischen Schwingung, und die Bedeutungen der **Frequenz** f, der **Winkelgeschwindigkeit** ω und der **Schwingungsdauer** T werden hier sinngemäß übernommen:

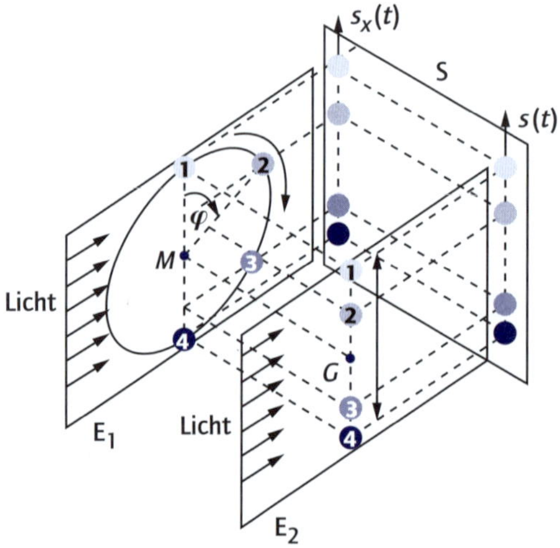

MERKE ▪ Bewegungsgesetze der harmonischen Schwingung

Elongations-Zeit-Gesetz:

$$s(t) = s_0 \cdot \cos(\omega \cdot t) \quad \text{mit } \omega = \frac{2\pi}{T} = 2\pi \cdot f$$

Geschwindigkeits-Zeit-Gesetz:

$$v(t) = -s_0 \cdot \omega \cdot \sin(\omega \cdot t) \quad \text{mit } v_0 = s_0 \cdot \omega$$

Beschleunigungs-Zeit-Gesetz:

$$a(t) = -s_0 \cdot \omega^2 \cdot \cos(\omega \cdot t) \quad \text{mit } a_0 = s_0 \cdot \omega^2$$

BEISPIEL 1 ▪ Ein um 4,0 cm ausgelenktes Federpendel schwingt mit der Frequenz 2,0 Hz. Welche Elongation (Auslenkung), Geschwindigkeit und Beschleunigung treten 0,60 s nach Beginn der Schwingung auf?

Mit $T = \frac{1}{f} = \frac{1}{2\,\text{Hz}} = 0{,}5\,\text{s}$ und $\omega = 2\pi \cdot f = 2\pi \cdot 2\,\text{Hz} = 12{,}57\,\text{s}^{-1}$ folgt:

Auslenkung: $s(0{,}6\,\text{s}) = 0{,}04\,\text{m} \cdot \cos(12{,}57\,\text{s}^{-1} \cdot 0{,}6\,\text{s}) = 0{,}012\,\text{m}$

Geschwindigkeit:

$$v(0{,}6\,\text{s}) = -0{,}04\,\text{m} \cdot 12{,}57\,\text{s}^{-1} \cdot \sin(12{,}57\,\text{s}^{-1} \cdot 0{,}6\,\text{s}) = 0{,}48\,\text{m/s}$$

Beschleunigung:

$$a(0{,}6\,\text{s}) = -0{,}04\,\text{m} \cdot (12{,}57\,\text{s}^{-1})^2 \cdot \cos(12{,}57\,\text{s}^{-1} \cdot 0{,}6\,\text{s}) = -1{,}94\,\text{m/s}^2$$

Die genannten Bewegungsgesetze gelten nur, soweit *lineare* Rückstellkräfte auftreten, insofern kommt dem **linearen Kraftgesetz** $\boldsymbol{F = -D \cdot s}$ eine weitergehende Bedeutung zu. Man bezeichnet die Konstante D im Allgemeinen als **Richtgröße**, spricht aber speziell beim Federpendel von der „Federkonstanten" D. Eine **lineare Rückstellkraft** geht stets mit **harmonischen Schwingungen** einher, die sich mithilfe des zweiten Newton'schen Axioms durch die Beziehung $m \cdot a = -D \cdot s$, d. h. $a(t) = -\frac{D}{m} \cdot s(t)$, charakterisieren lassen. Die Bewegungsgesetze $s(t)$ und $a(t)$ selbst führen vergleichsweise auf $a(t) = -\omega^2 \cdot s(t)$, sodass für $\boldsymbol{\omega = \sqrt{\frac{D}{m}}}$ bzw. $\boldsymbol{T = 2\pi \cdot \sqrt{\frac{m}{D}}}$ Übereinstimmung erzielt wird.

BEISPIEL 2 ▪ Das Federpendel aus Beispiel 1 hat die Pendelmasse 200 g. Bestimmen Sie die Federkonstante *D*.

Aus $\omega = \sqrt{\frac{D}{m}}$ folgt $D = \omega^2 \cdot m$ und mit Daten:

$$D = (12{,}57\,\text{s}^{-1})^2 \cdot 0{,}2\,\text{kg} = 31{,}6\,\text{kg/s}^2 \text{ (oder: N/m)}$$

BEISPIEL 3 ▪ Sind die Schwingungen eines Fadenpendels harmonisch? Wie groß ist die Schwingungsdauer?

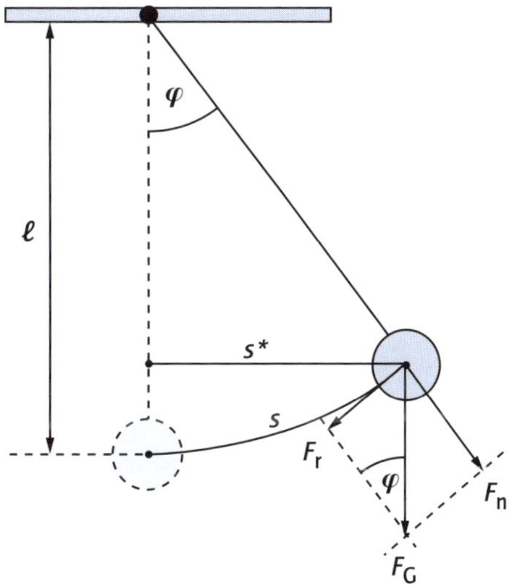

Aus der Zeichnung liest man die beiden Beziehungen $\sin\varphi = \frac{s^*}{\ell}$ und $\sin\varphi = \frac{F_r}{F_G}$ ab; somit gilt das lineare Kraftgesetz $F_r = -\left(m \cdot \frac{g}{\ell}\right) \cdot s^*$, wobei das Minuszeichen anzeigt, dass die Rückstellkraft F_r dem Auslenkungsabstand s^* entgegengerichtet ist. Tatsächlich beschreibt die Pendelmasse den Bogen s, der nur für kleine Winkel φ bzw. für $s \ll \ell$ in guter Näherung mit s^* übereinstimmt.

Ein Fadenpendel führt somit nur für kleine Auslenkungen harmonische Schwingungen aus, und mit der Richtgröße $D = m \cdot \frac{g}{\ell}$ folgt die **von *m* unabhängige Schwingungsdauer**

$$T = 2\pi \cdot \sqrt{\frac{m}{D}} = 2\pi \cdot \sqrt{\frac{\ell}{g}}.$$

ZUR VERTIEFUNG

Aus physikalischer Sicht ist es sinnvoll, alle schwingungsfähigen Anordnungen, deren Schwingungen durch lineare Rückstellkräfte bewirkt werden, zur Klasse der harmonischen Oszillatoren zusammenzufassen, denn sie lassen sich durch strukturell gleichartige Gesetze beschreiben. Insbesondere charakterisiert die Beziehung $a(t) = -\omega^2 \cdot s(t)$, die hier speziell für ein Federpendel nachgewiesen wurde, auch andere harmonische Oszillatoren.

Fasst man nun die Beschleunigungs-Zeit-Funktion $a(t)$ als zweite zeitliche Ableitung der Weg-Zeit-Funktion $s(t)$ auf, so erhält man mit $a(t) = \ddot{s}(t)$ die Differenzialgleichung des harmonischen Oszillators: $\ddot{s} + \omega^2 \cdot s = 0$.

Zeigen Sie, dass die Funktionen $s_1(t) = s_{01} \cdot \sin(\omega \cdot t) + s_{02} \cdot \cos(\omega \cdot t)$ bzw. $s_2(t) = s_0 \cdot \sin(\omega \cdot t + \varphi)$ allgemeine Lösungsfunktionen dieser Differenzialgleichung darstellen. Die Parameter s_{01} und s_{02} bzw. s_0 und φ müssen jeweils an die speziellen Anfangsbedingungen, unter denen ein Oszillator zu schwingen beginnt, angepasst werden.

INSIDER-TIPP

Eine erste Uhr (U1) besitzt ein Federpendel, eine zweite Uhr (U2) ein Fadenpendel.

- Für U1 gilt $T = 2\pi \cdot \sqrt{\frac{m}{D}}$, sodass sie durch Veränderung der anhängenden Masse *m* justiert werden kann. Für U2 geht das nicht, denn wegen $T = 2\pi \cdot \sqrt{\frac{\ell}{g}}$ hat die Masse hier keinen Einfluss auf die Schwingungsdauer und man muss hier die Pendellänge ℓ verändern.
- Bringt man beide Uhren zum Mond, so läuft U1 unverändert richtig, denn die Masse *m* ist auch auf dem Mond dieselbe. U2 hingegen würde infolge der dort geringeren Schwerebeschleunigung $g_{Mond} < g_{Erde}$ langsamer gehen ($T_{Mond} > T_{Erde}$).

3.2 Die energetischen Verhältnisse bei harmonischen Oszillatoren

Wenn man einen harmonischen Oszillator, beispielsweise ein Federpendel, anfänglich um die Strecke s_0 auslenkt, dann führt er die kosinusförmige Schwingung $s(t) = s_0 \cdot \cos(\omega \cdot t)$ aus, deren Geschwindigkeit durch $v(t) = -v_0 \cdot \sin(\omega \cdot t)$ beschrieben wird. Mit welchen Energieverläufen ist nun zu rechnen?

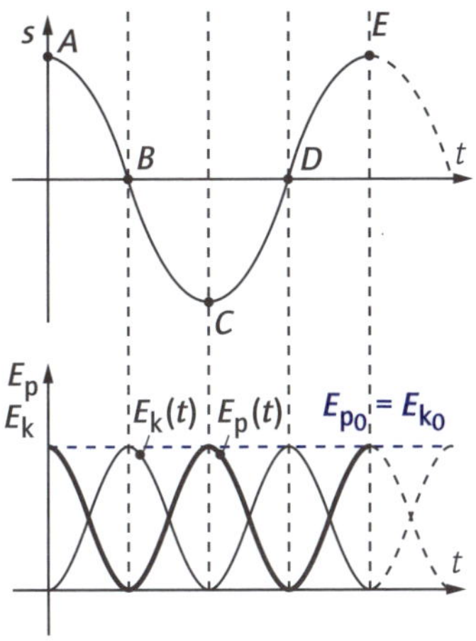

Im Startpunkt A beträgt die Geschwindigkeit null und die Amplitude s_0 geht mit der **maximalen Spannenergie** $E_{p_0} = \frac{1}{2} \cdot D \cdot s_0^2$ einher, die in diesem Zusammenhang auch als **potenzielle Energie** bezeichnet wird. E_{p_0} liegt erneut in den Punkten C und E vor. In den Nulldurchgängen B und D beträgt die Auslenkung und somit auch die potenzielle Energie null, hingegen hat die Geschwindigkeit dort den Wert v_0 und damit wird hier die **kinetische Energie** $E_{k_0} = \frac{1}{2} \cdot m \cdot v_0^2$ maximal.

Die **zeitlichen Verläufe beider Energieformen** erhält man zu:

$$E_p(t) = \frac{1}{2} \cdot D \cdot s(t)^2 = \frac{1}{2} \cdot D \cdot s_0^2 \cdot \cos^2(\omega \cdot t) = E_{p_0} \cdot \cos^2(\omega \cdot t) \quad \textbf{und}$$

$$E_k(t) = \frac{1}{2} \cdot m \cdot v(t)^2 = \frac{1}{2} \cdot m \cdot v_0^2 \cdot \sin^2(\omega \cdot t) = E_{k_0} \cdot \sin^2(\omega \cdot t)$$

Zwischen diesen beiden Formen findet ein ständiger Austausch statt, bei dem der **Energieerhaltungssatz** jedoch vorschreibt, dass die Gesamtenergie zeitlich konstant bleibt: $E_g(t) = E_p(t) + E_k(t) = \text{const.}$ Und weil sowohl die Auslenkung als auch die Geschwindigkeit *quadratisch* zur Energie beitragen, spielen ihre Richtungen keine Rolle, sodass der Wechsel zwischen den beiden Energieformen mit der *doppelten* Schwingungsfrequenz abläuft.

BEISPIEL 4

a) Wie wirkt sich die Anfangsauslenkung s_0 eines harmonischen Oszillators auf seine maximale Geschwindigkeit v_0 aus?

Der Energieerhaltungssatz schreibt bei Abwesenheit von Reibung die vollständige Umwandlung zwischen potenzieller und kinetischer Energie vor und daher gilt für die maximalen Energiewerte: $E_{k_0} = E_{p_0}$,

das heißt: $\frac{1}{2} \cdot m \cdot v_0^2 = \frac{1}{2} \cdot D \cdot s_0^2$ oder $v_0 = \sqrt{\frac{D}{m}} \cdot s_0$ bzw. $v_0 = \omega \cdot s_0$.

Die letzte Gleichung drückt eine direkte Proportionalität zwischen v_0 und s_0 aus.

b) Weisen Sie für den harmonischen Oszillator die zeitliche Konstanz seiner Gesamtenergie nach.

$$E_g(t) = E_p(t) + E_k(t) = E_{p_0} \cdot \cos^2(\omega \cdot t) + E_{k_0} \cdot \sin^2(\omega \cdot t)$$

und wegen $E_{p_0} = E_{k_0}$ folgt weiter: $E_g(t) = E_{p_0} \cdot [\cos^2(\omega \cdot t) + \sin^2(\omega \cdot t)] = E_{p_0}$

Die Anfangsenergie E_{p_0} bleibt also im Zeitablauf erhalten.

Die Erfahrung zeigt, dass jeder **frei schwingende mechanische Oszillator** früher oder später wieder zur Ruhe kommt, denn durch **Reibungskräfte** wird ihm ständig Energie entzogen, die dadurch dem „Hin und Her" zwischen den Energieformen verloren geht.

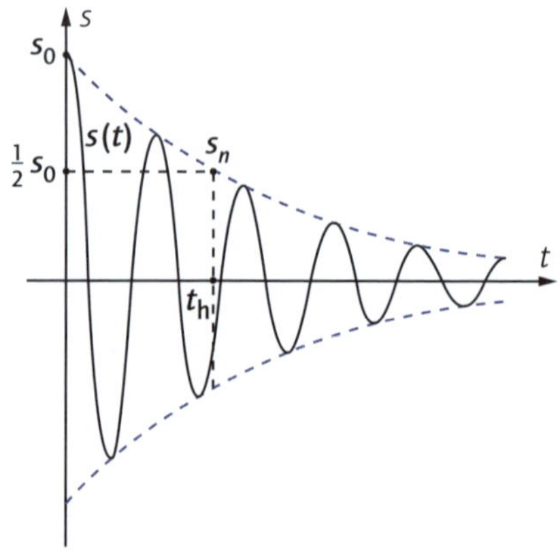

Infolge dieser **Energieverluste** nehmen die Schwingungsamplituden s_n ($n \in \mathbb{N}$) beständig ab, bis schließlich keine Schwingung mehr wahrnehmbar ist. Experimentell lässt sich nachweisen, dass das Verhältnis $s_{n+1} : s_n$ zweier aufeinanderfolgender Amplituden konstant bleibt, und das deutet auf einen **exponentiellen Abklingprozess** hin. Die Folge der abnehmenden Amplituden wird durch ein Gesetz der Form $\boldsymbol{s_n = s_0 \cdot e^{-k \cdot t}}$ beschrieben, und die **Dämpfungskonstante** $k > 0$, die einer konkreten Schwingung anzupassen ist, bestimmt das Tempo der Abnahme. In der Abbildung wird dieses Gesetz als **„einhüllende" Kurve** gestrichelt dargestellt. Das vollständige **Gesetz der gedämpften Schwingung** ist dann das Produkt dieser Abnahmefunktion mit dem Schwingungsterm:

$$\boldsymbol{s(t)} = s_n \cdot \cos(\omega \cdot t) = \boldsymbol{s_0 \cdot e^{-k \cdot t} \cdot \cos(\omega \cdot t)}.$$

BEISPIEL 5 ▪ **Ein Federpendel führt die gedämpfte Schwingung $s(t) = 0{,}1\,m \cdot e^{-0{,}33\,s^{-1} \cdot t} \cdot \cos(30\,s^{-1} \cdot t)$ aus.**

a) Bestimmen Sie die Halbwertszeit t_h, nach der die nächste Amplitude höchstens noch der halben Anfangsauslenkung s_0 entspricht.

Wie viele Schwingungen sind dann bereits vergangen?

Mit $s_n = \frac{s_0}{2}$ folgt $s_0 \cdot e^{-k \cdot t_h} = \frac{s_0}{2}$, das heißt $-k \cdot t_h = \ln \frac{1}{2}$ oder $\boldsymbol{t_h = \frac{\ln 2}{k}}$

und mit Daten: $t_h = \frac{\ln 2}{0{,}33\,s^{-1}} = 2{,}1\,s.$

Dann sind $\frac{t_h}{T} = \frac{t_h \cdot \omega}{2\pi} = \frac{2{,}1\,s \cdot 30\,s^{-1}}{2\pi} = 10$ Schwingungen vergangen.

b) Wie viel Prozent seiner anfänglichen Energie hat das Pendel nach Ablauf der Halbwertszeit noch?

$E_p(t_h) = \frac{1}{2} \cdot D \cdot \left(\frac{s_0}{2}\right)^2 = \frac{1}{4} \cdot \left(\frac{1}{2} \cdot D \cdot s_0^2\right) = \frac{1}{4} \cdot E_p(0\,\text{s})$, also nur noch 25 %.

ZUR VERTIEFUNG

Die exponentielle Abnahme der Amplituden ($s_{n+1} : s_n$ = const.) ist darauf zurückzuführen, dass die Reibungskraft stets proportional zur Geschwindigkeit des Oszillators ist, wie es z. B. bei der Luftreibung der Fall ist. Zeigen Sie: Wirkt eine konstante Reibungskraft, z. B. Gleitreibungskräfte, auf den Oszillator ein, so nehmen die Amplituden linear ab ($s_{n+1} - s_n$ = const.).

Wie kann man nun die reibungsbedingten Energieverluste eines gedämpften Oszillators ausgleichen, damit dauerhaft ungedämpfte Schwingungen zustande kommen? Hierzu wird ein Federpendel betrachtet, dessen Pendelkörper in eine dämpfende Flüssigkeit eintaucht. Über einen Exzentermotor wird ihm nun periodisch Energie zugeführt und es führt dann **erzwungene Schwingungen** mit der Anregungsfrequenz f aus, die der Umlauffrequenz des Motors entspricht. Die Grafik zeigt, wie sich die Auslenkungsweite s des Pendels mit der Anregungsfrequenz f in charakteristischer Weise ändert: Sobald sich f der Frequenz f_0 nähert, mit der das Pendel freie Schwingungen ausführen würde, wachsen die Auslenkungen s gewaltig an, und zwar umso stärker, je schwächer das Pendel gedämpft ist. Diese als **Resonanz** bezeichnete Erscheinung kommt zustande, weil der angeregte Oszillator die zugeführte Energie in der Nähe seiner **Resonanzfrequenz f_0** kumuliert. Erzwungene Schwingungen sind gerade wegen ihrer oftmals unerwünschten Resonanzerscheinungen (Resonanzkatastrophen) von großer praktischer Bedeutung. Je stärker f aber von f_0 abweicht, umso weniger vermag die zugeführte Energie die Dämpfungsverluste auszugleichen, weil sie den Oszillator zunehmend in einem ungünstigen Schwingungszustand (Phase) erreicht und seine Bewegung jetzt nicht mehr zu unterstützen vermag.

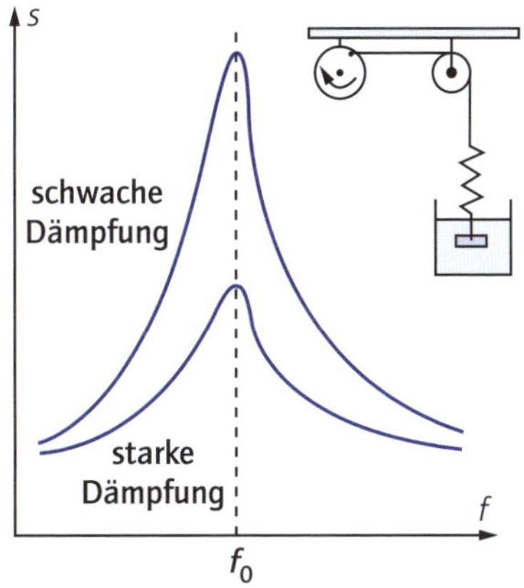

ZUR VERTIEFUNG

1. Obschon erzwungene Schwingungen stets mit der Anregungsfrequenz f ausgeführt werden, kommt es zu einem entscheidenden Phasenunterschied $\Delta\varphi$ zwischen Erreger und Resonator. Für $f \ll f_0$ schwingen der Erreger und der Resonator gleichphasig ($\Delta\varphi \to 0$), für $f \gg f_0$ hingegen gegenphasig ($\Delta\varphi \to \pi$), weshalb sich in beiden Fällen kein Resonanzeffekt ausbildet. Nur für $f = f_0$ eilt der Erreger dem Resonator mit einer Viertelschwingung, das heißt mit der Phase $\Delta\varphi = \frac{\pi}{2}$, voraus, was zur optimalen Amplitudenverstärkung führt. Fertigen Sie ein f-$\Delta\varphi$-Diagramm an.
2. Beschäftigen Sie sich bitte auch mit dem Prinzip der elektromechanischen Rückkopplung. Solche Schaltungen ermöglichen den Ausgleich reibungsbedingter Energieverluste gezielt für den Fall, dass der Oszillator mit seiner Eigenfrequenz f_0 schwingt, ohne dass es dabei aber zu einer Resonanzkatastrophe kommen kann.

3.3 Entstehung und Ausbreitung von Wellen

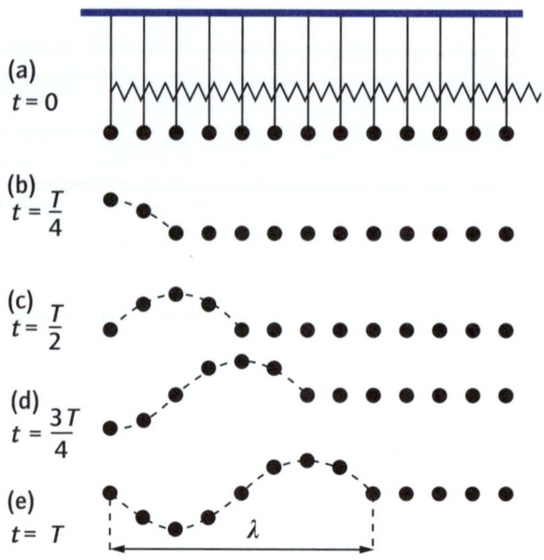

Unter einer **linearen Kette gekoppelter Oszillatoren** versteht man eine Reihe gleichartiger und im gleichen Abstand hintereinander angeordneter Oszillatoren, die jeweils über Kopplungselemente mit ihren nächsten Nachbarn verbunden sind und so durch deren Bewegungszustände beeinflusst werden. Eine solche Kette kann z. B. durch eine Reihe von Pendelmassen, die an starren Stäben mit vernachlässigbarer Masse aufgehängt sind, realisiert werden, wobei die Kopplung durch Verbindungsfedern hergestellt wird (a). Wird nun der erste Oszillator zu einer harmonischen Schwingung angeregt, so teilen sich diese **periodischen Störungen** den benachbarten Oszillatoren mit zeitlichem Verzug mit und breiten sich auf diese Weise über die Oszillatorkette aus. In der Abbildung erreicht die Störung gerade den dritten (b), den fünften (c), den siebten (d) bzw. den neunten (e) Oszillator, nachdem der erste Oszillator bereits eine viertel (b), eine halbe (c), drei viertel (d) bzw. eine ganze (e) Schwingung ausgeführt hat. Die Ausbreitung dieser periodischen Störung lässt eine **Welle** entstehen und der kürzeste Abstand zwischen zwei Oszillatoren, die den gleichen Schwingungszustand (auch: **Phase**) aufweisen, wird als **Wellenlänge** λ bezeichnet. Offensichtlich kommt eine bestimmte Phase eines Oszillators während der Schwingungsdauer T gerade um die Wellenlänge λ voran, sodass die **Ausbreitungsgeschwindigkeit der Welle** (auch: **Phasengeschwindigkeit**) $c = \frac{\lambda}{T} = \lambda \cdot f$ beträgt. Die Begriffe **Amplitude** s_0, **Frequenz** $f = \frac{1}{T}$ und **Winkelgeschwindigkeit** $\omega = 2\pi \cdot f$ können hier sinngemäß aus der Schwingungslehre (→ Kapitel 3.1) übernommen werden.

BEISPIEL 6 ▪ **Bei einer Anregungsfrequenz von 5 Hz weisen zwei benachbarte Nulldurchgänge der erzeugten Welle einen Abstand von 8 cm auf. Wie groß ist die Wellengeschwindigkeit?**
Achtung: benachbarte Nulldurchgänge gehören zu gegenphasig schwingenden Oszillatoren und markieren eine halbe Wellenlänge!
Daher: $c = \lambda \cdot f = (2 \cdot 0{,}08\,\text{m}) \cdot 5\,\text{Hz} = 0{,}8\,\text{m/s}$.

Die gemeinsame Beschreibung der Schwingungen aller Oszillatoren einer gekoppelten Kette führt auf die **Wellengleichung** $s(x, t)$. Sie gibt den Schwingungszustand s eines im Abstand x zum Kettenanfang befindlichen Oszillators zum Zeitpunkt t an. Während der erste Oszillator zur harmonischen Schwingung $s(x = 0,\ t \geq 0) = s_0 \cdot \sin(\omega \cdot t)$ angeregt wird, setzt diese Schwingung am Ort x mit der Zeitverzögerung t_x ein: $s(x, t \geq t_x) = s_0 \cdot \sin[\omega \cdot (t - t_x)]$. Die Verhältnisgleichung $\frac{x}{t_x} = \frac{\lambda}{T}$ führt auf $s(x, t \geq t_x) = s_0 \cdot \sin\left(\omega \cdot t - \omega \cdot \frac{T}{\lambda} \cdot x\right)$ und mit $\omega = \frac{2\pi}{T}$ folgt

$$s(x, t) = s_0 \cdot \sin\left[2\pi \cdot \left(\frac{t}{T} - \frac{x}{\lambda}\right)\right]$$

als Gleichung einer nach rechts in Richtung der positiven x-Achse laufenden Welle. Schließlich stellt die **Bedingung** $\frac{t}{T} \geq \frac{x}{\lambda}$ sicher, dass die Welle den Ort x zum Zeitpunkt t schon erreicht hat.

BEISPIEL 7
a) Stellen Sie die Welle $s(x, t) = 4\,\text{cm} \cdot \sin\left[2\pi \cdot \left(\frac{t}{2\,s} - \frac{x}{4\,\text{cm}}\right)\right]$ zum Zeitpunkt $t_0 = 2{,}5 \cdot T$ grafisch dar.

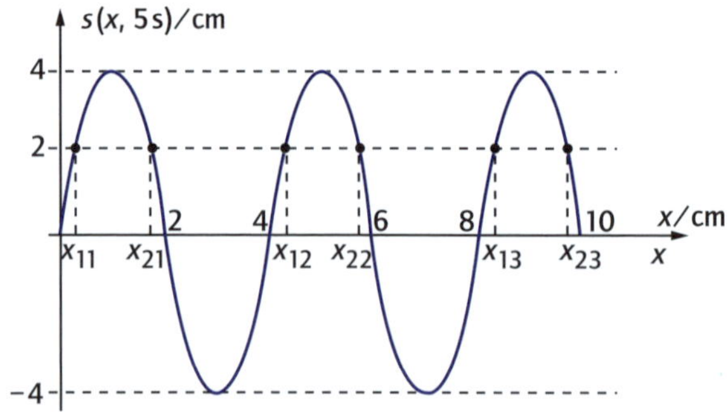

Mit $T = 2\,\text{s}$ folgt $t_0 = 5\,\text{s}$ und $s(x, 5\,\text{s}) = 4\,\text{cm} \cdot \sin(5\pi - 0{,}5\,\pi\,\text{cm}^{-1} \cdot x)$.
Die Beziehung $\sin(\alpha - \beta) = (\sin\alpha) \cdot (\cos\beta) - (\cos\alpha) \cdot (\sin\beta)$ führt dann auf
$s(x, 5\,\text{s}) = 4\,\text{cm} \cdot [(\sin 5\pi) \cdot (\cos 0{,}5\,\pi\,\text{cm}^{-1} \cdot x) - (\cos 5\pi) \cdot (\sin 0{,}5\,\pi\,\text{cm}^{-1} \cdot x)]$
und mit $\sin 5\pi = 0$ und $\cos 5\pi = -1$ folgt schließlich

$$s(x, 5\,\text{s}) = 4\,\text{cm} \cdot \sin(0{,}5\,\pi\,\text{cm}^{-1} \cdot x)$$

unter der Bedingung $0\,\text{cm} \leq x \leq \frac{t_0}{T} \cdot \lambda = 10\,\text{cm}$.

b) An welchen Stellen zeigt die Welle zum Zeitpunkt $t_0 = 2{,}5 \cdot T$ eine Auslenkung von 2 cm?

Die Bedingung $s(x, 5\,\text{s}) = 4\,\text{cm} \cdot \sin(0{,}5\,\pi\,\text{cm}^{-1} \cdot x) = 2\,\text{cm}$ führt auf
$x = \frac{2}{\pi}\text{cm} \cdot \sin^{-1}\left(\frac{1}{2}\right)$ und wegen der Periodizität der Welle (vgl. Abbildung) erhält man die folgenden Lösungen:

$x_{11} = 0{,}33\,\text{cm}$; $\quad x_{12} = x_{11} + \lambda = 4{,}33\,\text{cm}$; $\quad x_{13} = x_{11} + 2\lambda = 8{,}33\,\text{cm}$
$x_{21} = \frac{\lambda}{2} - x_{11} = 1{,}67\,\text{cm}$; $\quad x_{22} = x_{21} + \lambda = 5{,}67\,\text{cm}$; $\quad x_{23} = x_{21} + 2\lambda = 9{,}67\,\text{cm}$

ZUR VERTIEFUNG

1. **Die Wellengleichung $s(x, t)$ beinhaltet folgende Detail-Beschreibungen:**
   a) An festen Orten $x = \text{const.}$ beschreibt sie durch $s_x(t) = s_0 \cdot \sin(\omega \cdot t - \alpha)$ mit $\alpha = \frac{2\pi x}{\lambda}$ die harmonische Schwingung des dort befindlichen Oszillators.
   b) Zum festen Zeitpunkt $t = \text{const.}$ beschreibt $s_x(t) = s_0 \cdot \sin\left(\beta - \frac{2\pi x}{\lambda}\right)$ mit $\beta = \omega \cdot t$ die räumliche Verteilung der Schwingungszustände als „Momentaufnahme".
2. **Zeigen Sie: $s(x, t) = s_0 \cdot \sin\left[2\pi \cdot \left(\frac{t}{T} + \frac{x}{\lambda}\right)\right]$ beschreibt eine nach *links* laufende Welle.**

Bisher wurde angenommen, dass die **Anregungen** und somit auch die Auslenkungen aller weiteren Oszillatoren **quer zur Oszillatorkette**, das heißt unter 90° zur Ausbreitungsrichtung der Welle, erfolgen. In diesem Fall entsteht eine **Transversalwelle**. Transversalwellen erfordern elastische Querkräfte zur Kopplung der Oszillatoren und treten deshalb **nur in festen Körpern** oder **an der Grenzfläche zwischen einer Flüssigkeit** (z. B. Wasser) **und einem Gas** (z. B. Luft) auf, nicht aber innerhalb von Flüssigkeiten oder Gasen. Sie lassen sich stets im **Polarisationsexperiment** nachweisen: Weist ein Spalt parallel zur Schwingungsrichtung der Transversalwelle, so kann sie ihn passieren, während ein quer zur Schwingungsrichtung weisender Spalt keine Transversalwellen hindurchlässt.

Erfolgt die Anregung hingegen **in Richtung der Oszillatorkette**, so bildet sich eine periodische Abfolge verkürzter und vergrößerter Oszillatorabstände aus, die sich als **Longitudinalwelle** über die Kette ausbreitet. Die Kopplung erfolgt hier über elastische Längskräfte zwischen den Oszillatoren; diese sind sowohl **in Festkörpern, Flüssigkeiten und Gasen** möglich. Eine Longitudinalwelle besitzt, im Gegensatz zur Transversalwelle, keine definierte Schwingungsebene und kann deshalb auch nicht durch Spalte (bzw. Polarisationsfilter) nachgewiesen werden.

Von Seite 43 ist bekannt, dass jeder schwingende Oszillator Energie besitzt, die bei maximaler Auslenkung als rein potenzielle Energie (bzw. Spannenergie) vorliegt und sich daher proportional zum Amplitudenquadrat s_0^2 verhält. Weil sich nun mit einer Welle die Schwingungszustände ausbreiten, wird hierdurch auch **Energie transportiert,** und es kann gezeigt werden, dass die pro Zeiteinheit transportierte Energie, das heißt die Leistung, ebenfalls **zu s_0^2 proportional** ist. Hervorzuheben ist, dass der mit einer Welle verbundene Energietransport **nicht an eine mitbewegte Masse gebunden** ist. Denn obschon die Oszillatoren um ihre Ruheposition schwingen, nehmen sie diese Position doch nach dem Passieren der Welle wieder ein, ohne dass eine dauerhafte Ortsänderung stattgefunden hätte.

3.4 Überlagerung eindimensionaler Wellen

Wir betrachten zunächst **zwei Wellen, die mit gleicher Amplitude und gleicher Frequenz** auf einem unendlich langen Wellenträger **aufeinander zulaufen** und sich überlagern. Dabei versteht man unter einem **unendlich langen Wellenträger** eine sehr lange gekoppelte Oszillatorkette (z. B. ein langes Seil, eine lange Feder), sodass die Reflexionen, die gewöhnlich an den Enden eines Wellenträgers auftreten, keinen Einfluss auf unsere Beobachtungen nehmen können.

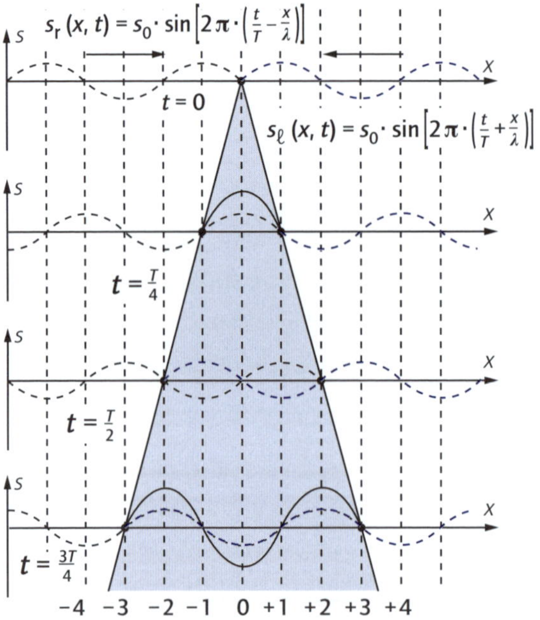

Die Abbildung zeigt vom Zeitpunkt $t = 0$ des Zusammentreffens beider Wellenzüge und die **zeitliche Entwicklung des Überlagerungszustandes**. Zum Zeitpunkt $t = \frac{T}{4}$ ist jede der beiden Wellen um eine viertel Wellenlänge vorangeschritten, sodass sich jetzt die ersten beiden Halbwellen phasengleich überlagern. Dem **Überlagerungsprinzip** folgend resultiert ein halber Wellenbogen mit doppelter Amplitude. Zum Zeitpunkt $t = \frac{T}{2}$ überlagern sich schon die ersten beiden Wellenzüge, jedoch führt ihre Gegenphasigkeit zur vollständigen gegenseitigen Auslöschung. Zum Zeitpunkt $t = \frac{3}{4}T$ können sich dann einundeinhalber Wellenzug erneut phasengleich überlagern und somit wieder verstärken usw. Es entsteht das Bild einer **stehenden Welle**, bei der in jeder Zeiteinheit dieselbe Energiemenge von der Welle $s_r(x, t)$ von links nach rechts wie auch von $s_\ell(x, t)$ von rechts nach links transportiert wird, was typischerweise zu einer **stationären Energieverteilung** führt. So führen maximale Verstärkungen an den Stellen, die von Hilfslinien mit geradem Index (0, ± 2, ± 4, ...) markiert werden, zu **Schwingungsbäuchen**, die ungerade indizierten Linien markieren hingegen die **Schwingungsknoten**, in denen sich beide Wellenzüge stets auslöschen.

BEISPIEL 8

a) Zeigen Sie, dass eine stehende Welle durch die Gleichung $s(x, t) = 2 \cdot s_0 \cdot \cos\left(2\pi \cdot \frac{x}{\lambda}\right) \cdot \sin\left(2\pi \cdot \frac{t}{T}\right)$ beschrieben wird.
Deuten Sie diese Gleichung.

Nach dem Überlagerungsprinzip werden beide Teilwellen zur Gesamtauslenkung addiert:

$$s(x, t) = s_\ell(x, t) + s_r(x, t) = s_0 \cdot \left[\sin 2\pi \cdot \left(\frac{t}{T} + \frac{x}{\lambda}\right) + \sin 2\pi \cdot \left(\frac{t}{T} - \frac{x}{\lambda}\right)\right]$$

und die Formel $\sin\alpha + \sin\beta = 2 \cdot \cos\frac{\alpha - \beta}{2} \cdot \sin\frac{\alpha + \beta}{2}$ führt auf

$$s(x, t) = 2 \cdot s_0 \cdot \cos\left(2\pi \cdot \frac{x}{\lambda}\right) \cdot \sin\left(2\pi \cdot \frac{t}{T}\right) = s_1(x) \cdot s_2(t).$$

Die **ortsabhängige Funktion $s_1(x) = 2 \cdot s_0 \cdot \cos\left(2\pi \cdot \frac{x}{\lambda}\right)$** beschreibt die Amplitudenverteilung auf dem Wellenträger und die **zeitabhängige Funktion $s_2(t) = \sin\left(2\pi \cdot \frac{t}{T}\right)$** gibt den Takt an, mit dem alle Oszillatoren schwingen.

b) Bestimmen Sie den Abstand zweier Schwingungsknoten, die Wellenlänge und die Periode der stehenden Welle
$s(x, t) = 20\,\text{cm} \cdot \cos(0{,}25\,\pi\,\text{cm}^{-1} \cdot x) \cdot \sin(4\pi\,\text{s}^{-1} \cdot t)$.

Abstand zweier Schwingungsknoten:

$0{,}25\,\pi\,\text{cm}^{-1} \cdot \Delta x = \pi$, das heißt $\Delta x = 4\,\text{cm}$,

Wellenlänge: $\lambda = 2 \cdot \Delta x = 8\,\text{cm}$, Periode: $4\pi\,\text{s}^{-1} \cdot T = 2\pi$, das heißt $T = 0{,}5\,\text{s}$.

Auf einem **Wellenträger endlicher Länge** entsteht durch **Reflexion am Ende des Wellenträgers** eine rücklaufende Welle, die sich der hinlaufenden Welle überlagert und dabei eine stehende Welle erzeugt. Liegt ein **festes Ende** vor, so wird die Welle mit einem Phasensprung von π reflektiert, denn der letzte feste Oszillator beantwortet jede Auslenkung entsprechend dem dritten Newton'schen Axiom mit einer gleich großen, aber entgegengesetzten „reactio", sodass ein Wellenberg als Wellental zurückläuft. Am **freien Ende** hingegen kann der letzte Oszillator der Kette ausschwingen und eine Welle wird hier ohne Phasensprung reflektiert.

Das bedeutet nun aber, dass die Wellenlänge λ einer stehenden Welle passend auf die Länge ℓ des endlichen Wellenträgers „zugeschnitten" sein muss. Anders gesagt: Wegen $f = \frac{c}{\lambda}$ kann der endliche Wellenträger nur bei bestimmten Frequenzen zu sogenannten **Eigenschwingungen** angeregt werden, die zur **resonanzmäßigen Ausbildung stehender Wellen** mit passender Wellenlänge führen.

Bei **zwei festen Enden** (z. B. eine Gitarrensaite) muss $\ell = n \cdot \frac{\lambda}{2}$, das heißt $\lambda_n = 2 \cdot \frac{\ell}{n}$ gelten, was auf die **Eigenfrequenzen** $f_n = n \cdot \frac{c}{2\ell}$ für $n \in \mathbb{N}$ führt.

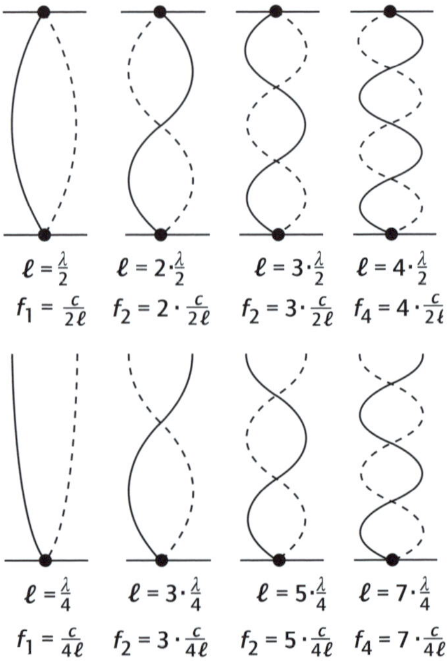

Für **ein festes und ein freies Ende** (z. B. die Luftsäule in einem Saxophon) lautet die Bedingung hingegen $\ell = (2n - 1) \cdot \frac{\lambda}{4}$, das heißt $\lambda_n = 4 \cdot \frac{\ell}{2n-1}$ mit den **Eigenfrequenzen** $f_n = (2n - 1) \cdot \frac{c}{4\ell}$.

BEISPIEL 9 ▪

a) Eine 50 cm lange Gitarrensaite schwingt mit einer Grundschwingung von 440 Hz. Wie schnell breitet sich eine Welle auf dieser Saite aus?

Mit $f_n = n \cdot \frac{c}{2\ell}$ folgt die Ausbreitungsgeschwindigkeit zu

$$c = f_n \cdot \frac{2\ell}{n} = 440\,\mathrm{s}^{-1} \cdot \frac{2 \cdot 0{,}5\,\mathrm{m}}{1} = 440\,\mathrm{m/s}.$$

b) Die erste und zweite Oberschwingung tragen zur Klangfarbe der Gitarre bei. Geben Sie ihre Frequenzen an.

Mit $f_n = n \cdot \frac{c}{2\ell} = n \cdot f_1$ folgt $f_2 = 2 \cdot f_1 = 880\,\mathrm{Hz}$ und $f_3 = 3 \cdot f_1 = 1320\,\mathrm{Hz}$.

INSIDER-TIPP

Saiteninstrumente erzeugen stehende Transversalwellen, Blasinstrumente (z. B. die Querflöte) jedoch stehende Longitudinalwellen in einer Gassäule endlicher Länge. Beliebte Unterrichts- und Prüfungsexperimente hierzu: Rubens'sches Flammenrohr (eine in einem Brennrohr schwingende Propangassäule erzeugt an den Brennöffnungen des Rohres infolge der Druckunterschiede Flammen unterschiedlicher Höhen, die eine stehende Welle anzeigen) und Kundt'sches Staubrohr (eine in einem Glasrohr schwingende Luftsäule ordnet das zuvor gleichmäßig eingebrachte Staubpulver zu periodischen Mustern, die eine stehende Welle anzeigen).

ZUR VERTIEFUNG

1. Bei einer Transversalwelle bilden die Auslenkungen aller Oszillatoren die augenfällige Elongationswelle $s(x, t)$, auf die sich auch die vorangehenden Ausführungen beziehen. Parallel hierzu kann man auch, z. B. mit Blick auf die kinetische Energie, die Geschwindigkeiten der Oszillatoren betrachten. Weil sie bei maximaler Elongation null ist und in den Nulldurchgängen der Elongationswelle maximal wird, besitzt die Schnellewelle $v(x, t)$ gegenüber der Elongationswelle einen Gangunterschied von $\frac{\lambda}{4}$. Beide Wellen werden am festen Ende mit einem Phasensprung von π und am freien Ende ohne Phasensprung reflektiert. Zeichen Sie stehende Wellen für beide Wellentypen.
2. Bei einer Longitudinalwelle führt die Elongationswelle zur periodisch schwankenden Dichte der Oszillatoren, die man auch (z. B. mit Blick auf Schallwellen) als Druck(schwankungs)welle $\Delta p(x, t)$ deutet. Sie verläuft bezüglich der Schnellewelle $v(x, t)$ ohne Gangunterschied, jedoch werden beide Wellen unterschiedlich reflektiert: Während die Schnellewelle das von einer Transversalwelle her bekannte Reflexionsverhalten zeigt, erfährt die Druckwelle am festen Ende keinen Phasensprung, am freien Ende aber einen Phasensprung von π. Zeichnen Sie den Verlauf einer stehenden Schallwelle, die sich durch Reflexion vor einer Wand bildet und mit einem druckempfindlichen Mikrofon nachgewiesen werden kann.
3. Die spezifische Klangfarbe eines Musikinstrumentes entsteht, indem sich der Grundschwingung verschiedene Oberschwingungen überlagern. Berechnen und zeichnen Sie die Elongationskurven, falls sich der Grundschwingung die erste (und zweite) Oberschwingung mit gleichen (unterschiedlichen) Amplituden phasengleich überlagern.

3.5 Das Prinzip von Huygens: Beugung, Interferenz und Brechung zweidimensionaler Wellen

Wer hat nicht schon einmal einen Stein ins Wasser geworfen, um zu beobachten, wie sich um die Eintauchstelle herum kreisförmige Wellenfronten bilden und dann als wachsende Kreise ausbreiten? Solche Wasser(oberflächen)-wellen verlaufen in einer Ebene und werden deshalb als **zweidimensionale Wellen** bezeichnet. Und die kreisförmigen Wellen, so wird in diesem Abschnitt deutlich werden, tragen als elementare Wellen zum Verständnis zahlreicher Erscheinungen bei, die sich bei zweidimensionalen Wellen beobachten lassen.

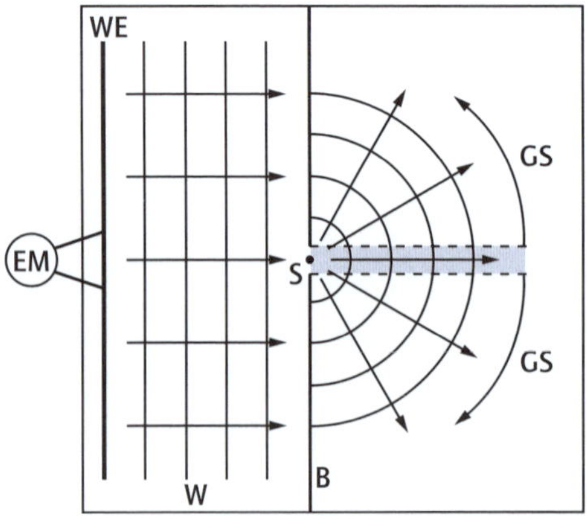

Der stabförmige Wellenerreger WE wird über den Exzentermotor EM angetrieben und taucht periodisch in das Wasser der Wellenwanne W ein. Dabei erzeugt er gerade Wellenfronten, die auf die Blende B zulaufen. Durch den Spalt S setzen sich nun aber nicht die entsprechenden Abschnitte einlaufender Wellenfronten in den streifenförmigen Bereich hinter B fort. S bildet vielmehr das Zentrum einer **kreisförmigen Elementarwelle**, deren Wellenzüge sich hinter B ausbreiten und dabei auch Energie in die geometrischen Schattenbereiche GS transportieren. Diese als **Beugung** bezeichnete Erscheinung tritt an Spalten, Blenden und Hindernissen auf, wenn deren Abmessungen in der Größenordnung der Wellenlänge liegen. C. Huygens erkannte schon im 17. Jahrhundert den weitreichenden Erklärungswert kreisförmiger Elementarwellen und nahm ihre Existenz unabhängig vom Vorhandensein von Spalten oder Blenden an. Nach ihm benannt ist das Huygens'sche Prinzip:

MERKE ▪ Huygens'sches Prinzip
Jeder Punkt einer Wellenfront ist Ausgangspunkt einer neuen kreisförmigen Elementarwelle, die bei unverändertem Ausbreitungsmedium dieselbe Wellenlänge und Ausbreitungsgeschwindigkeit wie die ursprüngliche Welle besitzt. Die Einhüllende aller zum gleichen Zeitpunkt entstandenen Elementarwellen bildet die neue Wellenfront.

BEISPIEL 10 ▪ Konstruieren Sie unter Anwendung des Huygens'schen Prinzips die Ausbreitung einer a) geraden und b) kreisförmigen Wellenfront.

a)

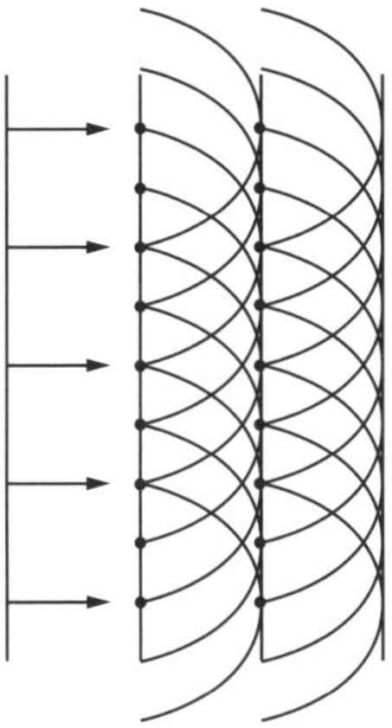

b)

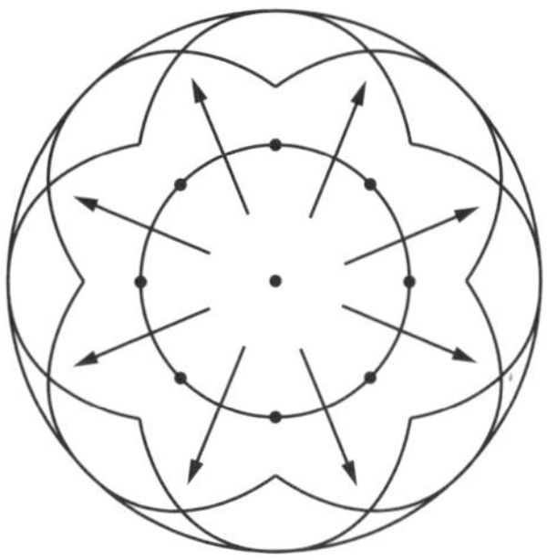

Lässt man nun gerade Wellenfronten auf eine **Doppelspaltblende** zulaufen, so gehen von beiden Spalten S_1 und S_2 kreisförmige Wellen aus, die sich hinter der Blende überlagern und ein **Interferenzmuster** erzeugen. Zum besseren Verständnis dieses Musters wollen wir die Interferenzen von Wellenbergen (durchgezogene Linien) und/oder Wellentälern (gestrichelte Linien) näher betrachten (→ Abbildung auf Seite 56).

Dort, wo zwei Wellenberge bzw. Wellentäler aufeinandertreffen, verstärken sich ihre Amplituden (**konstruktive Interferenz**). Trifft hingegen ein Wellenberg auf ein Wellental, dann löschen sich diese beiden gegenphasigen Schwingungszustände aus (**destruktive Interferenz**). Alle Punkte konstruktiver bzw. destruktiver Interferenz lassen sich nach den gleichen Gangunterschieden zwischen den interferierenden Wellenfronten zusammenfassen und ihre Zusammengehörigkeit kommt durch **hyperbelförmige Verbindungskurven** zum Ausdruck. Die Hyperbelzweige wurden entsprechend dem Gangunterschied indiziert. So gibt z. B. der Index +2 eine Kurve konstruktiver Interferenz an, auf der Wellenfronten von S_2 mit dem Gangunterschied $+2\lambda$ auf Wellenfronten von S_1 treffen.

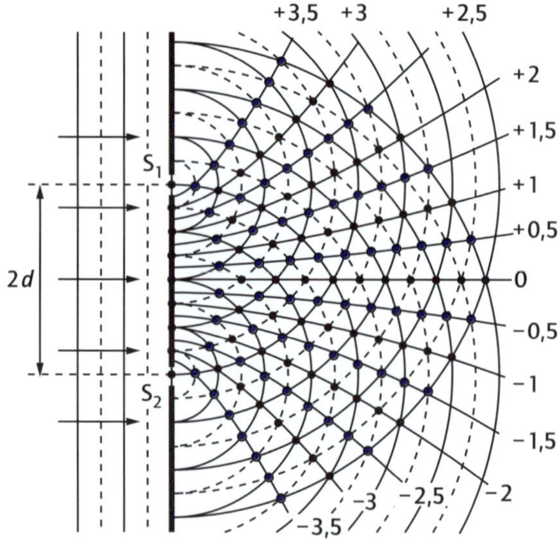

BEISPIEL 11 ▪ **Bewegt man sich, von der Mitte zwischen den beiden Spalten ausgehend, um $a = 10\,\text{cm}$ entlang der Mittellinie „0" und dann senkrecht hierzu um $x = 6{,}0\,\text{cm}$, so erreicht man einen Punkt P auf dem Hyperbelzweig „−1,5". Wie groß ist die Wellenlänge, wenn der Spaltabstand $2d = 8{,}0\,\text{cm}$ beträgt?**

Abstand $s_1 = \overline{S_1P} = \sqrt{a^2 + (x+d)^2} = \sqrt{(10\,\text{cm})^2 + (6\,\text{cm} + 4\,\text{cm})^2} = 14{,}1\,\text{cm}$

Abstand $s_2 = \overline{S_2P} = \sqrt{a^2 + (x-d)^2} = \sqrt{(10\,\text{cm})^2 + (6\,\text{cm} - 4\,\text{cm})^2} = 10{,}2\,\text{cm}$

Wellenlänge: $1{,}5 \cdot \lambda = s_1 - s_2 = 14{,}1\,\text{cm} - 10{,}2\,\text{cm} = 3{,}9\,\text{cm}$,
das heißt $\lambda = \frac{2}{3} \cdot 3{,}9\,\text{cm} = 2{,}6\,\text{cm}$.

Schließlich stellt das Prinzip von Huygens auch eine wichtige Verbindung zwischen der Wellenlehre und einigen aus der Strahlenoptik bekannten Gesetzmäßigkeiten her, z. B. zum **Brechungsgesetz**: Die mit der Geschwindigkeit c_1 unter dem Winkel α einlaufende Wellenfront $\overline{AB}$ benötigt noch die Zeit Δt, damit auch

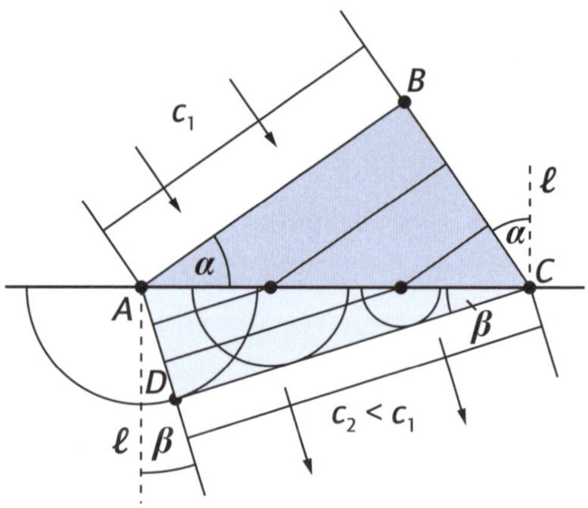

der Randpunkt B die Mediengrenze in C erreicht: $\overline{BC} = c_1 \cdot \Delta t$. In dieser Zeit hat sich die um A gebildete Elementarwelle bereits um $\overline{AD} = c_2 \cdot \Delta t$ ausgebreitet und die kleinere Geschwindigkeit $c_2 < c_1$ bewirkt sowohl eine Richtungsänderung $\beta < \alpha$ hin zum Einfallslot ℓ als auch eine Verkürzung der Wellenlänge. In den rechtwinkligen Dreiecken ABC und ACD gelten die Beziehungen $\sin\alpha = \frac{\overline{BC}}{\overline{AC}}$ und $\sin\beta = \frac{\overline{AD}}{\overline{AC}}$, die bei Division zunächst auf die Relation $\frac{\sin\alpha}{\sin\beta} = \frac{\overline{BC}}{\overline{AD}}$ führen und damit auf das

Brechungsgesetz: $\frac{\sin\alpha}{\sin\beta} = \frac{c_1 \cdot \Delta t}{c_2 \cdot \Delta t} = \frac{c_1}{c_2} := n_{21}$

Die **Brechungszahl n_{21}** kann sowohl als Verhältnis der Sinuswerte als auch als das Verhältnis der beim Medienwechsel beteiligten Ausbreitungsgeschwindigkeiten interpetiert werden.

BEISPIEL 12 ▪ **Wasserwellen der Wellenlänge 1,6 m bewegen sich unter 30° gegen die Lotlinie mit 0,80 m/s auf eine geradlinig begrenzte Flachwasserzone zu, über der sie ihren Weg unter 24° gegen die Lotlinie fortsetzen. Bestimmen Sie die Brechungszahl und auch die Ausbreitungsgeschwindigkeit und die Wellenlänge über dem Flachwasser.**

Brechungszahl: $n_{21} = \frac{\sin 30°}{\sin 24°} = 1{,}23$

Geschwindigkeit: $c_2 = \frac{c_1}{n_{12}} = \frac{0{,}80 \,\mathrm{m/s}}{1{,}23} = 0{,}65\,\mathrm{m/s}$

Wellenlänge: Aus $f = \frac{c_2}{\lambda_2} = \frac{c_1}{\lambda_1}$ folgt $\lambda_2 = \frac{c_2}{c_1} \cdot \lambda_1 = \frac{0{,}65\,\mathrm{m/s}}{0{,}80\,\mathrm{m/s}} \cdot 1{,}6\,\mathrm{m} = 1{,}3\,\mathrm{m}$

ZUR VERTIEFUNG

1. **Zeichnen Sie die Beugungsbilder für Spaltblenden und Hindernisse, die bezüglich der Wellenlänge unterschiedliche Größenordnungen besitzen.**
2. **Konstruieren Sie die Interferenzmuster für 3, 4, ... gleich weit voneinander entfernte Spalte.**
3. **Zeigen Sie, dass auch das Reflexionsgesetz (Einfallswinkel = Ausfallswinkel) mithilfe des Huygens'schen Prinzips begründet werden kann.**

3.6 Der Doppler-Effekt

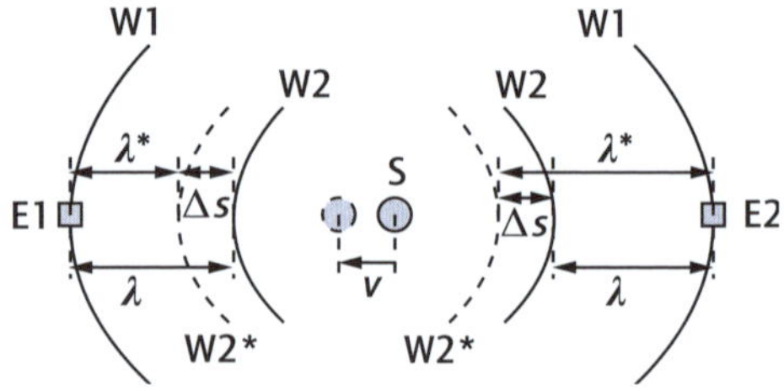

In der ersten Hälfte des 19. Jahrhunderts ging C. Doppler der Frage nach, welche Auswirkungen wohl Bewegungen des Wellensenders und/oder -empfängers auf die wahrgenommenen Frequenzen und Wellenlängen haben würden. Hierzu zwei Situationen, in denen entweder der Sender oder der Empfänger relativ zum Trägermedium der Wellen in Ruhe bleibt.

Im **ersten Fall** gehen wir davon aus, dass die Empfänger E1 und E2 relativ zum Trägermedium ruhen, während sich der Sender S mit der Geschwindigkeit v auf E1 zu- und gleichzeitig von E2 fortbewegt.

Im Vergleich zu einem ruhenden Sender, der die Wellenfronten W1 und W2 so abstrahlen würde, dass sie von E1 und E2 während der Periode T im übereinstimmenden Abstand einer Ruhe-Wellenlänge λ registriert würden, führt nun die Bewegung von S für E1 zu einer Verkürzung der Wellenlänge auf $\lambda^* = \lambda - \Delta s$ und für E2 zu einer entsprechenden Vergrößerung auf $\lambda^* = \lambda + \Delta s$. Mit $\Delta s = v \cdot T$ kann daher zu $\lambda^* = \lambda \pm v \cdot T$ zusammengefasst werden, und die Beziehungen $T = \frac{1}{f}$ und $\lambda = \frac{c}{f}$ führen über $\lambda^* = \lambda \pm v \cdot \frac{\lambda}{c}$ auf die von E1 (–) und E2 (+) wahrgenommene **Wellenlänge** $\boldsymbol{\lambda^* = \lambda \cdot \left(1 \pm \frac{v}{c}\right)}$ des bewegten Senders bzw. über $\frac{c}{\lambda^*} = \frac{c}{\lambda \cdot \left(1 \pm \frac{v}{c}\right)}$ auf die dort wahrgenommene **Frequenz** $\boldsymbol{f^* = \frac{f}{1 \pm \frac{v}{c}}}$.

BEISPIEL 13 ▪ Während ein Rettungswagen an einem ruhenden Beobachter vorbeifährt, nimmt die Frequenz seines Sirenentons, der sich mit 334 m/s in der Luft ausbreitet, von 1607 Hz auf 1407 Hz ab.

a) Wie schnell fährt der Rettungswagen?

sich annähernder Rettungswagen: $f = f_1^* \cdot \left(1 - \frac{v}{c}\right)$

sich entfernender Rettungswagen: $f = f_2^* \cdot \left(1 + \frac{v}{c}\right)$

nach Gleichsetzen: $f_1^* \cdot \left(1 - \frac{v}{c}\right) = f_2^* \cdot \left(1 + \frac{v}{c}\right) \Leftrightarrow v = \frac{f_1^* - f_2^*}{f_1^* + f_2^*} \cdot c$

und mit Daten: $v = \frac{1607\,\text{Hz} - 1407\,\text{Hz}}{1607\,\text{Hz} + 1407\,\text{Hz}} \cdot 334\,\text{m/s} = 22{,}2\,\text{m/s} = 80\,\text{km/h}$

b) Welche Frequenz hat der Sirenenton, wenn der Wagen stillsteht?

$f = f_1^* \cdot \left(1 - \frac{v}{c}\right) = 1607\,\text{Hz} \cdot \left(1 - \frac{22{,}2\,\text{m/s}}{334\,\text{m/s}}\right) = 1500\,\text{Hz}$

Im **zweiten Fall** nehmen wir an, dass der Sender relativ zum Trägermedium ruht, jedoch bewegt sich jetzt der Empfänger (E) mit der Geschwindigkeit v auf den Sender (S) zu oder von ihm weg. Die Wellenlänge λ kann nur durch eine Bewegung des Senders relativ zum Trägermedium verändert werden und wird deshalb auch von einem bewegten Empfänger als unverändert wahrgenommen. Jedoch ändert sich die wahrgenommene Ausbreitungsgeschwindigkeit der Welle und beträgt $c \pm v$ bei Annäherung (+) bzw. Entfernung (−) von E. Damit kommt es auch in diesem Fall zu einer Änderung der wahrgenommenen Frequenz: $f^* = \frac{c \pm v}{\lambda} = \frac{c}{\lambda} \cdot \left(1 \pm \frac{v}{c}\right)$.
Und mit $f = \frac{c}{\lambda}$ beträgt die **Frequenz des bewegten Empfängers** $f^* = f \cdot \left(1 \pm \frac{v}{c}\right)$.

BEISPIEL 14 ▪ **Auf einer Luftkissenschiene gleitet ein Wagen mit der konstanten Geschwindigkeit v. An der aufgesetzten Platte P werden die vom Sender S abgestrahlten Schallwellen (c = 340 m/s) der Frequenz f = 2000 Hz zum Empfänger E hin reflektiert und dort mit der Frequenz f^* = 2030 Hz registriert. Wie groß ist v?**

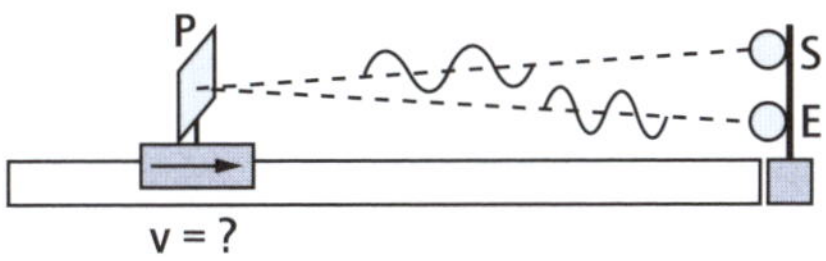

Bezüglich der Wellen, die vom ruhenden Sender S abgestrahlt werden, verhält sich P wie ein bewegter Empfänger und registriert die Zwischenfrequenz $f^\circ = f \cdot \left(1 + \frac{v}{c}\right)$. Sodann fungiert P als bewegter Sender und reflektiert diese Wellen hin zum ruhenden Empfänger E, wo sie mit $f^* = \frac{f^\circ}{1 - \frac{v}{c}}$ empfangen werden.

Man fasst beide Formeln zu $f^* = f \cdot \frac{1 + \frac{v}{c}}{1 - \frac{v}{c}}$ zusammen

und nach wenigen Umformungen folgt

$$v = \frac{f^* - f}{f^* + f} \cdot c \quad \text{und mit Daten:} \quad v = \frac{2030\,\text{Hz} - 2000\,\text{Hz}}{2030\,\text{Hz} + 2000\,\text{Hz}} \cdot 334\,\text{m/s} = 2{,}5\,\text{m/s}$$

ZUR VERTIEFUNG

Zeigen Sie: Bewegt sich der Sender mit der Geschwindigkeit v_s und der Empfänger gleichzeitig mit der Geschwindigkeit v_e, so resultiert die Doppler-Frequenz $f^* = \frac{1 \pm \frac{v_e}{c}}{1 \mp \frac{v_s}{c}} \cdot f$, wobei die oberen (unteren) Rechenzeichen für eine relative Annäherung (Entfernung) von Sender und Empfänger stehen.

CHECKLISTE

3 Mechanische Schwingungen und Wellen

- Harmonische Schwingungen lassen sich als eindimensionale Komponenten von Kreisbewegungen darstellen. Die Bewegungsgesetze $s(t)$, $v(t)$ und $a(t)$ stammen aus den Gesetzen für Kreisbewegung.
- Harmonischer Oszillator: schwingungsfähiges System, in dem lineare Rückstellkräfte wirken, z. B. Federpendel $\left(T = 2\pi \cdot \sqrt{\frac{m}{D}}\right)$ und Fadenpendel $\left(T = 2\pi \cdot \sqrt{\frac{\ell}{g}}\right)$ (näherungsweise für kleine Auslenkungen).
- Bei jedem harmonischen Oszillator oszillieren auch die Verläufe der kinetischen Energie $E_k(t)$ und der potenziellen Energie $E_p(t)$ harmonisch, jedoch mit der vergleichsweise doppelten Frequenz. Bei Abwesenheit von Dämpfungsverlusten (Reibung) gilt aufgrund der Energieerhaltung: $E_g(t) = E_k(t) + E_p(t) = \text{const.}$
- Sobald Reibungskräfte auftreten, die zur Geschwindigkeit des Oszillators proportional sind, klingt die Schwingung exponentiell ab. Dann ist die Halbwertszeit ein Maß für die Stärke der Dämpfung.
- Bei periodischer Energiezufuhr (zum Ausgleich der Dämpfungsverluste) kommt es zu erzwungenen Schwingungen. Liegt die Zufuhrfrequenz in der Nähe der Frequenz der freien Schwingung, so treten Resonanzphänomene auf.
- Auf einer linearen Kette gekoppelter Oszillatoren breiten sich Wellen (Wellengleichung: $s(x, t)$) mit der Geschwindigkeit $c = \frac{\lambda}{T}$ aus. Man unterscheidet transversale und longitudinale Wellen.
- Zwei gegenläufige Wellen überlagern sich zur stehenden Welle mit räumlich konstanter Energieverteilung. Auf Wellenträgern endlicher Länge führen die Reflexionen an den festen und/oder freien Enden zu Eigenschwingungen mit längenspezifischen Eigenfrequenzen.
- Die Beugung ebener Wellen an Spalten und Blenden kann mithilfe kreisförmiger Elementarwellen (Huygens'sches Prinzip) erklärt werden. Die Welle transportiert so Energie in den geometrischen Schattenraum des Hindernisses. Hinter einem Doppelspalt überlagern sich die beiden Elementarwellensysteme und bilden ein Interferenzmuster mit hyperbelförmigen Ortskurven konstruktiver bzw. destruktiver Interferenz.
- Doppler-Effekte: Ein mit der Geschwindigkeit v bewegter Sender bewirkt die veränderte Frequenz $f^* = \frac{f}{1 \pm \frac{v}{c}}$, ein mit v bewegter Empfänger erfährt $f^* = f \cdot \left(1 \pm \frac{v}{c}\right)$. Die Effekte können sich überlagern.

4 Wärmelehre

Während die universelle Gasgleichung durch eine Analyse der Gas-Kinetik vertieft wird, führt die innere Energie zum 1. Hauptsatz und den verschiedenen Zustandsänderungen. Kreisprozesse interessieren bezüglich ihres optimalen Wirkungsgrades (2. Hauptsatz) und münden in den Entropie-Begriff.

4.1 Ideale Gase

Der **Zustand eines Gases** wird durch die Angabe seines Volumens V (Maßeinheit: $[V] = 1\,m^3$), seines Drucks p ($[p] = 1\,bar = 10^5\,Pa$; $1\,Pa = 1\,N/m^2$) und seiner **absoluten Temperatur T** ($[T] = 1\,K$) erfasst, wobei die absolute Temperatur T über die Beziehung $\vartheta = T - 273{,}15\,K$ mit der Celsius-Temperatur ϑ ($[\vartheta] = 1\,°C$) verbunden ist. Bei einem **idealen Gas** erfüllen diese drei Größen stets die

MERKE ▪ Zustandsgleichung für ideale Gase
$p \cdot V = \nu \cdot R \cdot T$ (auch: universelle Gasgleichung)

Hierbei ist ν die **Stoffmenge** und gibt die Masse des Gases in **Mol** ($[\nu] = 1\,mol = 6{,}0221 \cdot 10^{23}$ Teilchen) an, und $\boldsymbol{R = 8{,}315\,J/(mol \cdot K)}$ wird als **universelle Gaskonstante** bezeichnet.
Reale Gase verhalten sich nur ausschnittsweise ideal und zeigen in der Nähe ihrer Kondensationslinie, das heißt bei niedrigen Temperaturen und/oder hohen Drücken, signifikante Abweichungen von der Zustandsgleichung für ideale Gase, denn dort machen sich das Eigenvolumen der Gasatome/-moleküle und die zwischenmolekularen Wechselwirkungen „störend" bemerkbar.

BEISPIEL 1 ▪

a) Wasserstoff (H_2) verhält sich über weite Bereiche wie ein ideales Gas. Welches Normvolumen nimmt 1 mol dieses Gases im Normzustand $p_0 = 1{,}013\,bar$ und $T_0 = 273{,}15\,K$ ein?

Normvolumen: $$V_0 = \frac{\nu \cdot R \cdot T_0}{p_0} = \frac{1\,mol \cdot 8{,}315\,J/(mol \cdot K) \cdot 273{,}15\,K}{1{,}013 \cdot 10^5\,N/m^2} = 0{,}0224\,m^3 = 22{,}4\,\ell$$

b) Welches Volumen nimmt 1 mol Methan (CH_4) im Normzustand ein? Begründen Sie.

Teil a) zeigt, dass jedes ideale Gas ein Normvolumen von 22,4 ℓ besitzt, denn 1 mol eines beliebigen idealen Gases beinhaltet stets $6{,}0221 \cdot 10^{23}$ Atome/Moleküle **(Avogadro'sche Konstante)**. $2 \cdot 1\,g = 2\,g$ Wasserstoff oder $4 \cdot 1\,g + 12\,g = 16\,g$ Methan sind deshalb bezüglich ihrer Zustandsbeschreibung gleichwertig. Daher auch die Bezeichnungen „universelle Gaskonstante" bzw. „universelle Gasgleichung", in denen die Unabhängigkeit von der chemischen Beschaffenheit der Gase zum Ausdruck kommt.

Dass man nicht bei allen Fragestellungen auf die Stoffmenge ν und die universelle Gaskonstante R zurückgreifen muss, das zeigt sich in Teil a) des folgenden Beispiels:

BEISPIEL 2

a) 59,5 g eines idealen Gases nehmen bei einem Druck von 1,4 bar und einer Temperatur von 283 K ein Volumen von 0,25 m³ ein. Welches Volumen füllt das Gas bei 2,2 bar und 300 K aus?

In $\frac{p_1 \cdot V_1}{T_1} = \nu \cdot R = \frac{p_2 \cdot V_2}{T_2}$ ist das Produkt $\nu \cdot R$ für beide Zustände gleich,

also: $V_2 = \frac{T_2}{T_1} \cdot \frac{p_1}{p_2} \cdot V_1 = \frac{300\,K}{283\,K} \cdot \frac{1{,}4\,bar}{75{,}2\,bar} \cdot 0{,}25\,m^3 = 0{,}17\,m^3$

b) Können Sie die chemische Beschaffenheit des idealen Gases aus Teilaufgabe a) identifizieren?

Stoffmenge: $\nu = \frac{p_1 \cdot V_1}{R \cdot T_1} = \frac{1{,}4 \cdot 10^5\,N/m^2 \cdot 0{,}25\,m^3}{8{,}315\,J/(mol \cdot K) \cdot 283\,K} = 14{,}87\,mol$

Molmasse: $M = \frac{m}{\nu} = \frac{59{,}5\,g}{14{,}87\,mol} = 4\,g/mol$

Das einatomige Edelgas Helium besitzt eine Molmasse von 4 g/mol.

Hinweis: Bei größeren Molmassen gelingt die Identifikation nicht immer, weil verschiedene Gase die gleiche Molmasse besitzen können: z. B. 44 g/mol für Kohlenstoffdioxid (CO_2) und Propan (C_3H_8).

Hält man in der universellen Gasgleichung eine der drei Zustandsgrößen p, V oder T konstant, so lassen sich jeweils zwischen den beiden variierbaren Größen einfache funktionale Zusammenhänge, die sogenannten **Partialgesetze**, formulieren und experimentell nachweisen. Historisch betrachtet wurden zuerst die folgenden drei Partialgesetze entdeckt und erst später zu einer gemeinsamen Gleichung, eben der universellen Gasgleichung, zusammengefasst.

R. Boyle und E. Mariotte stellten bereits im 17. Jahrhundert das **Partialgesetz** $p \cdot V = \text{const.}$ auf, das mit $T = \text{const.}$ auch sofort aus der universellen Gasgleichung $p \cdot V = \nu \cdot R \cdot T = \text{const.}$ abgelesen werden kann. Es beschreibt die **isothermen Zustandsänderungen** eines idealen Gases. Im p-V-Diagramm verlaufen die **Isothermen** $p(V) = \frac{C}{V}$ als **Hyperbeln**, die durch die absolute Temperatur T parametrisiert werden ($C(T) = \text{const.}$).

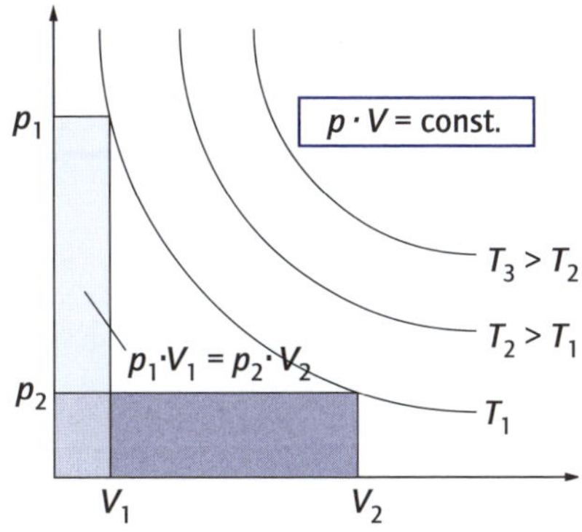

BEISPIEL 3 ▪ Wie viel Luft entweicht aus einem 5,0 m langen, 4,0 m breiten und 2,5 m hohen Raum, wenn heiteres Wetter (1,055 bar) bei unveränderter Temperatur einer Schlechtwetterfront (0,985 bar) weicht?

Der Raum enthält zunächst $V_1 = 5\,\text{m} \cdot 4\,\text{m} \cdot 2{,}5\,\text{m} = 50\,\text{m}^3$ Luft.

Aus $p_1 \cdot V_1 = p_2 \cdot V_2$ folgt $V_2 = \frac{p_1}{p_2} \cdot V_1$; mit Daten:

$V_2 = \frac{1{,}055\,\text{bar}}{0{,}985\,\text{bar}} \cdot 50\,\text{m}^3 = 53{,}6\,\text{m}^3$. Somit entweichen $3{,}6\,\text{m}^3$ Luft.

Erst im 18. Jahrhundert formulierte J. L. Gay-Lussac das **zweite Partialgesetz** $\frac{V}{T} = \text{const.}$, das mit $p = \text{const.}$ ebenfalls aus der universellen Gasgleichung $\frac{V}{T} = \nu \cdot \frac{R}{p} = \text{const.}$ folgt. Es besagt, dass für **isobare Zustandsänderungen** ein proportionaler Zusammenhang zwischen dem Gasvolumen und der absoluten Temperatur besteht. Einschränkenderweise ist jedoch zu beachten, dass nicht nur der absolute Temperatur-Nullpunkt $T = 0\,\text{K}$ nicht erreicht werden kann, sondern jedes Gas schon zuvor kondensiert und damit den Gültigkeitsbereich dieses Partialgesetzes verlässt.

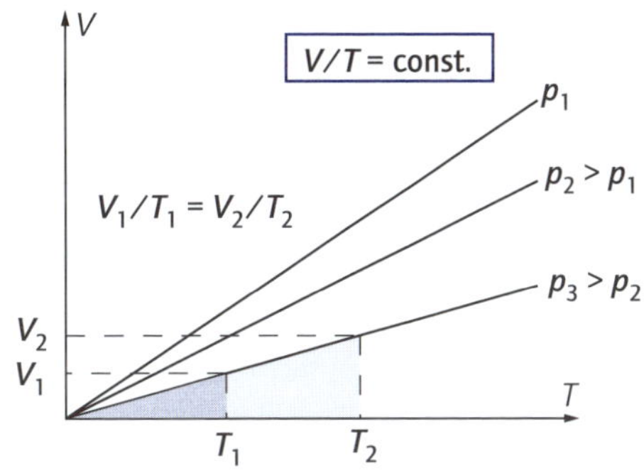

BEISPIEL 4 ▪ Die Flamme unter einem kugelförmigen Heißluftballon vom Durchmesser 5 m erwärmt die Luft von 20 °C auf 37 °C. Was geschieht?

Bei konstantem Druck gilt $\frac{V_1}{T_1} = \frac{V_2}{T_2}$.

Daher dehnt sich die erwärmte Luft von $V_1 = \frac{4}{3} \cdot \pi \cdot (2{,}5\,\text{m})^3 = 65{,}4\,\text{m}^3$ auf $V_2 = \frac{T_1}{T_2} \cdot V_1 = \frac{310{,}15\,\text{K}}{293{,}15\,\text{K}} 65{,}4\,\text{m}^3 = 69{,}2\,\text{m}^3$ aus und $3{,}8\,\text{m}^3$ Luft entweichen aus dem Ballon. Die verbleibende Luft erfährt wegen ihrer geringeren Dichte einen Auftrieb, der den Ballon samt anhängender Last aufsteigen lässt.

Für V = const. ergibt sich ein **drittes Partialgesetz zu** $\frac{p}{T} = \nu \cdot \frac{R}{V}$ **= const.**, das die **isochoren Zustandsänderungen** idealer Gase erfasst und ebenfalls Gay-Lussac zugeschrieben wird. Weil es sich, formal betrachtet, bereits aus den beiden ersten Partialgesetzen gewinnen lässt, erfasst es keine wirklich neuen Zusammenhänge, darf aber wegen seiner praktischen Bedeutung keinesfalls übergangen werden.

BEISPIEL 5 ▪ Ein Autoreifen wird unter atmosphärischen Bedingungen von 1,0 bar und 15 °C auf 2,0 bar aufgepumpt. Nach längerer Fahrt hat sich der Reifen auf 40 °C erwärmt. Wie groß ist jetzt sein Druck?

Bei unverändertem Reifenvolumen gilt $\frac{p_1}{T_1} = \frac{p_2}{T_2}$ und damit $p_2 = \frac{T_2}{T_1} \cdot p_1$

Mit Daten folgt: $p_2 = \frac{313{,}15\,\text{K}}{288{,}15\,\text{K}} \cdot (1{,}0\,\text{bar} + 2{,}0\,\text{bar}) = 3{,}26\,\text{bar}$

Der Reifen(über)druck ist um 13 % auf 2,26 bar gestiegen.

Fazit: Der Druck ist stets im kalten Reifenzustand zu kontrollieren!

4.2 Kinetik der idealen Gase

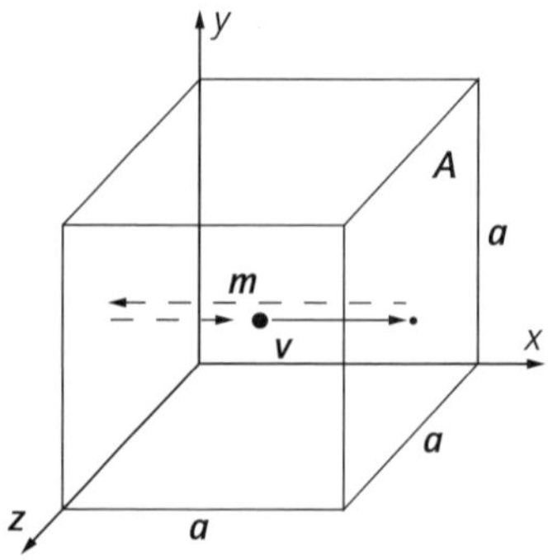

Unter einem Mikroskop erkennt man, dass eingeblasene Rauchpartikel ständige Zitterbewegungen ausführen. Diese als **Brown'sche Bewegung** bekannte Erscheinung wird durch die ständigen Zusammenstöße dieser Partikel mit den sich regellos bewegenden Gasmolekülen ihrer Umgebung erklärt und gibt Anlass zu einer genaueren Analyse der Molekülbewegungen eines idealen Gases. Zur Vereinfachung wird zunächst angenommen, dass sich lediglich *ein* Teilchen eines einatomigen Gases mit der Masse m in dem würfelförmigen Volumen $V = a^3$ befindet und sich mit der Geschwindigkeit v parallel zur x-Achse bewegt. Beim Auftreffen auf die Fläche A wird es vollelastisch reflektiert und überträgt dabei den Impuls $\Delta p = m \cdot v - m \cdot (-v) = 2 \cdot m \cdot v$

auf diese Fläche. Nachdem nun das Teilchen die Strecke a in der Zeit $\Delta t = 2 \cdot \frac{a}{v}$ hin und wieder zurück durchlaufen hat, kommt es zur nächsten Reflexion an A, sodass es entsprechend dem zweiten Newton'schen Axiom **im zeitlichen Mittel die Kraft** $F = \frac{\Delta p}{\Delta t} = \frac{m \cdot v^2}{a}$ **auf A überträgt**.

Tatsächlich befindet sich nicht nur ein einziges, sondern sehr viele Teilchen im Volumen V, deren Anzahl mit N bezeichnet werden soll. Zur weiteren Vereinfachung wird angenommen, dass sich jeweils ein Drittel dieser Teilchen parallel zu einer der drei Koordinatenachsen bewegt, sodass die Gesamtkraft, die von allen Teilchen auf die Fläche A ausgeübt wird, $\boldsymbol{F_g = \frac{1}{3} \cdot N \cdot F = \frac{1}{3} \cdot N \cdot m \cdot \frac{\overline{v^2}}{a}}$ beträgt, wobei jetzt mit $\overline{v^2}$ **der arithmetische Mittelwert der Geschwindigkeitsquadrate** aller an A reflektierten Teilchen bezeichnet wird.

Die Fläche $A = a^2$ erfährt somit den Druck $p = \frac{F_g}{A} = \frac{1}{3} \cdot N \cdot m \cdot \frac{\overline{v^2}}{a^3} = \frac{1}{3} \cdot N \cdot m \cdot \frac{\overline{v^2}}{V}$ was gleichbedeutend mit $p \cdot V = \frac{1}{3} \cdot N \cdot m \cdot \overline{v^2}$ ist, und an das Gesetz von Boyle und Mariotte erinnert.

Mit der **mittleren kinetischen Energie** $E_k = \frac{1}{2} \cdot m \cdot \overline{v^2}$ ***eines*** **Gasteilchens** schreibt man schließlich $\boldsymbol{p \cdot V = \frac{2}{3} \cdot N \cdot E_k}$.

BEISPIEL 6

a) 1 mol Helium-Gas befindet sich im Normzustand. Welche mittlere kinetische Energie besitzen die Gas-Atome?

Aus Beispiel 1 ist bekannt, dass 1 mol eines idealen Gases unter Normbedingungen (p_0 = 1,013 bar, T_0 = 273,15 K) das Volumen $V_0 = 22{,}4\,\ell$ beansprucht, und mit $p \cdot V = \frac{2}{3} \cdot N \cdot E_k$ folgt

$$E_k = \frac{3 \cdot p_0 \cdot V_0}{2 \cdot N} = \frac{3 \cdot 1{,}013 \cdot 10^5\,\mathrm{N/m^2} \cdot 22{,}4 \cdot 10^{-3}\,\mathrm{m^3}}{2 \cdot 6{,}0221 \cdot 10^{23}} = 5{,}65 \cdot 10^{-21}\,\mathrm{J} \text{ je Atom.}$$

b) Bestimmen Sie die mittlere Geschwindigkeit $\bar{v}$ der Helium-Atome, wenn bezüglich des mittleren Geschwindigkeitsquadrates die statistische Beziehung $\bar{v} = 0{,}92 \cdot \sqrt{\overline{v^2}}$ gilt und die atomare Masseneinheit $1\,\mathrm{u} = 1{,}66 \cdot 10^{-27}\,\mathrm{kg}$ beträgt. Schätzen Sie auch die Schallgeschwindigkeit im Helium-Gas ab.

Aus $E_k = \frac{1}{2} \cdot m \cdot \overline{v^2}$ folgt $\overline{v^2} = \frac{2 \cdot E_k}{m} = \frac{2 \cdot 5{,}65 \cdot 10^{-21}\,\mathrm{J}}{4 \cdot 1{,}66 \cdot 10^{-27}\,\mathrm{kg}} = 1\,701\,807\,\mathrm{m^2/s^2}$

und weiter: $\bar{v} = 0{,}92 \cdot \sqrt{\overline{v^2}} = 0{,}92 \cdot \sqrt{1\,701\,807\,\mathrm{m^2/s^2}} = 1200\,\mathrm{m/s}$

Schallwellen werden im Ausbreitungsmedium als Druckschwankungen weitergeleitet, und das geschieht höchstens mit der durchschnittlichen Geschwindigkeit, mit der sich die Atome/Moleküle des gasförmigen Mediums selbst bewegen, also $c_{He} \leq 1200\,\mathrm{m/s}$ (zum Vergleich der Literaturwert: $c_{He} = 1007\,\mathrm{m/s}$).

Die Beziehung $p \cdot V = \frac{2}{3} \cdot N \cdot E_k$ kann mithilfe der universellen Gasgleichung auch als $\nu \cdot R \cdot T = \frac{2}{3} \cdot N \cdot E_k$ und damit auch als $E_k = \frac{3}{2} \cdot \left(\frac{R}{N/\nu}\right) \cdot T$ notiert werden. Der Quotient $\frac{N}{\nu}$ entspricht gerade der Avogadro'schen Konstante und mit der

Boltzmann'schen Konstanten $\boldsymbol{k = \frac{R}{N/\nu} = 1{,}381 \cdot 10^{-23}\,\mathrm{J/K}}$

erhält man die wichtige Beziehung $E_k = \frac{3}{2}\cdot k\cdot T$, die für einatomige ideale Gase die folgenden wichtigen Aussagen gestattet:

1. Die mittlere kinetische Energie E_k eines Gasatoms hängt nur von seiner absoluten Temperatur T ab.
2. Mit steigender Temperatur T nehmen auch die mittlere kinetische Energie E_k, das mittlere Geschwindigkeitsquadrat $\overline{v^2}$ und die durchschnittliche Geschwindigkeit $\bar{v}$ zu.
3. Bei gleicher Temperatur besitzen leichtere Gasteilchen ($m\downarrow$) die größere Geschwindigkeit ($v\uparrow$ und $\overline{v^2}\uparrow$), denn $E_k = \frac{1}{2}\cdot m\cdot \overline{v^2}$ bleibt ja konstant.
4. Jede der drei zu einer Koordinatenachse parallelen Bewegungsrichtungen, die sogenannten **Freiheitsgrade der translatorischen Bewegung**, tragen den Anteil $\frac{1}{2}\cdot k\cdot T$ zur mittleren kinetischen Energie E_k bei.
5. N Teilchen eines einatomigen idealen Gases besitzen die **innere Energie** $U = N\cdot E_k = \frac{3}{2}\cdot N\cdot k\cdot T$. Auch sie wird für eine bestimmte Gasmenge allein durch die absolute Temperatur T bestimmt.

BEISPIEL 7 ▪

a) Zeigen Sie, dass 1 mol eines einatomigen idealen Gases die innere Energie $U = \frac{3}{2}\cdot R\cdot T$ besitzt.

1 mol Gas enthält $\frac{N}{\nu}$ Atome, daher: $U = \frac{N}{\nu}\cdot\frac{3}{2}\cdot k\cdot T = \frac{3}{2}\cdot\frac{N}{\nu}\cdot\left(\frac{R}{N/\nu}\right)\cdot T = \frac{3}{2}\cdot R\cdot T$

b) Welche innere Energie besitzt 1 mol Heliumgas bei der Raumtemperatur $\vartheta = 20\,°C$?

$U = \frac{3}{2}\cdot 1\,\text{mol}\cdot 8{,}315\,\text{J/(mol}\cdot\text{K)}\cdot 293{,}15\,\text{K} = 3656\,\text{J}$

ZUR VERTIEFUNG

Zwei- und mehratomige ideale Gase besitzen neben den drei translatorischen Freiheitsgraden auch Freiheitsgrade für Rotationen und Schwingungen. So stellen z. B. die beiden Rotationsachsen, die senkrecht zur „Hantel"-Achse eines zweiatomigen Gasmoleküls stehen, zwei weitere Freiheitsgrade dar. Dreiatomige Gasmoleküle können sogar drei rotatorische Freiheitsgrade besitzen (warum?).

Man kann zeigen, dass jeder rotatorische Freiheitsgrad bei gegebener Temperatur T die mittlere Energie um $\frac{1}{2}\cdot k\cdot T$ bzw. die innere Energie um $\frac{1}{2}\cdot R\cdot T$ pro Mol erhöht. Molekül-Schwingungen führen überdies auf weitere Freiheitsgrade und Energieerhöhungen.

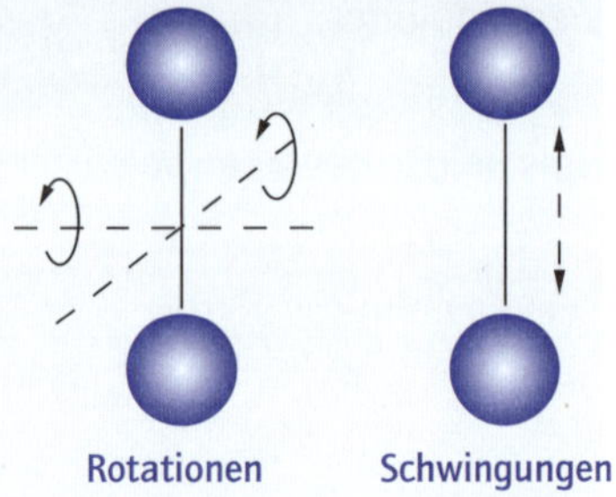

4.3 Der erste Hauptsatz der Wärmelehre

Auf → Seite 66 wurde die **innere Energie *U*** eines idealen Gases als Summe der Energiebeiträge definiert, die aus den ungeordneten Bewegungen aller Gasteilchen resultiert. Ihre Berechenbarkeit wird bei mehratomigen Gasen aber dadurch erschwert, dass neben den drei translatorischen Freiheitsgraden Rotationen und Schwingungen zu weiteren Freiheitsgraden führen, deren Energiebeiträge schwieriger zu erfassen sind. Und wegen der Proportionalität $U \sim T$ wird überdies der Nullpunkt der inneren Energie an den Nullpunkt der absoluten Temperatur gebunden, in dessen Nähe jedes Gas schon kondensiert ist. Kurz gesagt: Nicht die innere Energie *U* selbst, die nur schwer fassbar ist, sondern die **Änderung ΔU** dieser Zustandsgröße ist für den physikalisch-technischen Einsatz idealer Gase, z. B. in Wärmekraftmaschinen, von Interesse. Im 19. Jahrhundert fassten R. Mayer und H. v. Helmholtz in dem folgenden wichtigen Lehrsatz zusammen, auf welche Weise Änderungen der inneren Energie herbeigeführt werden können:

> MERKE ▪ 1. Hauptsatz der Wärmelehre
> **Wird einem geschlossenen System die Wärme *Q* und die Arbeit *W* von außen zugeführt, so wird hierdurch die Änderung der inneren Energie $\Delta U = Q + W$ bewirkt.**

> ZUR VERTIEFUNG
> **Aus Kapitel 1.4 ist bekannt, dass die Arbeit *W* einer Energieänderung entspricht, z. B. der Abnahme potenzieller Energie zugunsten einer gleich großen Zunahme an kinetischer Energie. Ebenso kommt auch der Wärme *Q* die Bedeutung einer Energieänderung zu und wenngleich der erste Hauptsatz der Wärmelehre als eine erweiterte Fassung des Energieerhaltungssatzes angesehen wird, so ist doch zu beachten, dass hier keine absoluten Energien, sondern Energieänderungen betrachtet werden.**

Der erste Hauptsatz unterscheidet **zwei Kategorien von Energieänderungen**, nämlich die **Wärme *Q*** und die **Arbeit *W***. Letztere Kategorie umschließt alle von der Wärme verschiedenen Energieänderungen, die zumeist aber als *mechanische* Arbeit auftreten. Die Wärme hingegen bezeichnet nur solche

Energieübergänge, bei denen, ausgelöst durch einen Temperaturunterschied, die Teilchen des wärmeren Körpers einen Teil ihrer ungeordneten Bewegungsenergie in unkontrollierter Weise auf die Teilchen des kälteren Körpers übertragen.

Schließlich wollen wir beachten, dass sowohl Wärme als auch Arbeit dann *positiv* gewertet werden, wenn sie dem System (z. B. einem idealen Gas) zugeführt werden, hingegen *negativ* anzusetzen sind, falls sie vom System selbst abgegeben werden.

Der erste Hauptsatz ermöglicht es nun, **bestimmte Zustandsänderungen bei idealen Gasen** mit Blick auf ihren physikalisch-technischen Einsatz unter dem Aspekt der Gewinnung bzw. Investition von Arbeit und/oder Wärme zu bewerten. Dies führt dann im nächsten Schritt dazu, auch den Wirkungsgrad technischer Aggregate, z. B. von Wärmekraftmaschinen, zu ermitteln.

BEISPIEL 8 ▪ **Ein zylindrischer Kolben mit der Grundfläche A wird durch einen verschiebbaren Stempel, auf den die Kraft F wirkt, abgeschlossen und enthält im Volumen V ein ideales Gas. Eine Temperaturerhöhung $\Delta T > 0$ bewirkt ein Ansteigen des Stempels um das Wegstück s. Wie verläuft die Zustandsänderung und welche Arbeit leistet das Gas?**

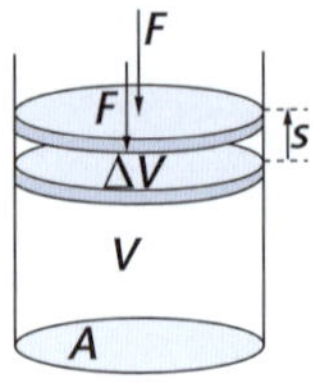

Die konstante Kraft F bewirkt den konstanten Stempeldruck $p = \frac{F}{A}$, sodass eine **isobare Zustandsänderung** vorliegt. Die vom Gas abgegebene Arbeit (Vorzeichen!) beträgt dann: $W = -F \cdot s = -\frac{F}{A} \cdot (s \cdot A) = \boldsymbol{-p \cdot \Delta V}$; sie entspricht betraglich dem Inhalt der rechteckigen Fläche im p-V-Diagramm.

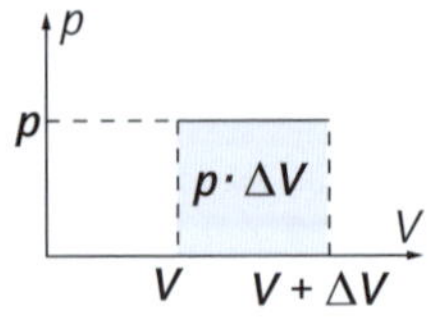

Eine isobare Zustandsänderung geht für $\Delta T > 0$ $(\Delta T < 0)$ mit einer Wärmezufuhr $Q > 0$ (-abgabe $Q < 0$) einher, wobei sich auch die innere Energie des Gases ändert. Das ist für **isotherme Zustandsänderungen** (T = const.) anders, denn die Gleichung $U = \frac{3}{2} \cdot k \cdot T$ besagt, dass sich bei konstanter Temperatur auch die innere Energie nicht ändert. Mit $\Delta U = Q + W = 0$ bzw. $W = -Q$ folgt nun aus dem ersten Hauptsatz, dass die abgegebene (aufgenommene) Arbeit W jetzt allein aus der zugeführten (abgegebenen) Wärme Q gewonnen wird.

Die Berechnung dieser Arbeit stellt uns aber insofern vor ein Problem, als der isotherme Druck gemäß → Abschnitt 4.1 $p(V) = \frac{C}{V}$ beträgt und im *p*-*V*-Diagramm hyperbelförmig verläuft, also über dem Volumenbereich $V_1 < V < V_2$ nicht mehr konstant ist. Man bildet jetzt möglichst viele rechteckige Streifen der geringen Breite ΔV, über denen der Druck jeweils durch den konstanten mittleren Wert ersetzt wird, und addiert alle so gebildeten Rechtecksflächen auf, um dadurch den Flächeninhalt unter der Isotherme, das heißt die gesuchte Arbeit *W*, in guter Näherung zu erhalten:

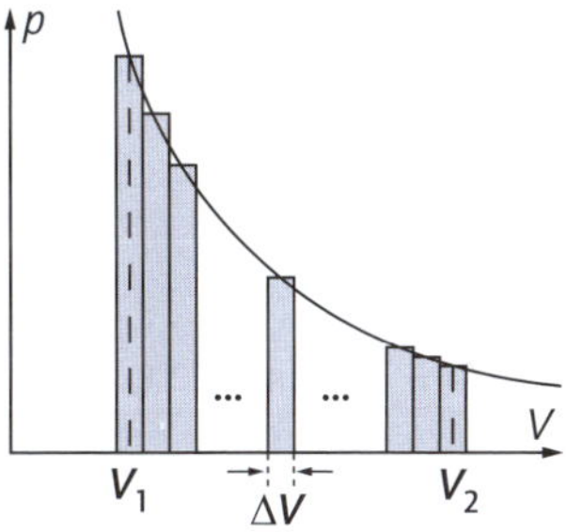

$$W \approx -[p(V_1)\cdot\Delta V + p(V_1+\Delta V)\cdot\Delta V + \ldots + p(V_1 + i\cdot\Delta V)\cdot\Delta V + \ldots + p(V_2)\cdot\Delta V]$$

$$= -C\cdot\left[\frac{1}{V_1} + \frac{1}{V_1+\Delta V} + \ldots + \frac{1}{V_1 + i\cdot\Delta V} + \ldots + \frac{1}{V_2}\right]\cdot\Delta V$$

mit der Konstanten $C = \nu\cdot R\cdot T$. Die Summe [...] lässt sich z. B. mithilfe eines Taschenrechners oder auch eines Programms berechnen, und der so erzielte Näherungswert für *W* kann durch eine Verkleinerung der Intervallbreite ΔV, das heißt durch eine größere Anzahl von Rechteckstreifen, beliebig verbessert werden.

ZUR VERTIEFUNG

Die exakte Bestimmung dieser Summe erfolgt mit den Mitteln der Integralrechnung:

$$W = -\int_{V_1}^{V_2} p(V)\,dV = -\int_{V_1}^{V_2} \frac{C}{V}\,dV = -C\cdot\ln[V]_{V_1}^{V_2} = -\nu\cdot R\cdot T\cdot\ln\frac{V_2}{V_1}$$

BEISPIEL 9 ▪ **Der zylindrische Kolben aus → Beispiel 8 hat einen Grundflächenradius von 10 cm und enthält 4,00 ℓ eines idealen Gases unter Normdruck. Es wird komprimiert, indem 10 Massestücke à 1,00 kg auf den Stempel aufgelegt werden.**

a) Wie kann erreicht werden, dass die Kompression des Gases isotherm verläuft?

Beim Auflegen eines jeden Massestücks senkt sich der Stempel ein wenig und die Temperatur des Gases steigt geringfügig an. Man wartet nun ab, bis sie durch Wärmeausgleich mit der Umgebung wieder auf ihren Anfangswert gesunken ist, bevor dann das nächste Massestück aufgelegt wird.

b) Bestimmen Sie das Volumen des vollständig komprimierten Gases.

$$p_2 = p_1 + \Delta p = 1{,}013 \cdot 10^5\,\mathrm{N/m^2} + \frac{10\,\mathrm{kg} \cdot 9{,}81\,\mathrm{m/s^2}}{\pi \cdot (0{,}1\,\mathrm{m})^2} = 1{,}044 \cdot 10^5\,\mathrm{N/m^2}$$

Endvolumen nach Boyle und Mariotte:

$$V_2 = \frac{p_1}{p_2} \cdot V_1 = \frac{1{,}013\,\mathrm{bar}}{1{,}044\,\mathrm{bar}} \cdot 4\,\ell = 3{,}88\,\ell$$

c) Welche Arbeit wird dem Gas zugeführt und welche Wärme an die Umgebung abgegeben?

zugeführte Arbeit:

$$W = -p_1 \cdot V_1 \cdot \ln\frac{V_2}{V_1} = -1{,}013 \cdot 10^5\,\mathrm{N/m^2} \cdot 4 \cdot 10^{-3}\,\mathrm{m^3} \cdot \ln\frac{3{,}88\,\ell}{4\,\ell} = 12{,}3\,\mathrm{J}$$

abgegebene Wärme: $Q = -W = -12{,}3\,\mathrm{J}$

Würde man im letzten Beispiel alle Massestücke gleichzeitig auflegen, dann würde das Gas in kürzester Zeit komprimiert, ohne dass ein Temperaturausgleich mit der Umgebung stattfinden könnte. Solche Prozesse, bei denen eine Wärmezu- oder -abfuhr verhindert wird ($Q = 0$), weil sie sehr schnell oder unter vollständiger Wärmeisolation ablaufen, werden als **adiabatische Zustandsänderungen** bezeichnet. Dem ersten Hauptsatz zufolge geht eine adiabate Kompression ($W > 0$) mit einer Zunahme der inneren Energie $\Delta U = W$ und damit auch der Temperatur einher, und dem universellen Gasgesetz folgend wird ein im Vergleich zur isothermen Prozessführung höherer Enddruck $p_{2a} > p_{2i}$ erzielt. Das heißt, dass die Adiabate vom Ausgangspunkt A aus steiler als die Isotherme verläuft und dass dieselbe Volumenabnahme eine vergleichsweise größere Zufuhr an Arbeit erfordert.

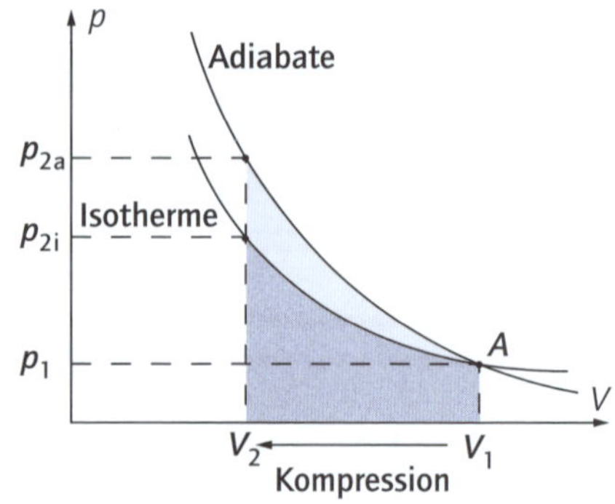

ZUR VERTIEFUNG

Bei einer isochoren Zustandsänderung bleibt das Gasvolumen konstant. Begründen Sie, warum hier eine Änderung der inneren Energie allein durch eine Wärmezu- oder -abfuhr bewirkt wird.

4.4 Kreisprozesse und der zweite Hauptsatz der Wärmelehre

Wenn ein Stein zu Boden fällt und dort eine Verformung hinterlässt, dann wird bei diesem Vorgang die anfänglich potenzielle Energie über den Zwischenschritt der kinetischen Energie schließlich in Wärme umgewandelt und dadurch die innere Energie im Bereich der Einschlagstelle erhöht. Der umgekehrte Vorgang, nämlich das spontane Aufsteigen eines Steins unter Abkühlung seiner Umgebung, wäre zwar nach dem ersten Hauptsatz durchaus möglich, ist aber noch nie beobachtet worden. Ebenso wenig wurde beobachtet, dass sich ein Gasgemisch unter Abkühlung seiner Umgebung selbstständig trennt oder sich Glasscherben wieder zu einem Glas zusammenfügen. R. Clausius hat für alle diese denkbaren Vorgänge, die zwar dem Prinzip der Energieerhaltung genügen würden, einen Erfahrungssatz formuliert, der ihr Nicht-Stattfinden auf einen gemeinsamen Grund zurückführt:

MERKE ▪ 2. Hauptsatz der Wärmelehre
Wärme fließt natürlicherweise vom wärmeren zum kälteren Gegenstand, aber niemals spontan in die umgekehrte Richtung.

Mit der Erfindung und Konstruktion von Dampfmaschinen, Wärmekraftmaschinen und -pumpen, Verbrennungsmotoren u. a. stellte sich speziell die Frage, ob und in welchem Maße Arbeit aus Wärme gewonnen werden kann. Hierzu betrachten wir ein **Schema**, das all diesen Aggregaten gemeinsam ist: Eine **Wärmekraftmaschine M** entnimmt einem ersten Energiereservoir bei hoher Temperatur T_1 die Wärmemenge Q_1, gewinnt die nutzbare Arbeit W und gibt die Restwärme Q_2 bei niedriger Temperatur $T_2 < T_1$ an ein zweites Energiereservoir ab, wobei das Prinzip der Energieerhaltung auf $\boldsymbol{Q_1 = W + Q_2}$ führt.

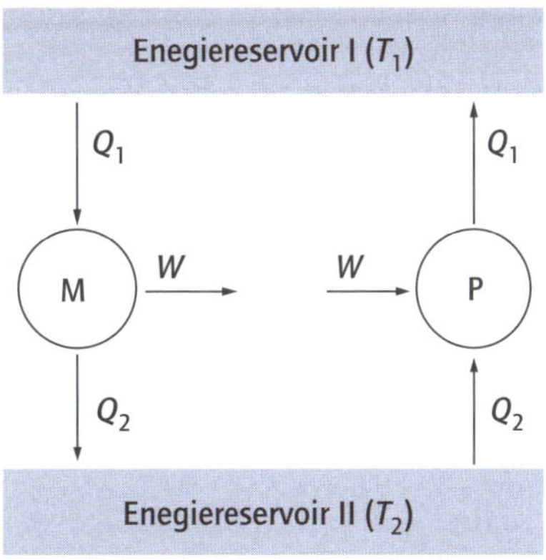

Diese Gleichung gilt auch für eine **Wärmepumpe P**, jedoch drehen sich hier die Fließrichtungen bei der Arbeit und den Wärmemengen um, denn jetzt wird Q_2 unter Aufwendung der Arbeit W dem Reservoir II entnommen und zusammen als Wärmemenge Q_1 an das Reservoir I abgegeben. In beiden Fällen definiert man den **Wirkungsgrad** η des Aggregats als das Verhältnis von nutzbarer zu aufgewandter Energie und es gilt:

MERKE ▪ Wirkungsgrad Wärmekraftmaschine und Wärmepumpe

Wärmekraftmaschine M: $\eta_M = \frac{W}{Q_1} = \frac{Q_1 - |Q_2|}{Q_1} = 1 - \frac{|Q_2|}{Q_1}$

und Wärmepumpe P: $\eta_P = \frac{|Q_1|}{W} = \frac{|Q_1|}{|Q_1| - Q_2} = \frac{1}{1 - \frac{Q_2}{|Q_1|}}$.

BEISPIEL 10 ▪

a) Eine Wärmekraftmaschine arbeitet mit einem Wirkungsgrad von 60 %. Welche Wärme Q_1 muss für jedes Kilojoule Nutzarbeit aufgenommen werden? Welche Restwärme Q_2 wird abgegeben?

$Q_1 = \frac{W}{\eta_M} = \frac{1\,\text{kJ}}{0{,}6} = 1{,}67\,\text{kJ}$ und $|Q_2| = Q_1 - W = 0{,}67\,\text{kJ}$

b) Dasselbe Aggregat wird nun als Wärmepumpe betrieben. Wie groß ist jetzt sein Wirkungsgrad? Wie groß sind nun Q_1 und Q_2?

Wirkungsgrad: $\eta_P = \frac{|Q_1|}{W} = \frac{1}{\frac{W}{|Q_1|}} = \frac{1}{\eta_M}$, das heißt: $\eta_P = \frac{1}{0{,}6} = 1{,}67$

$|Q_1| = W \cdot \eta_P = 1\,\text{kJ} \cdot 1{,}67 = 1{,}67\,\text{kJ}$ und $Q_2 = |Q_1| - W = 0{,}67\,\text{kJ}$
bleiben betraglich unverändert!

Die Gewinnung von Arbeit aus Wärme oder der Transport von Wärme gegen ein Temperaturgefälle erfolgen stets mithilfe eines Arbeitsgases, das eine Folge von technisch kontrollierten Zustandsänderungen periodisch durchläuft, sodass der Zustand am Ende eines Zyklus' wieder mit dem Anfangszustand übereinstimmt. Aus der Vielzahl solcher **Kreisprozesse** soll nun der **Stirling-Prozess** ausgewählt und mit Blick auf den **höchsten erzielbaren Wirkungsgrad** hin analysiert werden. Dazu betrachten wir einen vollkommen verlustfreien, das heißt **reversibel** durchgeführten Zyklus, den Stirling-Prozess.

INSIDER-TIPP

Eine Wärmekraftmaschine M kann dadurch, dass sie ihren Kreisprozess in umgekehrter Richtung durchläuft, auch als Wärmepumpe P eingesetzt werden. Soweit diese Kreisprozesse reversibel (verlustfrei) durchlaufen werden, treten dieselben Wärmemengen auf und für ihre Wirkungsgrade gilt dann die Beziehung $\eta_P = \frac{1}{\eta_M}$, d. h. $\eta_P \cdot \eta_M = 1$.

MERKE ▪ Stirling-Prozess

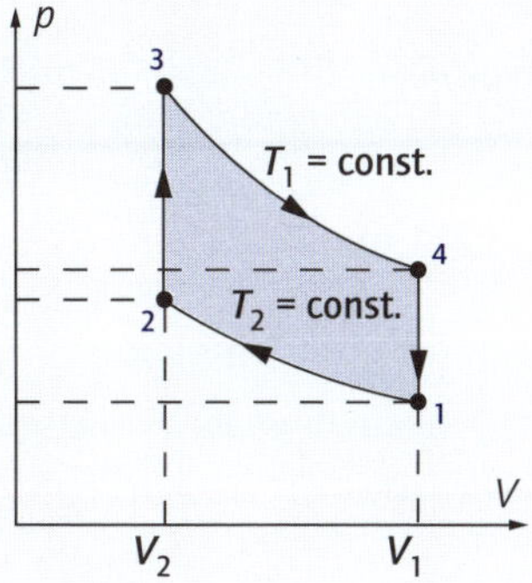

1 → 2: Das Arbeitsgas wird bei der niedrigen Temperatur T_2 isotherm komprimiert. Dabei nimmt es die Arbeit $W_{12} = -Q_2 = -\nu \cdot R \cdot T_2 \cdot \ln \frac{V_2}{V_1}$ auf.

2 → 3: Bei der isochoren Druckerhöhung steigt die Temperatur von T_2 auf T_1 an. Wegen $\Delta V = 0$ ist auch die Arbeit $W_{23} = -p \cdot \Delta V = 0$.

3 → 4: Isotherme Expansion bei T_1.

Abgegebene Arbeit: $W_{34} = -Q_1 = -\nu \cdot R \cdot T_1 \cdot \ln \frac{V_1}{V_2}$

4 → 1: Isochore Drucksenkung: T_1 fällt auf T_2 ab. Kein Arbeitbeitrag: $W_{41} = -p \cdot \Delta V = 0$

Man sieht nun, dass der ideale Wirkungsgrad eines Stirling-Motors

$$\eta_{M,St} = 1 - \frac{\left|\nu \cdot R \cdot T_2 \cdot \ln \frac{V_2}{V_1}\right|}{\nu \cdot R \cdot T_1 \cdot \ln \frac{V_1}{V_2}} = 1 - \frac{\nu \cdot R \cdot T_2 \cdot \ln \frac{V_1}{V_2}}{\nu \cdot R \cdot T_1 \cdot \ln \frac{V_1}{V_2}} = 1 - \frac{T_2}{T_1}$$

bei reversibler Prozessführung **allein durch das Temperaturgefälle** bestimmt wird und sich nur mit zunehmendem Temperaturunterschied verbessert. Durch technisch-konstruktive Maßnahmen können zwar unerwünschte Verluste, wie Reibung oder Wärmenebenströmung, verringert werden. Der **reale Wirkungsgrad** kann jedoch nicht über den idealen Wirkungsgrad hinaus gesteigert werden.

ZUR VERTIEFUNG

Historisch betrachtet wurde der optimale Wirkungsgrad einer Wärmekraftmaschine zuerst von S. Carnot bestimmt. Der Carnot'sche Kreisprozess unterscheidet sich von dem Stirling'schen Kreisprozess dadurch, dass er anstelle der beiden isochoren Teilprozesse (2 → 3 und 4 → 1) adiabatische Zustandsänderungen durchläuft. Dadurch gestaltet sich die Analyse aufwendiger, mündet jedoch in dasselbe Ergebnis. Begründen Sie, dass es keinen, wie auch immer durchgeführten Kreisprozess gibt, dessen Wirkungsgrad größer als $1 - \frac{T_2}{T_1}$ ist.

BEISPIEL 11 ▪ Welchen Wirkungsgrad kann eine Wärmekraftmaschine, der ein Wärmereservoir von 80,0 °C und Grundwasser von 15,0 °C zur Verfügung stehen, nicht überschreiten?

$$\eta_M = 1 - \frac{T_2}{T_1} = 1 - \frac{(273{,}15 + 15)\,\text{K}}{(273{,}15 + 80)\,\text{K}} = 0{,}184\ (18{,}4\,\%)$$

Die tiefer liegende Bedeutung des optimalen Wirkungsgrades erkennt man, wenn man einmal hypothetisch annimmt, es gäbe eine Wärmekraftmaschine M* mit einem Wirkungsgrad η^*, der größer als der optimale Wirkungsgrad $\eta_\text{M} = 1 - \frac{T_2}{T_1}$ wäre. Mit ihr könnte man eine Wärmepumpe P$\left(\eta_\text{P} = \frac{1}{\eta_\text{M}}\right)$ betreiben, die gerade die von M* benötigte Wärme Q_1 abgibt, und hätte noch überschüssige Nutzarbeit ΔW zur Verfügung. Eine solche Maschine M* kann es jedoch aus folgenden Gründen nicht geben:

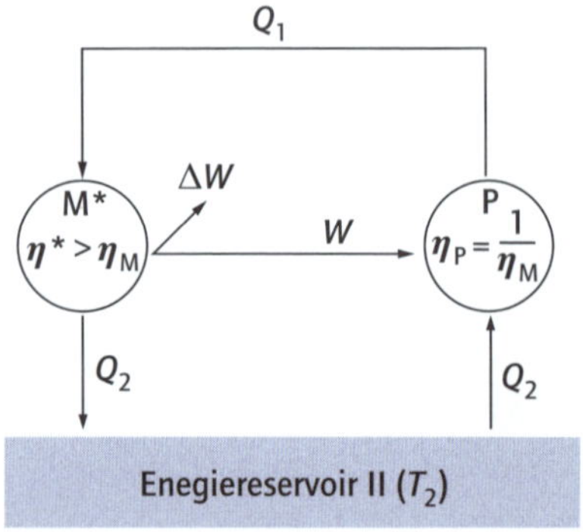

1. Weil P auch eben die Wärmemenge Q_2 aufnähme, die M* abgäbe, läge der einzige Effekt der Kombination von M* und P in der Erzeugung der Arbeit ΔW, also der Schöpfung von Energie aus dem Nichts. Ein solches Perpetuum mobile (2. Art), das einen Wirkungsgrad $\eta^* \cdot \eta_\text{P} > \eta_\text{M} \cdot \eta_\text{P} = 1$ hätte, widerspräche jeder Erfahrung.

2. Würde man die überschüssige Arbeit ΔW zusätzlich in P investieren, so würde P mehr Wärme Q_2 entziehen, als von M* zurückgeführt würde, und gleichzeitig mehr Wärme Q_1 abgeben, als von M* benötigt würde. Die Kombination von M* und P widerspräche damit dem zweiten Hauptsatz nach Clausius, denn ihre alleinige Wirkung bestände so im Wärmefluss vom kälteren zum wärmeren Reservoir.

Damit wird schließlich eine andere, von M. Planck und Lord Kelvin gegebene Formulierung des zweiten Hauptsatzes verständlich, durch die ein Bezug zum begrenzten Wirkungsgrad bei Kreisprozessen hergestellt wird:

MERKE ▪ 2. Hauptsatz der Wärmelehre (alternative Fassung)
Es gibt keine periodisch arbeitende Wärmekraftmaschine, die die aufgenommene Wärme vollständig in Arbeit umzuwandeln vermag.

4.5 Die Entropie

Die im ersten Hauptsatz (→ Seite 67) vorgenommene Unterscheidung zwischen der Wärme Q und der Arbeit W als den beiden Ursachen für eine Änderung der inneren Energie U wird durch das Verständnis der Kreisprozesse (→ Seite 71 ff.) in ein neues Licht gerückt, zielen sie doch darauf ab, einer Wärmemenge die größtmögliche (Nutz-) Arbeit zu entziehen. Reale Kreisprozesse sind jedoch stets mit Verlusten behaftet, die sich aber durch den Vergleich des Verhältnisses $\frac{Q_2}{Q_1}$ der tatsächlich im Prozess fließenden Wärmemengen mit dem Temperaturverhältnis $\frac{T_2}{T_1}$ leicht abschätzen lassen.

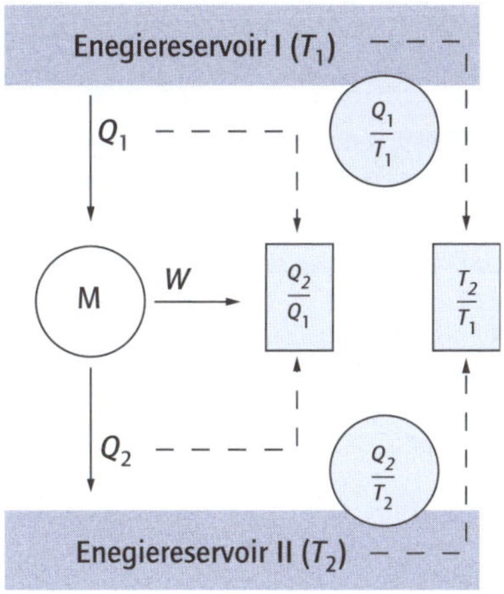

Die Relation $1 - \frac{Q_2}{Q1} \leq 1 - \frac{T_2}{T_1}$ zwischen realem und idealem Wirkungsgrad führt sofort auf $\frac{Q_2}{Q_1} \geq \frac{T_2}{T_1}$ und besagt, dass ein Kreisprozess umso geringere Verluste aufweist, je weniger der Wärmequotient $\frac{Q_2}{Q_1}$ den Temperaturquotienten $\frac{T_2}{T_1}$ überschreitet. Nun lässt sich diese Ungleichung auch in der Form $\frac{Q_2}{T_2} \geq \frac{Q_1}{T_1}$ notieren, wobei sich jetzt die Größenpaare Q_1 und T_1 bzw. Q_2 und T_2 jeweils auf einen bestimmten Wärmeübergang beziehen. Die letztere Sichtweise legt die Einführung einer neuen Zustandsgröße, die als **Entropie S** bezeichnet wird, nahe. Sie dient dazu, den thermischen Zustand eines Gases, eines Körpers, oder, allgemeiner gesagt, eines Systems zu beschreiben. Ähnlich wie bei der inneren Energie interessiert man sich auch bei der Entropie nicht so sehr für ihren absoluten Wert, sondern vielmehr für die **Entropieänderung** $\Delta S = \frac{Q}{T}$, die durch das Verhältnis aus der Wärmemenge Q, die bei einer bestimmten Temperatur T fließt, und eben dieser Temperatur definiert wird.

BEISPIEL 12 ▪ Grenzen Sie mithilfe der Entropieänderung einen reversiblen (verlustfreien) gegen einen irreversiblen (verlustbehafteten) Kreisprozess ab.

Eingangs wurde schon die Relation $\frac{Q_2}{T_2} \geq \frac{Q_1}{T_1}$ nachgewiesen, die auch in der Form $\Delta S_2 \geq \Delta S_1$ bzw. $\Delta S_{ges} = \Delta S_2 - \Delta S_1 \geq 0$ notiert werden kann. Während reversible Kreisprozesse keine Entropieänderung ($\Delta S_{ges} = 0$) bewirken, gehen irreversible Prozesse stets mit einer positiven Entropieänderung ($\Delta S_{ges} > 0$), das heißt mit einer Zunahme der Entropie S, einher.

Beispiel 12 führt uns zu dem **allgemeingültigen Prinzip der nicht abnehmenden Entropie**:

- Bei jedem **reversiblen** (verlustfreien) Vorgang tritt mit $\Delta S_{rev} = 0$ keine Entropieänderung auf,
- für **irreversible** (verlustbehaftete) Vorgänge gilt jedoch stets $\Delta S_{irrev} > 0$.

Dieses Prinzip konnte bisher in allen relevanten Bereichen der Physik bestätigt werden, und es gestattet auch, unter allen energetisch möglichen Prozessen diejenigen Prozesse einzugrenzen, die sich tatsächlich beobachten lassen. Dadurch führt es zu einer erneuten und sehr allgemeinen Formulierung des zweiten Hauptsatzes:

> **MERKE ▪ 2. Hauptsatz der Wärmelehre (generalisierte Fassung)**
> **In jedem wärmemäßig isolierten System können nur solche Prozesse stattfinden, bei denen die Entropie des Systems nicht abnimmt.**

BEISPIEL 13 ▪ Ein Topf enthält 3 ℓ Wasser (spezifische Wärmekapazität $c = 4{,}182\,\text{kJ/(kg·K)}$) von 60 °C, der bei einer Umgebungstemperatur von 20 °C Wärme abgibt und dadurch auf 58 °C abkühlt. Beschreiben Sie die Entropieänderung des „Systems". Ist Ihr Ergebnis mit dem zweiten Hauptsatz verträglich?

Das „System" besteht aus dem Wassertopf, der die Wärme abgibt, und aus der umgebenden Luft, die sie aufnimmt. Für beide Teile ist die Entropieänderung zu bestimmen, wobei die Temperaturabnahme des Wassers durch die mittlere Temperatur von 59 °C berücksichtigt wird:

Abgegebene Wärme:

$$Q_1 = m \cdot c \cdot \Delta\vartheta = 3\,\text{kg} \cdot 4{,}182\,\text{kJ/(kg·K)} \cdot (58\,°\text{C} - 60\,°\text{C}) = -25{,}1\,\text{kJ}$$

Entropieänderung des Topfes: $\Delta S_1 = \frac{Q_1}{T_1} = \frac{-25{,}1\,\text{kJ}}{(273{,}15 + 59)\,\text{K}} = -75{,}6\,\text{J/K}$

aufgenommene Wärme: $Q_2 = -Q_1 = 25{,}1\,\text{kJ}$

Entropieänderung der Umgebung: $\Delta S_2 = \frac{Q_2}{T_2} = \frac{25{,}1\,\text{kJ}}{(273{,}15 + 20)\,\text{K}} = 85{,}6\,\text{J/K}$

Entropieänderung des Systems:

$$\Delta S_{ges} = \Delta S_1 + \Delta S_2 = -75{,}6\,\text{J/K} + 85{,}6\,\text{J/K} = 10\,\text{J/K} > 0$$

Die Entropieänderung des Systems ist positiv und deutet mit dem zweiten Hauptsatz auf einen mit Verlusten behafteten Wärmeübergang hin.

Hinweis: Hätte man nur den Wassertopf als System erfasst, so wäre die Entropieänderung mit $\Delta S_{ges} = \Delta S_1 = -75{,}6\,\text{J/K}$ im Widerspruch zum zweiten Hauptsatz negativ ausgefallen.

INSIDER-TIPP

Beispiel 13 zeigt, dass die korrekte Anwendung des zweiten Hauptsatzes ganz wesentlich von der richtigen Abgrenzung des betrachteten Systems abhängt. Achten Sie darauf, dem System stets alle Teile, die an dem betrachteten Wärmeübergang beteiligt sind, zuzurechnen!

Beispiel 13 wirft schließlich noch die Frage auf: Worin besteht denn eigentlich der mit der Abkühlung des Wassertopfes verbundene Verlust?
Antwort: Er besteht in einer Entwertung der übergegangenen Wärme, denn ihr kann bei höherer Temperatur mehr (Nutz-)Arbeit entzogen werden, als dies bei tieferer Temperatur möglich ist.
Eine kurze Rechnung zeigt, dass man der Wärmemenge $Q = 25{,}1\,\text{kJ}$ zwischen den Temperaturniveaus

$$T_1 = (273{,}15 + 59)\,\text{K} = 332{,}15\,\text{K} \quad \text{und} \quad T_2 = (273{,}15 + 20)\,\text{K} = 293{,}15\,\text{K}$$

im besten Falle, also bei reversibler Prozessführung, noch $\eta = 11{,}7\,\%$, das sind 2,94 kJ, an (Nutz-)Arbeit hätte entziehen können – und eben diese Möglichkeit ist durch den ungenutzten Wärmeübergang „verspielt" worden.

ZUR VERTIEFUNG

Zeigen Sie, dass jede Entropieänderung ΔS eine Energieentwertung der Wärme mit sich bringt, die durch die Gleichung $W_{\text{entw}} = \Delta S \cdot T_2$ erfasst wird, wobei T_2 die niedrigere Temperatur bzw. die verfügbare Umgebungstemperatur bezeichnet, bei der Wärme unbegrenzt und ohne Aufwand aufgenommen werden kann.
Bezüglich Beispiel 13 rechnet man nach:
$W_{\text{entw}} = \Delta S_{\text{ges}} \cdot T_2 = 10\,\text{J/K} \cdot 293{,}15\,\text{K} = 2{,}93\,\text{kJ}$,
was mit dem Ergebnis der voranstehenden Entwertungsrechnung übereinstimmt.

CHECKLISTE

4 Wärmelehre

- Die Universelle Gasgleichung $p \cdot V = \nu \cdot R \cdot T$ und ihre drei Partialgesetze für T = const.: $p \cdot V = \nu \cdot R \cdot T = \text{const.} \Rightarrow p_1 \cdot V_1 = p_2 \cdot V_2$ (Boyle-Mariotte)
  für p = const.: $\frac{V}{T} = \nu \cdot \frac{R}{p} = \text{const.} \Rightarrow \frac{V_1}{T_1} = \frac{V_2}{T_2}$ (Gay-Lussac)
  für V = const.: $\frac{p}{T} = \nu \cdot \frac{R}{V} = \text{const.} \Rightarrow \frac{p_1}{T_1} = \frac{p_2}{T_2}$ (Gay-Lussac)
  beschreiben ideale Gase durch die drei Zustandsgrößen Druck p, Volumen V und absolute Temperatur T.
- Die mittlere kinetische Energie $E_k = \frac{3}{2} k \cdot T$ eines Gasteilchens hängt alleine von der absoluten Temperatur ab. N Teilchen eines (einatomigen) Gases besitzen die innere Energie $U = N \cdot E_k = \frac{3}{2} N \cdot k \cdot T$. Jeder der drei translatorischen Freiheitsgrade trägt ein Drittel zur gesamten (Teilchen-)Energie bei.
- 1. Hauptsatz der Wärmelehre $\Delta U = Q + W$: Er besagt, dass eine Änderung der inneren Energie ΔU durch Zufuhr von Wärme (Q) und/oder mechanischer Arbeit (W) erzielt werden kann. Wärme/Arbeit, die vom System abgegeben werden, sind negativ anzusetzen.
- Mithilfe des ersten Hauptsatzes lassen sich die Auswirkungen isochorer, adiabitischer, isothermer und isobarer Zustandsänderungen eines idealen Gases auf seine innere Energie beschreiben.
- 2. Hauptsatzes der Wärmelehre (drei alternative Formulierungen)
  - Wärme fließt natürlicherweise vom wärmeren zum kälteren Körper, aber niemals spontan in die umgekehrte Richtung.
  - Es gibt keine periodisch arbeitende Wärmekraftmaschine, die die aufgenommene Wärme vollständig in Arbeit umwandelt.
  - In jedem wärmemäßig isolierten System können nur solche Prozesse stattfinden, bei denen die Entropie des Systems nicht abnimmt.
- Der Wirkungsgrad einer Wärmekraftmaschine M wird durch die Temperaturen der verfügbaren Wärmereservoirs begrenzt: $\eta_M = 1 - \frac{|Q_2|}{Q_1} \leqq 1 - \frac{T_2}{T_1}$. Durchläuft das Aggregat den Kreisprozess in umgekehrter Richtung, arbeitet es als Wärmepumpe P: $\eta_P = \frac{1}{\eta_M}$.
- Entropie S: Zustandsgröße zur Beschreibung thermischer Prozesse. Ihre Änderung $\Delta S = \frac{Q}{T}$ entspricht dem Verhältnis der bei der Temperatur T transportierten Wärmemenge Q und ist ein Maß für die mit dem Übergang verbundene Energie-Entwertung. Nur für reversible Prozesse gilt $\Delta S = 0$, ansonsten stets $\Delta S > 0$.

5 Elektrisches Feld

Wird ein Hartgummistab zuerst an einem Stück Fell gerieben und dann an ein Elektroskop gebracht, so schlägt dieses aus, umgekehrt geht der Ausschlag nach Berührung mit dem Fell wieder zurück. Man interpretiert dies so, dass in den ursprünglich neutralen Körpern die positiven und negativen Ladungsträger durch Reibung getrennt werden.

5.1 Das homogene elektrische Feld

Kräfte zwischen geladenen Körpern

Als **elektrisches Feld** bezeichnet man den Raum in der Umgebung eines elektrisch geladenen Körpers, in dem auf elektrisch geladene Körper Kräfte wirken. Eine positive Probeladung bewegt sich unter dem Einfluss des elektrischen Feldes längs einer **Feldlinie**. Da Kraftwirkung und -richtung eindeutig sind, verzweigen oder kreuzen sich Feldlinien nicht.

Die im Eingangsexperiment (einführender Text oben) beschriebenen Materialien Gummi und Fell sind Isolatoren, auf ihnen können sich die getrennten Ladungen nicht mehr zurückbewegen. Da gleichnamige Ladungen sich abstoßen, verteilen sich die Ladungsträger beim Berühren auf dem leitenden Anzeigesystem des Elektroskops.

Ein isoliert aufgehängter Tischtennisball ist mit einer dünnen Graphitschicht überzogen und wird in die Nähe einer großen geladenen Alukugel gebracht. Der ungeladene Ball wird von der Kugel angezogen. Die Ladungen im neutralen Graphit (Leiter!) werden getrennt, die **ungleichnamigen Ladungen** von Kugel und Ball **ziehen sich an**. Die **Ladungstrennung unter Einfluss eines äußeren elektrischen Feldes** nennt man **Influenz**. Bei genauem Hinsehen beobachtet man im eingangs beschriebenen Versuch, dass das Elektroskop bereits bei Annäherung des Gummistabs ausschlägt. Die Ladungen auf dem Stab erzeugen ein elektrisches Feld, das die Ladungen im Leitersystem des Elektroskops verschiebt. Auf diesem Prinzip beruht der **Faraday'sche Käfig**: Aufgebrachte Ladungen stoßen sich ab und befinden sich nur auf der Außenseite, das Innere bleibt feldfrei (Michael Faraday, 1791 – 1867).

Die elektrische Feldstärke E

Eine Anordnung aus zwei gegensätzlich geladenen Metallplatten, die einander parallel gegenübergestellt werden, nennt man **Plattenkondensator**. Zwischen ihnen wird eine kleine geladene Probekugel eingebracht und die Kraft des elektrischen Feldes auf sie wird in Abhängigkeit von ihrer Ladung gemessen. Dabei zeigt sich, dass die Kraftwirkung proportional zur Ladung der Probekugel ist. Man benutzt daher die Stärke der Kraftwirkung als Maß für die Stärke des elektrischen Feldes.

> **MERKE ▪ Elektrische Feldstärke**
>
> $$\text{Elektrische Feldstärke} = \frac{\text{Kraft auf Probeladung}}{\text{Ladungsmenge der Probeladung}} \quad E = \frac{F}{Q} \quad [E] = 1\,\text{N/C}$$

Im Plattenkondensator ist die Richtung der **Kraft** senkrecht zu den Platten und ihr **Betrag** überall **gleich groß**, man spricht hier von einem **homogenen elektrischen Feld.**

BEISPIEL 1 ▪ Eine geladene Kugel mit $Q = 4{,}0 \cdot 10^{-9}\,\text{C}$ hängt im Feld eines Plattenkondensators; ihre Masse ist $m = 0{,}30\,\text{g}$, die Fadenlänge $\ell = 1{,}5\,\text{m}$. Die Auslenkung beträgt $\Delta x = 12\,\text{mm}$. Bestimmen Sie die Feldstärke am Ort der Kugel.

Der Winkel α ist so klein, dass $\tan\alpha \approx \alpha$ (im Bogenmaß) gilt.

Damit folgt: $\tan\alpha = \frac{\Delta x}{\ell} = \frac{F_{el}}{F_G}$

und daraus: $F_{el} = \frac{\Delta x}{\ell} \cdot F_G$ und wegen $E = \frac{F_{el}}{Q}$:

$$E = \frac{\Delta x \cdot m \cdot g}{\ell \cdot Q} = \frac{0{,}012\,\text{m} \cdot 3{,}0 \cdot 10^{-4}\,\text{kg} \cdot 9{,}81\,\text{m/s}^2}{1{,}5\,\text{m} \cdot 4{,}0 \cdot 10^{-9}\,\text{C}}$$

$$= 5886\,\text{N/C}$$

$$= 5{,}9\,\text{kN/C}$$

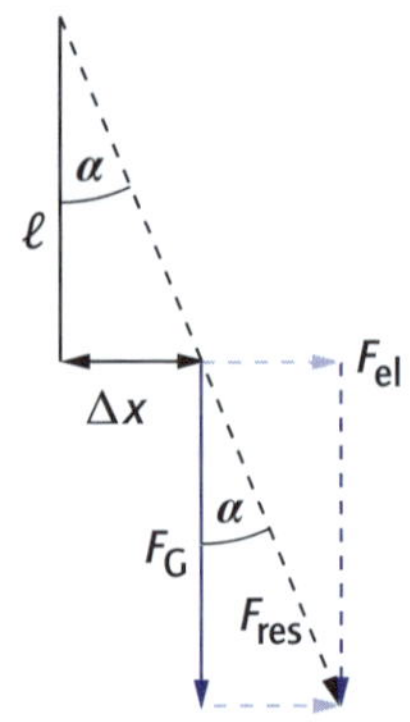

> **ZUR VERTIEFUNG**
>
> **Die elektrische Feldstärke E hat Vektorcharakter, ihre Richtung ist die Richtung der Kraftwirkung auf die positive Probeladung, ihr Betrag der der Kraft pro Ladungseinheit.**

Der Plattenkondensator

Die Kraftwirkung auf die Probeladung hängt natürlich auch von der Ladungsmenge auf den Kondensatorplatten ab. Das Ladungsspeichervermögen eines Kondensators in Abhängigkeit von der angelegten Spannung bezeichnet man als:

$$\textbf{Kapazität} = \frac{\textbf{aufgebrachte Ladungsmenge}}{\textbf{angelegte Spannung}} \qquad C = \frac{Q}{U}$$

$[C] = 1\ \mathrm{C/V} = 1\ \mathrm{A \cdot s/V} = 1\ \mathrm{F}$ (Farad)

Sie ist beim Plattenkondensator abhängig von seiner Geometrie.

$C \sim A$ (Plattenfläche einer Platte) und $C \sim \frac{1}{d}$ (Plattenabstand).

Aus Einheitengründen muss eine Proportionalitätskonstante (elektrische Feldkonstante) ε_0 eingebracht werden: $C = \varepsilon_0 \frac{A}{d}$ mit $\varepsilon_0 = 8{,}85 \cdot 10^{-12}\ \mathrm{A \cdot s/(V \cdot m)}$.

Mithilfe eines eingebrachten Dielektrikums (Isolatormaterial) kann die Kapazität noch wesentlich um den Faktor ε_r (Permittivitätszahl, auch: die relative Dielektrizitätskonstante; benennungslos) erhöht werden: $C = \varepsilon_r \varepsilon_0 \frac{A}{d}$.

Man verwendet allgemein den Begriff Kapazität für jede Art von Kondensator.

Material	ε_r
Luft	1,00059
Papier	≈ 2
Glas	2 – 12
dest. Wasser	≈ 80
Keramik	≈ 5000

BEISPIEL 2 ▪ Zwei Kapazitäten C_1 und C_2 werden einmal parallel und einmal in Reihe geschaltet. Leiten Sie die Formeln zur Berechnung der jeweiligen Gesamtkapazität her.

Bei **Parallelschaltung** liegt an beiden Kapazitäten die Spannung U an, ihre Ladungen Q_1 und Q_2 können addiert werden:

$$C_{ges} = \frac{Q_{ges}}{U} = \frac{Q_1 + Q_2}{U} = \frac{Q_1}{U} + \frac{Q_2}{U} = C_1 + C_2$$

Bei **Reihenschaltung** addieren sich gemäß den Kirchhoff'schen Regeln die Teilspannungen U_1 und U_2 zur Gesamtspannung U_{ges}, mit $U = \frac{Q}{C}$

$$\Rightarrow\ U_{ges} = \frac{Q_1}{C_1} + \frac{Q_2}{C_2}$$

Da aber $Q_1 = Q_2 = Q_{ges}$ (leitende Verbindung zwischen Q_1 und Q_2) ist,

$$\Rightarrow\ \frac{Q_{ges}}{C_{ges}} = U_{ges} = \frac{Q_{ges}}{C_1} + \frac{Q_{ges}}{C_2} \Leftrightarrow \frac{1}{C_{ges}} = \frac{1}{C_1} + \frac{1}{C_2}$$

Arbeit und Energie im homogenen elektrischen Feld

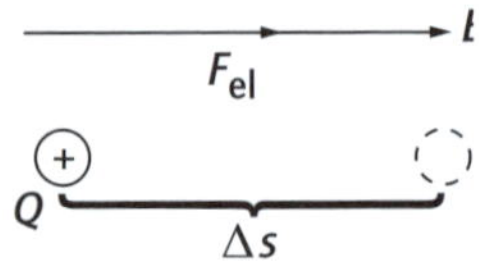

In der Mechanik wurde Arbeit als das Produkt von Kraft und Weg definiert (konstante Kraft in Wegrichtung vorausgesetzt). Wird im homogenen elektrischen Feld eine Ladung Q längs der Strecke Δs parallel zu den Feldlinien verschoben, so wird die elektrische Arbeit $\Delta W_{el} = F_{el} \cdot \Delta s$ verrichtet. Mit $F_{el} = E \cdot Q$ folgt $\Delta W_{el} = E \cdot Q \cdot \Delta s$. Dabei gilt für $Q > 0$, dass zum Bewegen der Ladung Arbeit verrichtet wird, das heißt, sie wird im Feld beschleunigt; für $Q < 0$ ist F_{el} antiparallel zu E, das heißt, sie wird abgebremst. Die Energie des elektrischen Feldes nimmt dabei ab bzw. zu, die (kinetische) Energie des geladenen Teilchens nimmt zu bzw. ab.

Bewegt man die Ladung Q auf einem beliebigen Weg im homogenen Feld von Punkt A nach B, so kann dieser Weg in kleine Abschnitte zerlegt werden, in denen Q immer ein Stück parallel zu den Feldlinien und ein Stück senkrecht dazu bewegt wird. Für die parallelen Wegstrecken gilt weiterhin: $\Delta W_{\parallel} = E \cdot Q \cdot \Delta s_{AB}$, bei den senkrechten Wegstrecken wegen der Kräftezerlegung:

$$\Delta W_{\perp} = F_{\perp} \cdot \Delta s_{AB} = E \cdot Q \cdot \Delta s_{AB} \cdot \cos 90° = 0$$

Nimmt man an, dass die von Platte zu Platte (Abstand d) transportierte Ladung ΔQ klein gegenüber der Gesamtladung auf den durch die Spannung U geladenen Platten ist, so fließt dabei der Strom $I = \frac{\Delta Q}{\Delta t}$, also $\Delta Q = I \cdot \Delta t$.

Die Stromarbeit $W_{el} = U \cdot I \cdot \Delta t = U \cdot \Delta Q$ ist somit gleich der Arbeit $W_{el} = E \cdot \Delta Q \cdot d \Leftrightarrow U \cdot \Delta Q = E \cdot \Delta Q \cdot d$.

Im homogenen Feld eines Plattenkondensators gilt: $E = \frac{U}{d} \Leftrightarrow U = E \cdot d$

BEISPIEL 3 ▪ In das homogene Feld eines Plattenkondensators (d = 10 cm) wird eine Kugel der Masse 1,1 mg und der Ladung $2{,}4 \cdot 10^{-9}$ C gebracht. Die Feldstärke E ist antiparallel zur Gewichtskraft F_G gerichtet. Wie groß muss die Spannung zwischen den Platten gewählt werden, damit die Kugel im Kondensatorfeld schwebt?

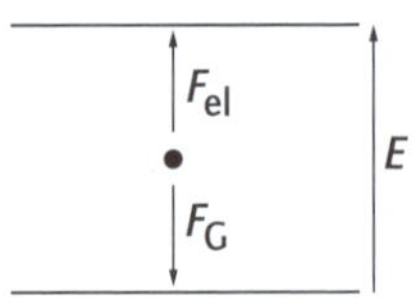

Beim Schweben heben sich Gewichtskraft und elektrische Kraft gerade auf: $F_G = m \cdot g$; $F_{el} = E \cdot Q = \frac{U}{d} \cdot Q$

$$\Rightarrow \frac{U}{d} \cdot Q = m \cdot g \Leftrightarrow U = \frac{m \cdot g \cdot d}{Q}$$

$$U = \frac{1{,}1 \cdot 10^{-6}\,\text{kg} \cdot 9{,}81\,\text{N}}{\text{kg} \cdot 0{,}10\,\text{m} / 2{,}4 \cdot 10^{-9}\,\text{C}} = 449{,}6\,\text{N} \cdot \text{m/C} = 0{,}45\,\text{kV}$$

ZUR VERTIEFUNG

- **Mit $E = \frac{U}{d}$ wird der Betrag der Feldstärke berechnet. Der experimentelle Nachweis dieser Beziehung wird mit einem Elektrofeldmeter durchgeführt. Die Umrechnung der Einheiten $1\,\text{N}\cdot\text{m/C} = 1\,\text{J/C} = 1\,\text{V}\cdot\text{A}\cdot\text{s/(A}\cdot\text{s)} = 1\,\text{V}$ zeigt, dass die Einheit der elektrische Feldstärke 1 N/C auch als 1 V/m geschrieben werden kann.**
- **Die Feldlinien des elektrischen Feldes stehen senkrecht auf der Oberfläche eines Leiters. Würden sie dies nicht tun, so könnte man die Kraftwirkung auf eine Probeladung in einen Anteil $F_\perp$ senkrecht zur Leiteroberfläche und einen Anteil $F_\parallel$ parallel dazu zerlegen. Das Verschieben einer Ladung auf einem Leiter ist jedoch nicht mit Arbeit verbunden, sodass eben letztlich nur $F_\perp$ übrig bleibt.**

Um also eine Ladung $\Delta Q = q$ auf eine Kondensatorplatte zu bringen, muss wegen der bereits vorhandenen Ladungen Q und damit gegen ihr Feld Arbeit verrichtet werden. Im Q-U-Diagramm ergibt der Flächeninhalt unter dem Graphen die Gesamtarbeit für das Aufbringen der Ladung.
Aufsummieren bzw. Integrieren über die gesamte Ladung Q_{ges} ergibt:

Q_{ges} zu $W_{ges} = \int_0^{Q_{ges}} U\,dQ$. Aus $C = \frac{Q_{ges}}{U_{ges}}$ folgt:

$$U_{ges} = \frac{Q_{ges}}{C}$$

$$\Rightarrow W_{ges} = \int_0^{Q_{ges}} \frac{Q}{C}\,dQ = \frac{1}{2}\cdot\frac{1}{C}\cdot Q_{ges}^2 = \frac{1}{2\frac{Q_{ges}}{U}}\cdot Q_{ges}^2$$

$$= \frac{1}{2}\cdot U\cdot Q \text{ (Dreiecksfläche)}$$

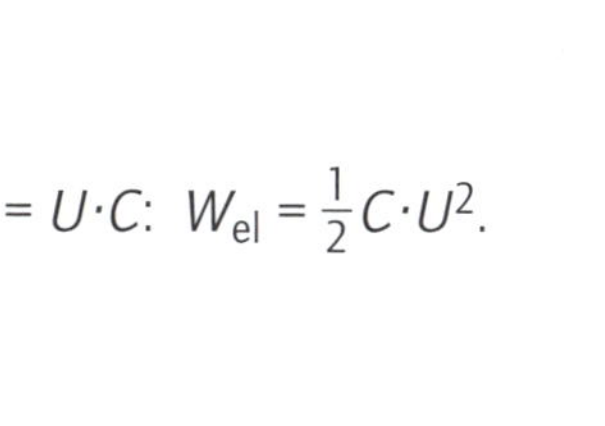

Die im Feld gespeicherte Arbeit ist somit wegen $Q = U\cdot C$: $W_{el} = \frac{1}{2}C\cdot U^2$.

Mit $C = \varepsilon_0\cdot\frac{A}{d}$ und $U = E\cdot d$ folgt:

$$W_{el} = \frac{1}{2}\varepsilon_0\cdot\frac{A}{d}\cdot E^2\cdot d^2 = \frac{1}{2}\varepsilon_0\cdot E^2\cdot A\cdot d$$

$$\Rightarrow \boldsymbol{W_{el} = \frac{1}{2}\varepsilon_0\cdot E^2\cdot V,}$$

wobei $A\cdot d = V$ das felderfüllte Volumen darstellt.

5.2 Das zentralsymmetrische elektrische Feld

Kraft im zentralsymmetrischen Feld

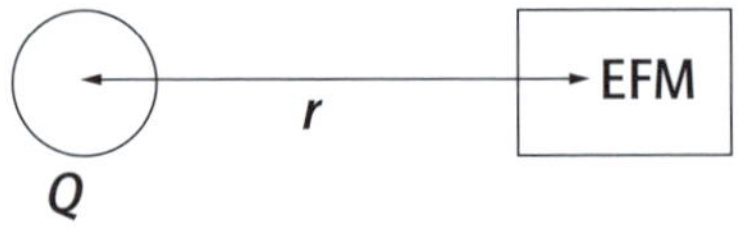

Zur Untersuchung des elektrischen Feldes einer Punktladung kann man den skizzierten Versuch verwenden: Eine Konduktorkugel wird mit einer Hochspannungsquelle aufgeladen. Im Abstand r (vom Mittelpunkt der Kugel aus) misst ein Elektrofeldmeter die Feldstärke E, mit einem Messverstärker kann die Kugelladung Q bestimmt werden. Unter Vernachlässigung kleiner Abweichungen in der Nähe der Kugel ergeben die Messungen die Abhängigkeiten: $E \sim Q$ und $E \sim \frac{1}{r^2}$ sowie als Proportionalitätsfaktor $\frac{1}{4\pi\varepsilon_0}$.

$\Rightarrow$ **Elektrische Feldstärke im zentralsymmetrischen Feld:** $E = \frac{Q}{4\pi\varepsilon_0 r^2}$

Die elektrische Kraft auf eine Ladung Q_2 im Feld der Ladung Q_1 berechnet man wieder aus der Definiton der Feldstärke: $E = \frac{F}{Q_2}$, also

$$F = E \cdot Q_2 = \frac{Q_1}{4\pi\varepsilon_0} \cdot r^2 \cdot Q_2\ \pi \Rightarrow \mathbf{F = \frac{Q_1 Q_2}{4\pi\varepsilon_0 r^2}} \quad \textbf{Coulomb-Gesetz}$$

Sind mehrere Ladungen vorhanden, so können die resultierende Feldstärke und die elektrische Kraft mit Betrag und Richtung aus den einzelnen Feldstärken vektoriell ermittelt werden.

BEISPIEL 4 ▪ In einem Koordinatensystem befinden sich die Punktladungen Q_1: Ladung $+Q(0; 1)$, Q_2: $-Q(0; -1)$, Q_3: $-Q(10; 1)$ und Q_4: $+Q(10; -1)$.
Bestimmen Sie die Kraft zwischen den beiden elektrischen Dipolen $Q_1 Q_2$ und $Q_3 Q_4$.

Zuerst wird die anziehende Kraft zwischen Q_1 und Q_3 bestimmt:

$$F_{13} = \frac{Q^2}{4 \cdot \pi \cdot \varepsilon_0 \cdot r_{13}^2} = \frac{Q^2}{4 \cdot \pi \cdot \varepsilon_0 \cdot 100\,\mathrm{LE}^2}$$

Ebenso für die abstoßende Kraft zwischen Q_1 und Q_4:

$$F_{14} = \frac{Q^2}{4 \cdot \pi \cdot \varepsilon_0 \cdot r_{14}^2} = \frac{Q^2}{4 \cdot \pi \cdot \varepsilon_0 \cdot \sqrt{(100+4)^2}\,\mathrm{LE}^2} = \frac{Q^2}{4 \cdot \pi \cdot \varepsilon_0 \cdot 104\,\mathrm{LE}^2}$$

Davon wirkt in x-Richtung der Anteil:

$$F_{14}^* = F_{14} \cdot \cos\alpha = F_{14} \cdot \frac{10}{\sqrt{104}} \Rightarrow F_{14}^* = \frac{Q^2}{4 \cdot \pi \cdot \varepsilon_0 \cdot 104\,\mathrm{LE}^2} \cdot \frac{10}{\sqrt{104}}$$

Die resultierende Kraft ergibt sich dann aus der Differenz der anziehenden und abstoßenden Kräfte:

$$\Delta F = F_{\text{anz}} - F_{\text{abs}} = \frac{Q^2}{4\cdot\pi\cdot\varepsilon_0\cdot 100\,\text{LE}^2} - \frac{10\,Q^2}{4\cdot\pi\cdot\varepsilon_0\cdot\sqrt{104}\,\text{LE}^2}$$

$$= \frac{Q^2}{4\cdot\pi\cdot\varepsilon_0\,\text{LE}^2}\cdot\left(\frac{1}{100} - \frac{10}{104\cdot\sqrt{104}}\right) \approx \frac{Q^2}{4\cdot\pi\cdot\varepsilon_0\,\text{LE}^2}5{,}7\cdot 10^{-4}$$

Aus Symmetriegründen gilt dann für die Kraft in x-Richtung zwischen den beiden Dipolen:

$$F_{\text{Dipol}} = 2\cdot\Delta F$$

Arbeit und Energie im zentralsymmetrischen elektrischen Feld

Für die Berechnung der Arbeit muss die Wegstrecke wieder in kleine Stücke Δr zerlegt werden, da die Kraft $\left(\sim\frac{1}{r^2}\right)$ nicht konstant bleibt. Wird eine Ladung q im Feld einer Ladung Q vom Ort r_1 nach r_2 bewegt, so gilt für die gesamte Arbeit:

$$W_{12} = \int_{r_1}^{r_2} F(r)\,\mathrm{d}r = \int_{r_1}^{r_2} \frac{Q\cdot q}{4\cdot\pi\cdot\varepsilon_0}\cdot\frac{1}{r^2}\,\mathrm{d}r = \frac{Q\cdot q}{4\pi\cdot\varepsilon_0}\cdot\int_{r_1}^{r_2}\frac{1}{r^2}\,\mathrm{d}r$$

$$\boldsymbol{W_{12} = \frac{Q\cdot q}{4\pi\cdot\varepsilon_0}\cdot\left(\frac{1}{r_2} - \frac{1}{r_1}\right)}$$

Dies ist die aufzubringende Arbeit, um die negative Ladung $q < 0$ im Feld der positiven Ladung Q vom Abstand r_1 weiter weg nach r_2 zu bringen. Umgekehrt gewinnt dadurch die Ladung q elektrische Energie im Feld von Q.

BEISPIEL 5 ▪ Ein α-Teilchen ($q = 2e$) fliegt mit 6,0 % der Lichtgeschwindigkeit auf eine Aluminiumfolie zu.
Wie weit nähert es sich bei direktem Anflug einem Aluminiumkern?
Da die elektrische Kraft nicht konstant ist, muss man hier den Energieansatz verwenden ($W_{\text{el}} < 0$, da gleicher Ladungstyp):

$$\boldsymbol{E_{\text{kin}} = W_{\text{el}} \Leftrightarrow \frac{1}{2}\cdot m_\alpha\cdot v^2 = \frac{-Q_{\text{Alu}}q_\alpha}{4\cdot\pi\cdot\varepsilon_0}\cdot\left(\frac{1}{r_2} - \frac{1}{r_1}\right)} \text{ mit}$$

$m_\alpha = 6{,}65\cdot 10^{-27}\,\text{kg}$; $q_\alpha = 2e = 2\cdot 1{,}60\cdot 10^{-19}\,\text{C}$; $v = 0{,}060\cdot 3{,}00\cdot 10^8\,\text{m/s}$;
$Q_{\text{Alu}} = 13\,e$; $r_1 \rightarrow \infty$, das heißt $\frac{1}{r_1} \rightarrow 0$; $\varepsilon_0 = 8{,}85\cdot 10^{-12}\,\text{C/(V·m)}$

$$\frac{1}{2}\cdot m_\alpha\cdot v^2 = \frac{Q_{\text{Alu}}\cdot q_\alpha}{4\cdot\pi\cdot\varepsilon_0}\cdot\frac{1}{r_2};\quad r_2 = \frac{Q_{\text{Alu}}\cdot q_\alpha}{2\cdot\pi\cdot\varepsilon_\alpha\cdot q_\alpha\cdot v^2} = 5{,}56\cdot 10^{-15}\,\text{m}$$

(Dies ist ein wenig größer als der Radius des Aluminiumkernes.)

5.3 Spannung und Potenzialdifferenz

Jeder Punkt P des elektrischen Feldes kann durch die Arbeit W_{OP} (> 0), die man benötigt (für $W_{el} < 0$ dann frei wird), gekennzeichnet werden, um eine positive Ladung q von einem festgelegten Ausgangspunkt O nach P zu bringen. Um unabhängig von der Probeladung q zu sein, definiert man:

> **MERKE ▪ Potenzialdifferenz**
>
> $\frac{W_{OP}}{q} := \varphi_P$ **als das Potenzial des Punktes P (bezogen auf O)**
> **($[\varphi] = 1\,\mathrm{J/C}$).**
> **Die Differenz der Potenziale zweier Punkte P und Q im elektrischen Feld wird mit $\varphi_{PQ} = \varphi_Q - \varphi_P$ als Potenzialdifferenz bezeichnet.**

Die Punkte, die (bezogen auf einen festgelegten Ausgangspunkt) gleiches Potenzial besitzen, liegen auf einer **Äquipotenziallinie** bzw. -fläche. Im homogenen Feld eines Plattenkondensators sind dies parallele Flächen zu den Platten, senkrecht zu den Feldlinien. Umgekehrt kann nun auch die elektrische Arbeit mithilfe des Potenzialbegriffs berechnet werden:

$$W_{12} = (\varphi_2 - \varphi_1) \cdot q = \varphi_{12}.$$

Im homogenen Feld gilt aber weiterhin: $W_{12} = F_{12} \cdot \Delta s_{12} = E \cdot q \cdot \Delta s_{12}$,

somit $\varphi_{12} \cdot q = E \cdot q \cdot \Delta s_{12} \;\Leftrightarrow\; \varphi_{12} = E \cdot \Delta s_{12} = \frac{U}{d} \cdot \Delta s_{12} = U \cdot \frac{\Delta s_{12}}{d}$;

für $\Delta s_{12} = d$ folgt $\boldsymbol{\varphi_{12} = U}$.

Die Potenzialdifferenz zwischen zwei Punkten der Platten 1 und 2 ist also gleich der angelegten Spannung zwischen diesen Platten.

Auch für gedachte Punkte innerhalb des Plattenzwischenraumes gilt: $\varphi_{12} = U_{12}$; U_{12} ist dabei die Spannung = Potenzialdifferenz zwischen diesen Punkten 1 und 2. Entsprechend gilt im radialsymmetrischen Feld einer Punktladung Q: $\boldsymbol{\varphi_{12}} = \frac{-Q}{4 \cdot \pi \cdot \varepsilon_0} \cdot \left(\frac{1}{r_2} - \frac{1}{r_1} \right)$.

Geht man mit $r_2 \to \infty$, so erhält man: $\varphi_1 = \frac{-Q}{4 \cdot \pi \cdot \varepsilon_0} \cdot \frac{1}{r_1}$, das Potenzial wird im Unendlichen mit null festgelegt.

> **ZUR VERTIEFUNG**
>
> **Die Spannung ist somit eine vom Potenzial abgeleitete Größe. Die Feldstärke gibt also den Spannungsunterschied pro Wegeinheit längs einer Feldlinie an $\Rightarrow \frac{\Delta U}{\Delta s}$. Ist E groß, so bedeutet das, dass sich die Spannung bei Bewegung längs der Feldlinie schnell ändert.**

5.4 Die Elementarladung

Faraday'sche Gesetze

Schaltet man in einem Stromkreis mehrere Elektrolyte einer Art (lösliche Salze, Laugen, Säuren) verschiedener Konzentration in Reihe, so scheidet sich an den Elektroden immer die gleiche Menge Stoff ab. Dieser Vorgang ist unabhängig von Form und Art der Elektroden sowie der Temperatur. Man stellt nur folgende Abhängigkeiten fest:

> MERKE ▪ **Faraday'sche Gesetze**
> **(1) transportierte Ladung $\Delta Q \sim$ Masse abgeschiedener Stoff Δm**
> **(2) transportierte Ladung $\Delta Q \sim$ Stoffmenge Δn und Wertigkeit z**
> **Die Stoffmenge n wird dabei in kmol oder mol angegeben, für die Proportionalitätskonstante F in (2) gilt: $\Delta Q = \Delta n \cdot z \cdot F$ mit**
> **$F = 96\,485\,\mathrm{C/mol}$ Faraday-Konstante**

Da 1 mol aus $6{,}022 \cdot 10^{23}$ Teilchen (Atom oder Moleküle) besteht (Avogadro-Konstante), folgt unter der Annahme einer gleichmäßigen Verteilung der Ladung für die sogenannte Elementarladung $Q_{\mathrm{Elementar}} = e$ eines einwertigen Ions:

$$e = \frac{96\,485\,\mathrm{C/mol}}{6{,}022 \cdot 10^{23}\,1/\mathrm{mol}} = 1{,}602 \cdot 10^{-19}\,\mathrm{C}$$

Dieser rechnerische Mittelwert der Elementarladung wurde 1909 von **Robert A. Millikan** insofern bestätigt, als er zeigen konnte, dass alle positiven wie negativen Ladungsträger nur ganzzahlige Vielfache dieser kleinsten Ladungseinheit, der Elementarladung, aufweisen. Daraus folgerte man, dass ein Elektron die Ladung $Q = -e$, ein Proton $Q = +e$ trägt.

Der Millikan-Versuch

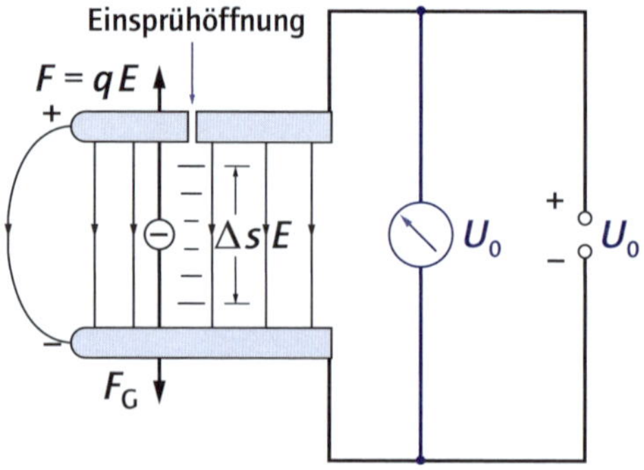

In einen Kondensator mit horizontal ausgerichteten Platten werden Öltröpfchen eingesprüht. Beim Zerstäuben laden sich die Tröpfchen positiv oder negativ auf (Q), sodass sie unter dem Einfluss der elektrischen und der Gravitationskraft je nach angelegter Spannung U schweben, steigen oder sinken. Der sehr kleine Teilchendurchmesser erlaubt auch unter dem Mikroskop keine exakte Größenbestimmung, sodass die Teilchenmasse m aus den verschiedenen Bewegungszuständen errechnet werden muss. Es gilt im **Schwebefall:**

$$F_G = F_{el} \Leftrightarrow m \cdot g = Q \cdot E = Q \cdot \frac{U_0}{d}$$

Im Steig- und Sinkfall kompensiert die Stokes'sche Reibungskraft ($F_\uparrow$ bzw. $F_\downarrow$) sofort die beschleunigende Wirkung der anderen Kräfte; damit bewegen sich die Öltröpfchen mit konstanter Geschwindigkeit: **Stokes'sche Reibungskraft:** $F = 6 \cdot \pi \cdot \eta \cdot r \cdot v$ mit η dynamische Viskosität des Mediums (hier Luft), r Teilchenradius und v Geschwindigkeit des Tropfens.

Man beobachtet ein Öltröpfchen, das bei einer festen Spannung U steigt, und bestimmt seine Geschwindigkeit $v_\uparrow$, nach dem Umpolen der Kondensatorspannung wird dieses Tröpfchen mit $v_\downarrow$ sinken.

Steigfall: $F = F_{el} - F_G \Leftrightarrow 6 \cdot \pi \cdot \eta \cdot r \cdot v_\uparrow = Q \cdot E - m \cdot g$

Sinkfall: $F_\downarrow = F_{el} + F_G \Leftrightarrow 6 \cdot \pi \cdot \eta \cdot r \cdot v_\downarrow = Q \cdot E + m \cdot g$

Man erhält damit also zwei Gleichungen mit den unbekannten Größen r $\left(\text{bzw. } m = \varrho_{Öl} \cdot V_{Kugel} = \varrho_{Öl} \cdot \frac{4}{3} \cdot \pi \cdot r^3\right)$ und Q. Daraus ergibt sich durch Elimination von r die Teilchenladung zu:

$$Q = \frac{9}{2} \cdot \pi \cdot \frac{\eta}{U} \cdot \sqrt{\frac{\eta \cdot d^2}{\varrho \cdot g}} \cdot (v_\downarrow + v_\uparrow) \cdot (v_\downarrow - v_\uparrow)$$

Millikan beobachtete nun, dass sich stets nur ganzzahlige Vielfache einer kleinsten Ladungseinheit, der sogenannten **Elementarladung** $e = 1{,}602 \cdot 10^{-19}\,C$, einstellten.

5.5 Bewegung geladener Teilchen

Beschleunigung im Längsfeld

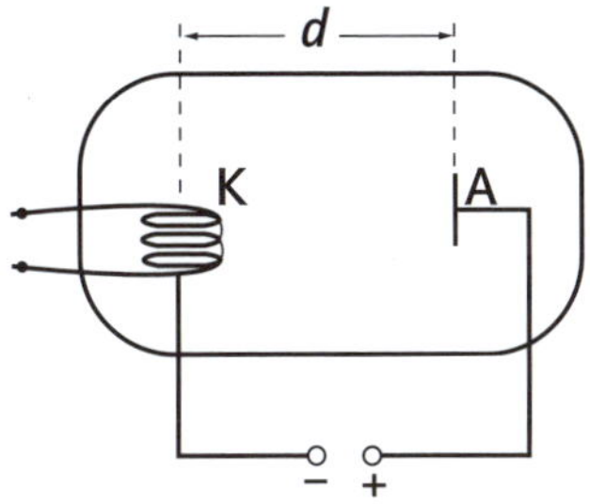

In einer Vakuumröhre werden aus einer Glühkathode Elektronen ausgelöst und durch Anlegen einer (Hoch-)Spannung U zur Anode im Abstand d hin beschleunigt. Die beschleunigende Kraft wird hier vom homogenen elektrischen Feld vermittelt:

$$F = F_{el} \Leftrightarrow m_e \cdot a = e \cdot E = e \cdot \frac{U}{d} \Rightarrow a = \frac{e}{m_e} \cdot \frac{U}{d}$$

Da die Austrittsgeschwindigkeit der e^- aus der Glühkathode vernachlässigt werden kann, berechnet man ihre Endgeschwindigkeit nach Durchlaufen der Strecke d mit der Spannung U wegen $v^2 = 2 \cdot a \cdot d$

$$v^2 = 2 \cdot \frac{e}{m_e} \cdot \frac{U}{d} \cdot d \Rightarrow v = \sqrt{2 \cdot \frac{e}{m_e} \cdot U}.$$

Ihre kinetische Energie beträgt $E_{kin} = \frac{1}{2} m_e \cdot v^2 = \frac{1}{2} m_e \cdot 2 \cdot \frac{e}{m_e} \cdot U \Rightarrow \mathbf{E_{kin} = e \cdot U}$. Das gleiche Ergebnis erhält man bei Zugrundelegen der elektrischen Arbeit $W_{el} = Q \cdot U = e \cdot U$. Diese Formel gibt Anlass zur Einführung einer neuen Energieeinheit: 1 eV (**Elektronvolt**) ist die Energie, die ein Elektron nach Durchlaufen der Spannung 1 V hat (unabhängig vom Weg!):

$$\mathbf{1\,eV = 1 \cdot 1{,}60 \cdot 10^{-19}\,C \cdot V = 1{,}60 \cdot 10^{-19}\,J}$$

BEISPIEL 6 ▪ Die Berechnung von Teilchengeschwindigkeiten nach der Newton'schen Mechanik ist so nur bis zu $\frac{1}{10}$ der Lichtgeschwindigkeit sinnvoll. Welche Beschleunigungsspannung darf daher maximal anliegen?

$$v = \frac{1}{10} \cdot c = \sqrt{2 \cdot \frac{e}{m_e} \cdot U} \Leftrightarrow \frac{1}{100} c^2 = 2 \cdot \frac{e}{m_e} \cdot U$$

$$\Rightarrow U = m_e \cdot \frac{c^2}{200\,e} = 9{,}11 \cdot 10^{-31}\,kg \cdot \frac{(3{,}00 \cdot 10^8)}{200 \cdot 1{,}60 \cdot 10^{-19}\,C}; \quad U = 2{,}56 \cdot 10^3\,V = 2{,}56\,kV$$

ZUR VERTIEFUNG

Der Term $\frac{e}{m_e} = 1{,}76 \cdot 10^{11}\,C/kg$ wird auch als spezifische Ladung des Elektrons bezeichnet. Für das Proton (Ladung $+e$) ergibt sich:

$$\frac{e}{m_p} = \frac{1{,}60 \cdot 10^{-9}\,C}{1{,}67 \cdot 10^{-27}\,kg} = 9{,}58 \cdot 10^7\,C/kg$$

(→ Experimente von Bucherer und Kaufmann, Seite 142)

Ablenkung im Querfeld

Treten die Elektronen nach der Beschleunigung im Längsfeld in ein Querfeld $E_{\perp}$ senkrecht zur Flugrichtung ein, so werden sie aus ihrer geradlinigen Bahn abgelenkt. In Flugrichtung bewegen sie sich weiterhin mit konstanter Endgeschwindigkeit

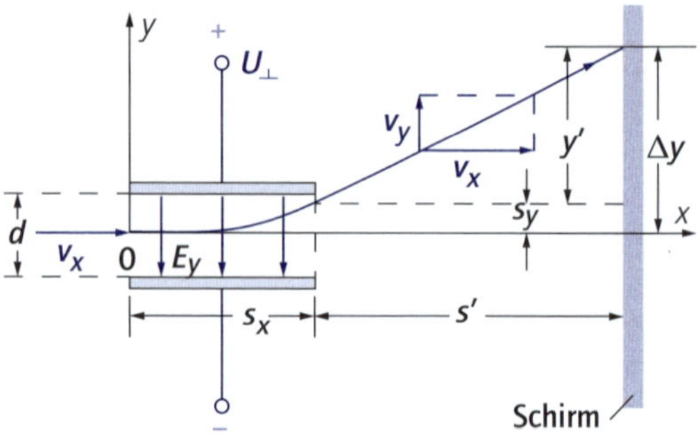

$$v_x = \sqrt{2 \cdot \frac{e}{m_e} \cdot U}.$$

Für die Beschleunigung in Querrichtung gilt: $a_{\perp} = \frac{e}{m_e} \cdot E_{\perp}$.
In x-Richtung (waagerecht dargestellt): $s_x = v_x \cdot t \Rightarrow t = \frac{s_x}{v_x}$;
in y-Richtung $s_y = \frac{1}{2} \cdot a_{\perp} \cdot t^2$ eingesetzt:

$$s_y = \frac{1}{2} \cdot \frac{e}{m_e} \cdot \frac{U_{\perp}}{d_{\perp}} \cdot \frac{s_x^2}{\sqrt{\left(2 \cdot \frac{e}{m_e} \cdot U\right)^2}} = \frac{1}{4} \cdot \frac{U_{\perp}}{U} \cdot \frac{s_x^2}{d_{\perp}} \Rightarrow \boldsymbol{s_y = \frac{1}{4} \cdot \frac{U_{\perp}}{U \cdot d_{\perp}} \cdot s_x^2}$$

Die y-Ablenkung ist somit proportional zum Quadrat der in x-Richtung zurückgelegten Strecke, damit ergibt sich eine **parabelförmige Flugbahn** in der Überlagerung der beiden Bewegungen. Eine ähnliche Überlegung führte zur Wurfparabel beim waagerechten Wurf.

Lässt man die Elektronen feldfrei bis zu einem Leuchtschirm fliegen, treffen sie dort im Abstand Δy von ihrer ursprünglichen Flugrichtung auf. Der **Abstand Δy** setzt sich aus der **Ablenkung s_y im Querfeld** und der **senkrechten Flugstrecke $y' = v_y \cdot t'$** $= a_y \cdot t \cdot t'$ zusammen (t ist dabei die Flugzeit im Ablenkkondensator, t' die außerhalb). Hierbei gilt für die restliche Flugzeit t' wieder: $s' = v_x \cdot t' \Rightarrow t' = \frac{s'}{v_x}$ Eingesetzt ergibt sich: $\boldsymbol{\Delta y = s_y + v_y \cdot \frac{s'}{v_x}}$. Nach Einsetzen aller Terme und Zusammenfassen erhält man dann hoffentlich:

$$\Delta y = \frac{1}{2} \cdot \frac{U_{\perp}}{U} \cdot \frac{s_x}{d_{\perp}} \cdot \left(\frac{1}{2} s_x + s'\right)$$

Die Gesetzmäßigkeiten dieser Gleichung liegen der Braun'schen Röhre und dem Oszilloskop zugrunde.

In der Beschleunigungsanordnung, einer sogenannten Elektronenkanone, bestehend aus Glühkathode (–), ringsförmiger Anode (+) und einem Wehnelt-Zylinder (–) zur Fokussierung des Strahls, wird ein gebündelter Elektronenstrahl erzeugt. Dieser tritt dann in zwei waagerecht und senkrecht angeordnete Ablenkplattenpaare ein. Je nach angelegter Ablenkspannung kann damit der Auftreffpunkt des Strahls in horizontaler und vertikaler Richtung gesteuert werden.

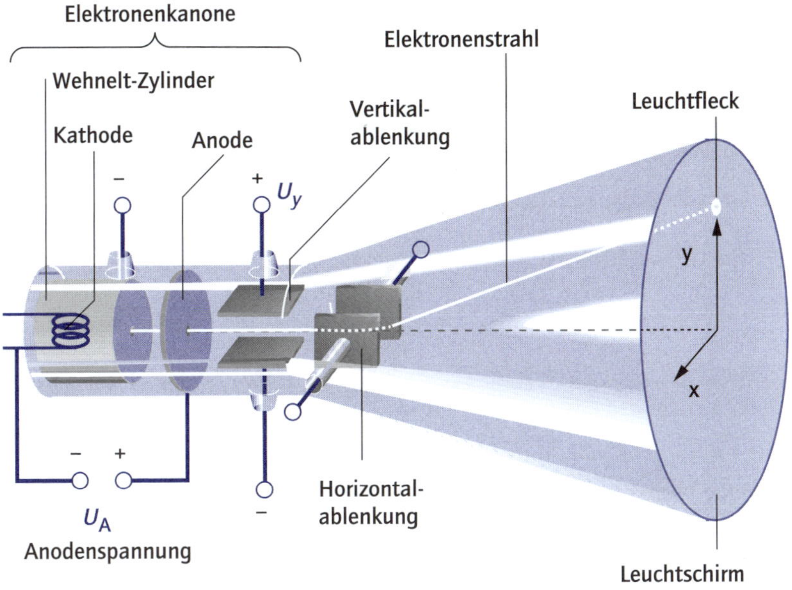

Aufbau einer Braun'schen Röhre

BEISPIEL 7 ▪ Ein Elektron wird im Vakuum durch eine Spannung von 230 V beschleunigt. Es tritt anschließend mit der Geschwindigkeit v_0 in das senkrecht zur Flugrichtung gerichtete Feld eines Plattenkondensators mit dem Plattenabstand 5,0 cm und der Länge 7,5 cm ein.
Welche Spannung muss am Ablenkkondensator liegen, wenn der Betrag der Ablenkung beim Verlassen des Kondensators 2,6 cm betragen soll?

Umstellen der Formel $s_y = \frac{1}{4} \cdot \frac{U_\perp}{U \cdot d_\perp} \cdot s_x^2$ nach $U_\perp$ ergibt:

$$U_\perp = \frac{s_y \cdot 4 \cdot U \cdot d_\perp}{s_x^2} = \frac{2{,}6\,\text{cm} \cdot 4 \cdot 230\,\text{V} \cdot 5{,}0\,\text{cm}}{(7{,}5\,\text{cm})^2} = 213\,\text{V}$$

ZUR VERTIEFUNG

Der Ablenkwinkel zur ursprünglichen Flugrichtung kann nur mithilfe der Geschwindigkeitskomponenten in x- und y-Richtung bestimmt werden.

$\tan\alpha = \frac{v_y}{v_x}$ mit $v_y = a_y \cdot t = \frac{e}{m_e} \cdot E_\perp \cdot \frac{s_x}{v_x} = \frac{e}{m_e} \cdot \frac{U_\perp}{d_\perp} \cdot \frac{s_x}{v_x}$ und $v_x = \sqrt{2 \cdot \frac{e}{m_e} \cdot U}$

$$\Rightarrow \tan\alpha = \frac{\frac{e}{m_e} \cdot U_\perp \cdot s_x}{d_\perp \cdot v_x^2} = \frac{\frac{e}{m_e} \cdot U_\perp \cdot s_x}{2 \cdot d_\perp \cdot \frac{e}{m_e} \cdot U} = \frac{U_\perp \cdot s_x}{2 \cdot U \cdot d_\perp} = \frac{213\,\mathrm{V_x} \cdot 7{,}5\,\mathrm{cm}}{2 \cdot 230\,\mathrm{V_x} \cdot 5{,}0\,\mathrm{cm}} = 0{,}695$$

$$\Rightarrow \alpha = 34{,}8°$$

Interessant ist bei dieser Überlegung, dass in den Ablenkwinkel die Teilchenart $\left(\frac{e}{m_e}\right)$ nicht mehr eingeht, sondern nur noch die geometrischen Größen der Anordnung und die Spannungen. Somit ist diese Formel auch für relativistische Betrachtungen geeignet.

CHECKLISTE

5 Elektrisches Feld

- Elektrische Feldstärke wird definiert als die Kraftwirkung auf eine Ladung.
- Kapazität wird definiert als die gespeicherte Ladungsmenge pro Spannung.
  Spezialfall:
  homogenes Feld: $E = \frac{U}{d}$ ortsunabhängig und $C = \varepsilon_0 \cdot \frac{A}{d}$
  zentralsymmetrisches Feld: $E = \frac{Q}{4\pi\varepsilon_0 \cdot r^2}$ und $F = \frac{Q_1 Q_2}{4\pi\varepsilon_0 \cdot r^2}$
  im sogenannten Coulombpotenzial
- Spannung zwischen zwei Punkten im Feld ⇔ Potenzialdiferenz
- Das Potenzial beschreibt die Arbeit, die pro Ladung nötig ist, um diese im Feld zu bewegen.
- Bewegung von Teilchen der Ladung q im homogenen elektrischen Längs- und Querfeld: im Längsfeld Beschleunigung auf v mit dem Energieansatz: $W_{el} = E_{kin} \Leftrightarrow qU = \frac{1}{2} m v^2 \Leftrightarrow v = \sqrt{2 \cdot \frac{q}{m} \cdot U}$ im Querfeld Überlagerung der Bewegungen: $s_x = v_x \cdot t$ und $s_y = \frac{1}{2} \cdot a \cdot t^2$ mit $m \cdot a = F_{el} = E \cdot q = \frac{U \cdot q}{d}$ bei gleichem t die Gleichung für s_x nach t auflösen und in s_y einsetzen.

6 Magnetisches Feld

Ein frei beweglich aufgehängter Magnet richtet sich selbstständig in Nord-Süd-Richtung aus. Er kann durch Papier oder eine Glasplatte hindurch Eisenteile anziehen. Dieses Phänomen kann durch den Feldbegriff des magnetischen Feldes erklärt werden.

6.1 Homogenes magnetisches Feld

Ein Magnet zieht magnetisierbare Körper aus Eisen, Cobalt oder Nickel (oder aus Legierungen derselben) an. Unter **Magnetfeld** versteht man den Raum, in dem auf andere Magnete Kraft ausgeübt wird. Magnetisierbare Körper werden dabei selbst zu Magneten. Die Stellen der stärksten Kraftwirkung nennt man die Pole des Magneten: N**o**rdpol (r**o**t) und S**ü**dpol (gr**ü**n). Gleichnamige Pole stoßen sich ab, ungleichnamige ziehen sich an. Im Unterschied zum elektrischen Feld, das von einzelnen positiven und negativen Ladungen erzeugt werden kann, treten beim Magneten Nord- und Südpol immer gemeinsam auf. Die **Feldlinien** des magnetischen Feldes verlaufen in der Richtung, in der sich ein frei beweglicher Nordpol bewegen würde, also vom Nord- zum Südpol. Ein Magnetfeld, in dem die Kraft auf einen Probemagneten an jeder Stelle gleich groß und gleich gerichtet ist, wird als **homogen** bezeichnet. Neben den natürlichen Magneten entsteht rings um einen stromdurchflossenen Leiter ein Magnetfeld. Zeigt der Daumen in Elektronenflussrichtung (von – nach +), so weisen die Finger der linken Hand in Magnetfeldrichtung **(Oersted'sche** oder **Linke-Hand-Regel**). In diesem kreisförmigen Feld sind kein Nord- und Südpol mehr erkennbar, die Feldlinien verlaufen geschlossen um den Leiter.

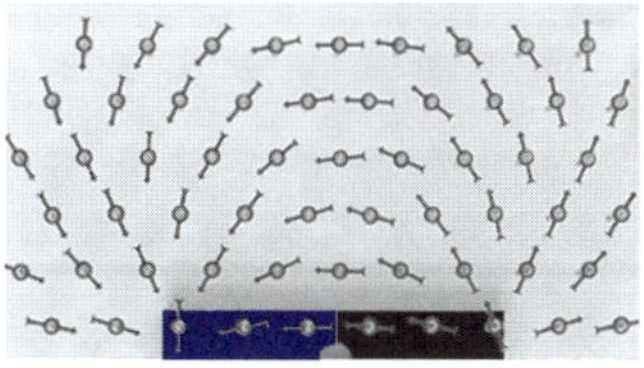

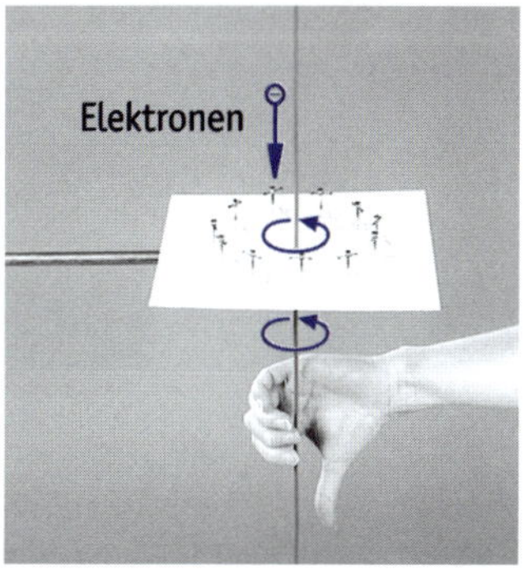

Betrachtet man die (technische) Stromrichtung (von + nach –) so gilt diese Regel für die rechte Hand. Wird ein Leiter zur Verstärkung der Kraftwirkung kreisförmig aufgewickelt, so erhält man eine Spule. In ihrem Inneren ist das

Magnetfeld nahezu homogen. Fließt dabei der Strom im Uhrzeigersinn, so entsteht außen an der Spule ein Südpol, bei Stromfluss im Gegenuhrzeigersinn ein Nordpol.

Die magnetische Flussdichte

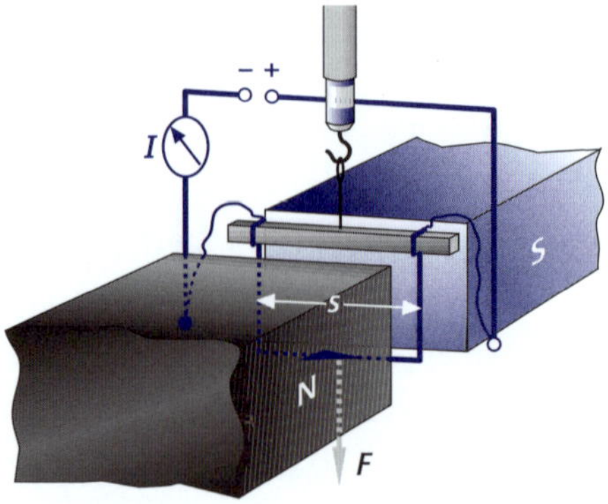

Lässt man nun ein äußeres homogenes Magnetfeld mit dem Feld eines stromdurchflossenen Leiters wechselwirken, so überlagern sich die beiden Felder und es entsteht eine Kraftwirkung auf den Leiter. Zur Bestimmung dieser Kraftwirkung kann man einen stromdurchflossenen Drahtrahmen, eine sogenannte Leiterschleife, an einem Kraftmesser in ein homogenes Magnetfeld hängen. Dabei stellt man fest, dass die Stärke der magnetischen Kraft auf die Leiterschleife proportional zur Stromstärke I_{Leiter} in der Leiterschleife und zu ihrer wirksamen Länge s ist. s ist dabei die Länge des unteren waagerechten Leiterstücks, das sich senkrecht zu den Feldlinien ganz im Feld befindet. Die Kräfte auf die beiden vertikalen Stücke heben sich dabei auf, da ihre Felder entgegengesetzt gerichtet sind. Das obere Stück und die Zuleitungen sind nicht im Feld.

$$F_{\text{magn}} \sim I_{\text{Leiter}} \quad \text{und} \quad F_{\text{magn}} \sim s \Rightarrow F_{\text{magn}} \sim I_{\text{Leiter}} \cdot s \Rightarrow \frac{F_{\text{magn}}}{I_{\text{Leiter}} \cdot s} = \text{const.}$$

MERKE ▪ Die magnetische Flussdichte *B*

Dieser konstante Quotient dient nun zur Beschreibung der magnetischen Flussdichte *B*:

$$B = \frac{F_{\text{magn}}}{I_{\text{Leiter}} \cdot s} \qquad [B] = 1\ \text{N}/(\text{A}\cdot\text{m}) = 1\ \text{T (Tesla)}$$

ZUR VERTIEFUNG

Auch die magnetische Feldgröße Flussdichte hat Vektorcharakter, ihre Richtung ist die Richtung der Kraftwirkung auf den Nordpol eines Probemagneten. Die Flussdichte B beschreibt die Stärke des Magnetfeldes und kann auch als magnetische Feldstärke bezeichnet werden.

Die Lorentz-Kraft

Die magnetische Kraftwirkung auf einen stromdurchflossenen Leiter wurde durch die Überlagerung von äußerem und erzeugtem Magnetfeld erklärt. Versuche mit einer Leiterschleife im Magnetfeld zeigen weiterhin: Wird die Strom- oder die Magnetfeldrichtung umgedreht, so wechselt auch die Richtung der magnetischen Kraft. Immer bilden jedoch Stromrichtung (+ nach −), die Orientierung des Magnetfeldes (N nach S) und resultierende Kraftrichtung ein Rechtssystem. Zur Veranschaulichung verwendet man die

Drei-Finger-Regel der rechten Hand:

- Daumen in Stromrichtung
- Zeigefinger in Magnetfeldrichtung
- Mittelfinger in Kraftrichtung

Für Linkshänder kann man anstatt der Stromrichtung auch die Bewegungsrichtung der Elektronen im Leiter betrachten; da diese umgekehrt zur Stromrichtung vom Minus- zum Pluspol erfolgt, benutzt man hier die

Drei-Finger-Regel der linken Hand:

- Daumen in Bewegungsrichtung der Elektronen
- Zeigefinger in Magnetfeldrichtung
- Mittelfinger in Kraftrichtung

Wird ein Elektronenstrahl im Vakuum einer Elektronenröhre einem Magnetfeld ausgesetzt, so zeigt sich auch hier die Ablenkung der frei fliegenden Elektronen nach obiger Regel. Man sieht somit, dass die Wirkung der magnetischen Kraft nicht auf den Stromfluss im Leiter, sondern nur auf die Bewegung der Elektronen darin zurückzuführen ist. Wir betrachten ein Leiterstück der Länge Δs, in dem sich die Leitungselektronen mit der konstanten Geschwindigkeit $v_e = \frac{\Delta s}{\Delta t}$ bewegen. Damit wird die Ladung ΔQ transportiert.

Mit $I = \frac{\Delta Q}{\Delta t}$ und $B = \frac{F}{I \cdot \Delta s}$ folgt: $F_{magn} = B \cdot I \cdot \Delta s = B \cdot \frac{\Delta Q}{\Delta t} \cdot \Delta s = B \cdot \Delta Q \cdot \frac{\Delta s}{\Delta t}$

$\Rightarrow \boldsymbol{F_{magn} = B \cdot \Delta Q \cdot v}$

Diese neue Formel erlaubt die Bestimmung der magnetischen Kraft, auch **Lorentz-Kraft** genannt, auf bewegte Ladungsträger (v = const.) in einem (homogenen) Magnetfeld: $\boldsymbol{F_{Lorentz} = Q \cdot v \cdot B}$

$[F] = 1\ \text{C} \cdot \text{m/s} \cdot \text{T} = 1\ \text{A} \cdot \text{s} \cdot \text{m/s} \cdot \text{N/(A} \cdot \text{m)}$
$= 1\ \text{N}$

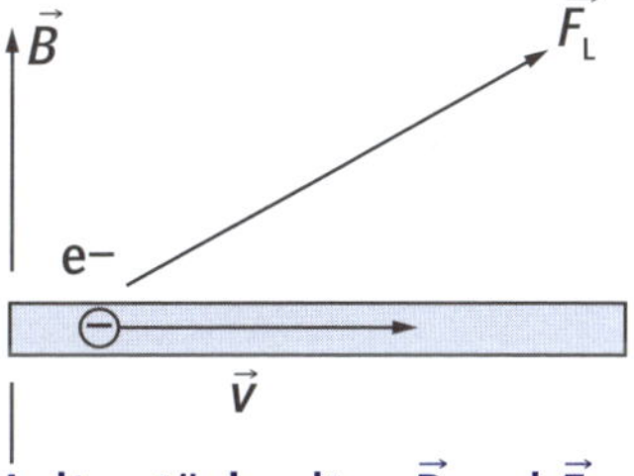

Leiterstück mit e, $\vec{B}$ und $\vec{F}$

Fliegt das geladene Teilchen nicht senkrecht zu den Feldlinien des Magnetfeldes, so muss sein Geschwindigkeitsvektor in die zwei Komponenten $v_\perp$ und $v_\parallel$ zerlegt werden. Nur der senkrechte Anteil $v_\perp$ geht dann in $F_{Lorentz}$ ein, der parallele Anteil bleibt unverändert.

BEISPIEL 1 ▪ Ein Elektron tritt mit 7,0 % der Lichtgeschwindigkeit in ein homogenes Magnetfeld der Flussdichte 30 mT ein. Die Feldlinien des Magnetfelds und die Flugrichtung des Elektrons schließen einen 30°-Winkel ein. Man bestimme die Lorentz-Kraft auf das Elektron.

Der senkrechte Anteil $v_\perp$ des Geschwindigkeitsvektors beträgt hier:

$$v_\perp = v \cdot \cos 60° = 0{,}070 \cdot 3{,}0 \cdot 10^8\,\text{m/s} \cdot 0{,}5 = 1{,}05 \cdot 10^7\,\text{m/s}$$

Ebenso könnte man natürlich mit $v_\perp = v \cdot \sin 30° = v \cdot 0{,}50$ rechnen.

$$F_L = e \cdot v_\perp \cdot B = 1{,}6 \cdot 10^{-19}\,\text{C} \cdot 1{,}05 \cdot 10^7\,\text{m/s} \cdot 30 \cdot 10^{-3}\,\text{T} = 5{,}0 \cdot 10^{-14}\,\text{N}$$

Die Herleitungen zu den Formeln von Flussdichte und Lorentz-Kraft gelten prinzipiell auch in inhomogenen magnetischen Feldern am jeweiligen Messort. So stellt man beim Feld um einen stromdurchflossenen Leiter folgende Abhängigkeiten fest:

$B \sim I_{Leiter}$ (in konstantem Abstand r)

$B \sim \frac{1}{r}$ (bei konstantem Strom I_{Leiter})

$B \sim \frac{I_{Leiter}}{r} \Rightarrow B = k \cdot \frac{I_{Leiter}}{r}$

mit einer Konstanten k

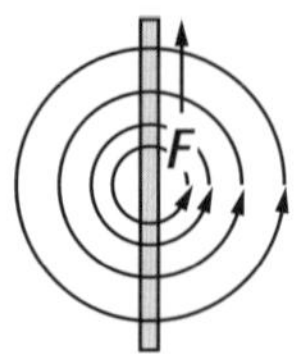

Laut **Definition der Stromstärke** gilt:

1 Ampere ist die Stärke eines Gleichstroms, der, durch zwei im Vakuum parallel im Abstand 1 m voneinander angeordnete, geradlinige, unendlich lange Leiter fließend, zwischen diesen Leitern je 1 m Leiterlänge die Kraft $2{,}0 \cdot 10^{-7}$ N hervorrufen würde.

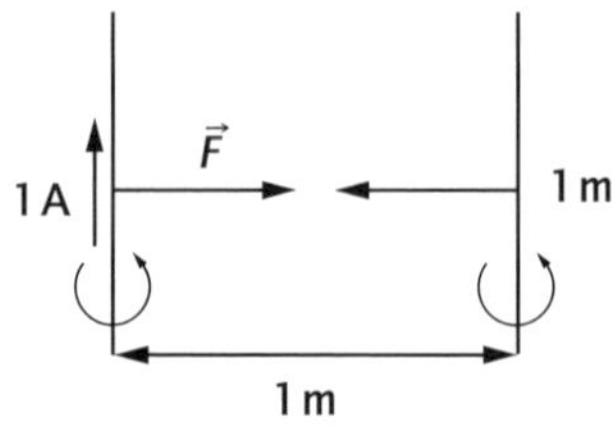

Zwei Leiter mit Feldlinien und Kraft

Betrachtet man nun diese beiden Leiter, so kann man einen als felderzeugenden Leiter (1) wählen.

Für diesen Leiter (1) gilt: $B_1 = k \cdot \frac{I_1}{r}$

Auf den anderen (2) wirkt die Lorentz-Kraft: $F_2 = B_1 \cdot I_2 \cdot s = \frac{k \cdot I_1}{r} \cdot I_2 \cdot s$

Nach der Ampere-Definition ist bei $I_1 = I_2 = 1\,\text{A}$ und $r = s = 1\,\text{m}$ die Kraft $F = 2{,}0 \cdot 10^{-7}\,\text{N}$, somit folgt:

$$2{,}0 \cdot 10^{-7}\,\text{N} = \frac{k \cdot 1\,\text{A}}{1\,\text{m}} \cdot 1\,\text{A} \cdot 1\,\text{m} \quad \text{also} \quad k = 2{,}0 \cdot 10^{-7}\,\text{N/A}^2 = 2{,}0 \cdot 10^{-7}\,\text{V} \cdot \text{s/(A} \cdot \text{m)}$$

MERKE ▪ Magnetfeld um einen Leiter

Es gilt für die Flussdichte des inhomogenen Feldes im Abstand r um einen stromdurchflossenen Leiter: $B = 2{,}0 \cdot 10^{-7}\,\text{V·s/(A·m)} \cdot \frac{I_{\text{Leiter}}}{r}$

Mithilfe der Rechte-Hand- und der Drei-Finger-Regel lässt sich auch die im Versuch beobachtete Anziehung der beiden Leiter bei gleich gerichtetem Stromfluss erklären: Für (1) gilt die Rechte-Hand-Regel, für (2) die Drei-Finger-Regel; somit wirkt in (2) die Kraft in Richtung auf (1) hin und umgekehrt. Man erhält eine anziehende Wirkung. Fließen die Ströme in den beiden Leitern in Gegenrichtung, so stoßen sie sich ab.

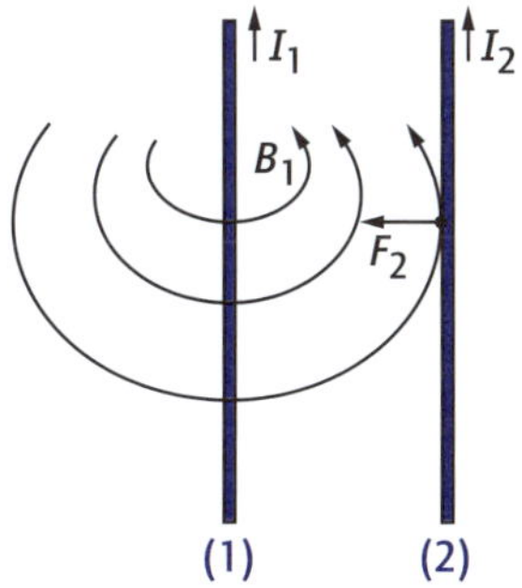

Der Hall-Effekt

Eine genauere Betrachtung der Lorentz-Kraft auf die bewegten Elektronen im Leiter liefert folgende Überlegung: Durchsetzt ein äußeres Magnetfeld der Flussdichte B den vom Strom I durchflossenen Leiter, so werden die Elektronen gemäß der Drei-Finger-Regel nach unten abgelenkt. Dadurch entsteht ein Ladungsunterschied zwischen der oberen und unteren Leiterseite, der die Ursache der sogenannten **Hall-Spannung** ist. Der Ladungsunterschied erzeugt damit ein elektrisches Feld, dessen elektrische Kraft im Gleichgewicht zur Lorentz-Kraft steht. Für ein Elektron gilt daher:

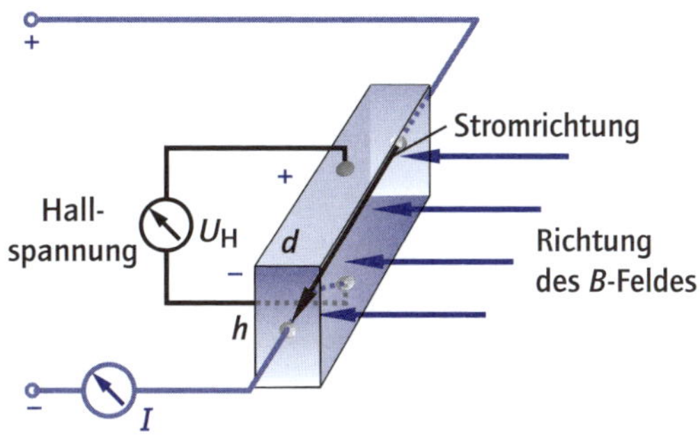

$$F_e = F_{\text{Lorentz}} \quad \Leftrightarrow \quad eE = evB \quad \Leftrightarrow \quad v = \frac{E}{B}$$

Diese **Geschwindigkeit v der Elektronen** im Leiter wird als **Driftgeschwindigkeit** bezeichnet und hier als konstant angenommen.

Für die elektrische Feldstärke der Querspannung U_{Hall} gilt daher:

$$E = \frac{U_{\text{Hall}}}{h} = B \cdot v \quad \Rightarrow \quad U_{\text{Hall}} = Bvh$$

Im Leiterstück der Länge s seien N frei bewegliche Elektronen, die sich mit der Driftgeschwindigkeit $v = \frac{s}{\Delta t}$ bewegen und damit die Ladung $\Delta Q = N \cdot e$ transportieren. Die Leiterstromstärke $I = \frac{\Delta Q}{\Delta t} = \frac{N \cdot e \cdot v}{s}$ ist somit proportional zur materialabhängigen (wegen N) Driftgeschwindigkeit v. Diese bewegt sich in der Größenordnung von mm/s in metallischen Leitern. Somit hängt U_{Hall} nur noch von der bekannten Baugröße h des Leiterplättchens ab und ist direkt proportional zu B. Dieses nutzt man bei dem Einsatz von Magnetfeldsonden, den sogenannten **Hall-Sonden**, aus. Die gemessene Hall-Spannung erlaubt direkt die Bestimmung der Flussdichte B.

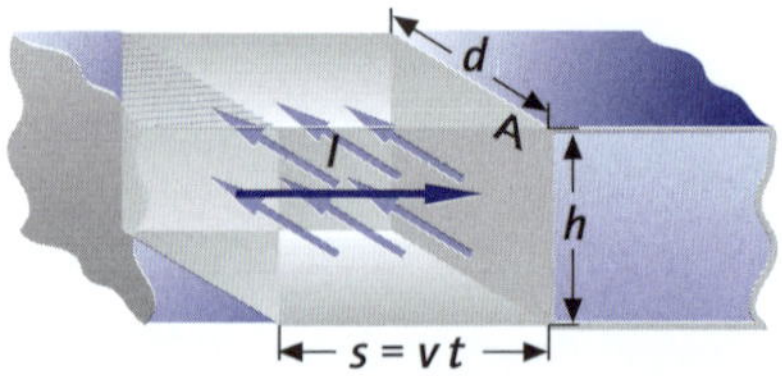

ZUR VERTIEFUNG

In Versuchen benötigt man z.B. bei einem Wolframleiter eine Stromstärke von über 20 A, um bei einer Flussdichte von 0,50 T eine Hall-Spannung von 20 µV zu erzielen. In der Praxis werden daher Hall-Sonden aus Halbleitermaterialien gebaut. In ihnen ist die sogenannte Elektronendichte $n = \frac{N}{V}$ an frei beweglichen Ladungsträgern wesentlich geringer als in Metallen. Wegen $I = \frac{N \cdot e \cdot v}{s}$ und $V = A \cdot s$ gilt:

$I = n \cdot e \cdot A \cdot v$ mit $A = d \cdot h$ Querschnittsfläche des Leiters.

$\Rightarrow v = \frac{I}{n \cdot e \cdot A}$ eingesetzt in $U_{Hall} = B \cdot v \cdot h \Rightarrow U_{Hall} = \frac{B \cdot I \cdot h}{n \cdot e \cdot A}$

$$\Rightarrow U_{Hall} = \frac{B \cdot I}{n \cdot e \cdot d} = \frac{1}{n \cdot e} \cdot \frac{B \cdot I}{d}$$

Eine kleine Elektronendichte im Halbleiter bewirkt also eine hohe HallSpannung bei moderaten Stromstärken im Halbleiter. Die material- und temperaturabhängige Konstante $\frac{1}{ne}$ bezeichnet man als Hall-Konstante R_{Hall}. Sie kann auch durch die Elektronenbeweglichkeit u und den spezifischen Widerstand ϱ des Materials ausgedrückt werden:

$$R_{Hall} = u \cdot \varrho = \frac{1}{n \cdot e}$$

BEISPIEL 2 ▪ **Durch eine dünne Silberfolie der Dicke $d = 50\,\mu m$ wird ein Strom der Stärke 22 A geleitet. Bei einer Flussdichte des dazu senkrechten Magnetfeldes $B = 0{,}60\,T$ misst man eine Hallspannung von 23 µV. Man vergleiche die damit berechnete Elektronenanzahl N mit der Anzahl der Silberatome in 1 mol nach Avogadro.**

Daten von Silber: $\varrho_{Silber} = 1{,}6 \cdot 10^{-8}\,\Omega \cdot m$, $V_{mol} = 10{,}3\,cm^3/mol$

$$N = \frac{I \cdot B \cdot V_{mol}}{U_{Hall} \cdot d \cdot e} = \frac{22\,A \cdot 0{,}60\,T \cdot 10{,}3 \cdot 10^{-6}\,m^3}{23 \cdot 10^{-6}\,V \cdot 50 \cdot 10^{-6}\,m \cdot 1{,}6 \cdot 10^{-19}\,C \cdot mol} = 7{,}4 \cdot 10^{23}\,1/mol$$

(Die Einheiten lösen sich in Wohlgefallen auf!)

Nach Avogadro gilt: $N_A = 6{,}02 \cdot 10^{23}\ 1/\text{mol}$

Somit ergibt sich, dass die Anzahl der freien Ladungsträger höher als die Anzahl der Silberatome ist, manche Atome geben daher mehr als ein Elektron zur Stromleitung frei.

6.2 Homogenes Spulenfeld

Im Inneren einer lang gestreckten Spule (Länge groß gegenüber Durchmesser) liegt ein nahezu homogenes Magnetfeld vor. Im Versuch ermittelt man mit einer Hall-Sonde die Flussdichte B in Abhängigkeit von den Spulenabmessungen (Querschnitt A, Länge ℓ und Windungszahl n) und dem Spulenstrom (die anderen Größen bleiben dabei jeweils konstant, B ist unabhängig von A):

$$\left.\begin{array}{l} B \sim I_{\text{Spule}} \\ B \sim n \\ B \sim \frac{1}{\ell} \end{array}\right\} \Rightarrow B \sim \frac{n \cdot I_{\text{Spule}}}{\ell}$$

Durch Einsetzen der Werte aus den Versuchen kann die Proportionalitätskonstante, hier die **magnetische Feldkonstante** μ_0, ermittelt werden:

$$\boldsymbol{\mu_0 = 1{,}26 \cdot 10^{-6}\ \text{V}\cdot\text{s}/(\text{A}\cdot\text{m}) = 4\pi \cdot 10^{-7}\ \text{V}\cdot\text{s}/(\text{A}\cdot\text{m})}$$

Damit folgt:

MERKE ▪ Flussdichte im Inneren einer lang gestreckten Spule

$$B = \frac{\mu_0 \cdot n \cdot I}{\ell}$$

BEISPIEL 3 ▪ Welche Stromstärke kompensiert in einer 50 cm lange Spule mit 120 Windungen die Horizontalkomponente des Erdmagnetfeldes von 20 µT?

$$I = \frac{B \cdot \ell}{\mu_0 \cdot n} = \frac{20 \cdot 10^{-6}\,\text{T} \cdot 0{,}50\,\text{m}}{1{,}26 \cdot 10^{-6}\,\text{V}\cdot\text{s}/(\text{A}\cdot\text{m}) \cdot 120} = 66\,\text{mA}$$

In der Praxis verstärkt man die Wirkung einer (luftgefüllten) Spule durch Einschieben eines Eisenkerns (oder anderen magnetisierbaren Materials). Das Verhältnis der Flussdichte der materiegefüllten Spule zu der der (luftgefüllten*) Spule nennt man Permeabilitätszahl μ_{rel}.

$$\mu_{\text{rel}} = \frac{B_{\text{Materie}}}{B_0} \quad \text{(benennungslos)}$$

(*theoretisch: Flussdichte im Vakuum; sie stimmt mit der in Luft ungefähr überein.)

ZUR VERTIEFUNG

Ursache des Magnetismus sind der von den um den Atomkern „kreisenden" Elektronen gebildete Kreisstrom und die Eigenrotation der Elektronen (Spin) selbst. Zusammen bildet dies das magnetische Moment des Atoms. Bei den meisten Stoffen heben sich die magnetischen Momente im Mittel gegenseitig völlig (Diamagnetismus) oder größtenteils (Paramagnetismus) auf. Selbst in starken Magnetfeldern bleibt hier $\mu \approx 1$.

Bei der Stoffgruppe Eisen, Nickel, Cobalt und deren Verbindungen (Ferromagnetismus) kommt es auch ohne äußere Magnetisierung zu Bereichen einheitlicher magnetischer Momente in Größenordnung von µm (10^{-6} m). Diese Weiss'sche Bezirke genannten Gebiete sind in ihrer Orientierung statistisch verteilt und der Stoff damit unmagnetisch.

Unter dem Einfluss eines äußeren Magnetfeldes jedoch richten sich die Orientierungen dieser Bezirke in Feldrichtung aus, diese Orientierung bleibt auch nach Abschalten des Feldes erhalten und der Stoff wird damit selbst zum Magneten. Oberhalb der Curie-Temperatur (bei Eisen 769 °C) sind die Elementarmagnete wieder statistisch ungeordnet und das Material verliert seine Magnetisierung.

Wird nun ein Ferromagnetikum neu magnetisiert, so wächst anfangs die magnetische Flussdichte B_m im Material mit der Stärke des äußeren Magnetfeldes B_0, bis alle Elementarmagnete ausgerichtet sind (Sättigung). Wenn B_0 wieder auf null zurückgeht, bleibt die Magnetisierung teilweise erhalten (Remanenz).
Stellt man den Verlauf von B_m zu B_0 bis zur vollständigen Ummagnetisierung grafisch dar, erhält man die Hysteresis-Kurve (rechts).

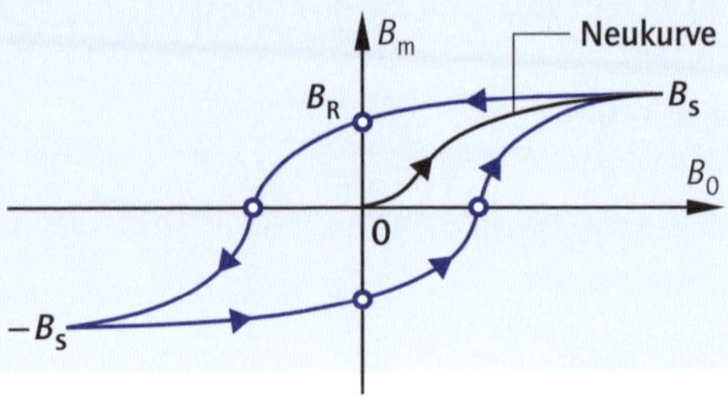

6.3 Bewegung geladener Teilchen im magnetischen Feld

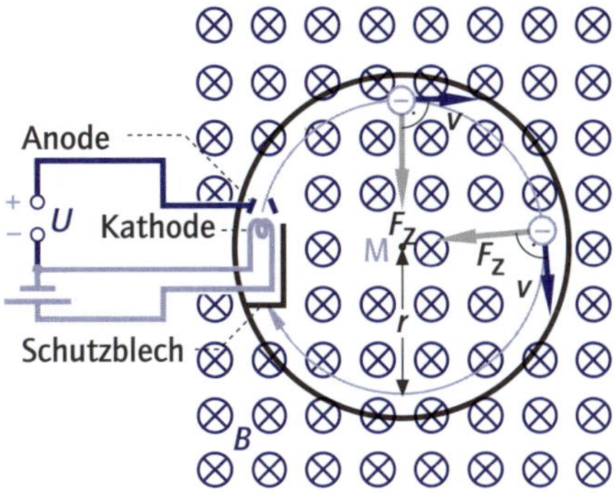

Elektronen werden in einem Längsfeld beschleunigt und treten dann in ein homogenes Magnetfeld ein, dessen Feldlinien senkrecht zur Flugrichtung der Elektronen verlaufen. In jedem Bahnpunkt wirkt die Lorentz-Kraft wiederum senkrecht zu Flug- und Feldrichtung (Drei-Finger-Regel). Daher werden die Elektronen zwar ständig aus ihrer Flugrichtung abgelenkt, ihre Geschwindigkeit bleibt aber konstant, somit auch wegen $F_{Lorentz} = e \cdot v \cdot B$ die ablenkende Kraft.

Es entsteht daher bei genügend großer Ausdehnung des Magnetfeldes eine Kreisbahn mit konstantem Radius r, für die gilt:

$$F_{Zentripetal} = F_{Lorentz} \Leftrightarrow \frac{m_e v^2}{r} = evB \Leftrightarrow r = \frac{m_e v}{Be} = \frac{v}{B \cdot \frac{e}{m_e}}$$

Nach der Beschleunigung im elektrischen Längsfeld der Spannung U gilt für die Geschwindigkeit v der Elektronen:

$$v = \sqrt{\frac{2 \cdot e}{m_e} \cdot U} \Rightarrow r = \frac{\sqrt{\frac{2 \cdot e}{m_e} \cdot U}}{\mathrm{B} \cdot \frac{e}{m_e}} = \frac{\sqrt{\frac{2U}{e/m_e}}}{B}$$

Durch Messung von Flussdichte B, Kreisbahnradius r und Beschleunigungsspannung U kann man daher mithilfe der aus dem Millikan-Versuch bekannten Elementarladung die Elektronenmasse m_e berechnen.

$$\frac{e}{m_e} = \frac{2 \cdot U}{B^2 \cdot r^2} = 1{,}76 \cdot 10^{11}\,\mathrm{C/kg} \Rightarrow \boldsymbol{m_e = 9{,}11 \cdot 10^{-31}\,\mathrm{kg}}$$

BEISPIEL 4 ▪ **Welche Beschleunigungsspannung ist nötig, um Elektronen in einem homogenen Magnetfeld der Flussdichte 1,4 mT auf eine Kreisbahn mit 8,0 cm Durchmesser zu zwingen?**
Welche kinetische Energie haben die Elektronen, wie schnell sind sie dabei und wie lange dauert ein Umlauf?

$$U = \frac{1}{2} \cdot B^2 \cdot r^2 \cdot \frac{e}{m_e} = \frac{1}{2}(1{,}4 \cdot 10^{-3}\,\mathrm{T})^2 \cdot (0{,}040\,\mathrm{m})^2 \cdot 1{,}76 \cdot 10^{11}\,\mathrm{C/kg}$$
$$= 276\,\mathrm{V} = 0{,}28\,\mathrm{kV}$$

Damit haben die Elektronen im elektrischen Längsfeld die Energie $W_{el} = 0{,}28\,\mathrm{keV}$ erhalten, was auch ihre kinetische Energie darstellt.

Aus $\frac{m_e \cdot v^2}{r} = e \cdot v \cdot B$ folgt

$$v = \frac{e}{m_e} \cdot B \cdot r = 1{,}76 \cdot 10^{11}\,\mathrm{C/kg} \cdot 1{,}4 \cdot 10^{-3}\,\mathrm{T} \cdot 0{,}040\,\mathrm{m} = 9{,}9 \cdot 10^6\,\mathrm{m/s}$$

$\Rightarrow$ $v = 3{,}3\,\%$ der Lichtgeschwindigkeit

Man könnte nun wieder E_{kin} berechnen:

$$E_{kin} = \frac{1}{2} m_e \cdot v^2 = \frac{1}{2} \cdot 9{,}1 \cdot 10^{-31}\,\mathrm{kg} \cdot (9{,}9 \cdot 10^6\,\mathrm{m/s})^2 = 4{,}5 \cdot 10^{-17}\,\mathrm{J}$$

$\Rightarrow$ (Umrechnung in keV) $E_{kin} = 0{,}28\,\mathrm{keV}$

Für einen Umlauf gilt: $\Delta s = 2 \cdot \pi \cdot r$, $\Delta t = T$ und damit $v = \frac{\Delta s}{\Delta t} = \frac{2 \cdot \pi \cdot r}{T}$

$$\Rightarrow \quad T = \frac{2 \cdot \pi \cdot r}{v} = \frac{2 \cdot \pi \cdot r}{\frac{e}{m_e} \cdot B \cdot r} = \frac{2 \cdot \pi}{\frac{e}{m_e} \cdot B} = 2{,}5 \cdot 10^{-8}\,\mathrm{s} = 25\,\mathrm{ns}$$

Die Umlaufdauer *T* der Elektronen ist somit unabhängig vom Radius ihrer Kreisbahn!

Wird der Elektronenstrahl schräg zu den Feldlinien des Magnetfeldes eingeschossen, so muss sein Geschwindigkeitsvektor wie im Beispiel in $v_\perp$ und $v_\parallel$ zerlegt werden. Dabei gilt:

$$v_\perp = v \cdot \cos\varphi \quad \text{und} \quad v_\parallel = v \cdot \sin\varphi$$

Für den senkrechten Anteil $v_\perp$ greift wieder die Lorentz-Kraft an und es entsteht die bekannte Kreisbahn mit $r = \frac{v_\perp}{\frac{e}{m_e} \cdot B}$, der parallele Anteil $v_\parallel$ bewegt das Elektron unbeeinflusst geradlinig weiter. In der Überlagerung der beiden Bewegungen entsteht somit eine **Schraubenlinie**.

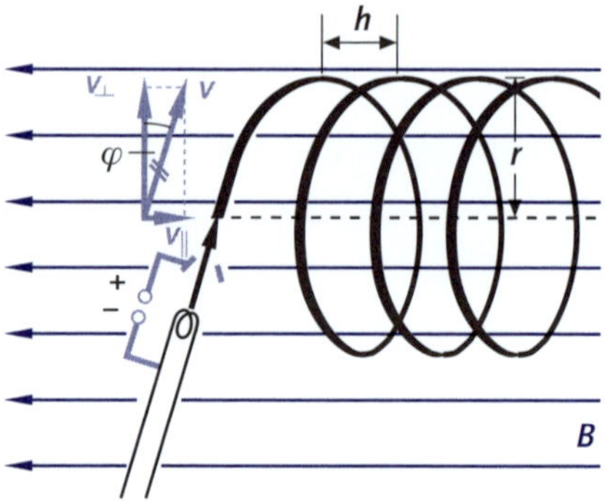

Während eines Umlaufs in der Zeit T bringt $v_\parallel$ den Elektronenstrahl um die Ganghöhe h weiter, also:

$$h = v_\parallel \cdot T = \frac{v_\parallel \cdot 2\pi}{\frac{e}{m_e} \cdot B}$$

In der Praxis kann man zur Erzeugung des homogenen Magnetfeldes ein **Helmholtz-Spulenpaar** verwenden. Es besteht aus zwei Luftspulen, bei denen der **Windungsradius gleich dem Abstand der Spulen** ist.

Für diese Anordnung gilt im Zwischenraum:

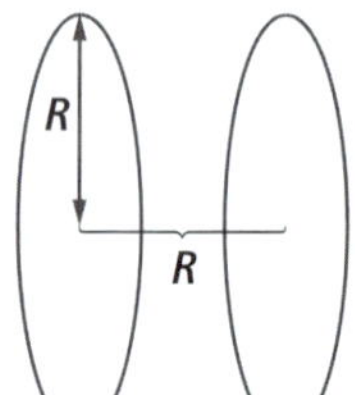

$$B = \frac{4}{5} \cdot \sqrt{\frac{4}{5}}\, \mu_0 \cdot n \cdot \frac{I}{R}$$

mit n: **Windungszahl auf jeder der beiden Spulen** und I: **Stromstärke in den Spulen.** Damit ist die Flussdichte $B \sim I$ und kann einfach aus den Messgrößen bestimmt und mit der Hallsonde überprüft werden.

6.4 Anwendungen in elektrischen und magnetischen Feldern

Der Elektromotor

Stellvertretend für die Spulen eines Elektromotors betrachtet man eine einzelne stromdurchflossene Leiterschleife der Länge ℓ, auf die im Magnetfeld die Lorentz-Kraft wirkt.

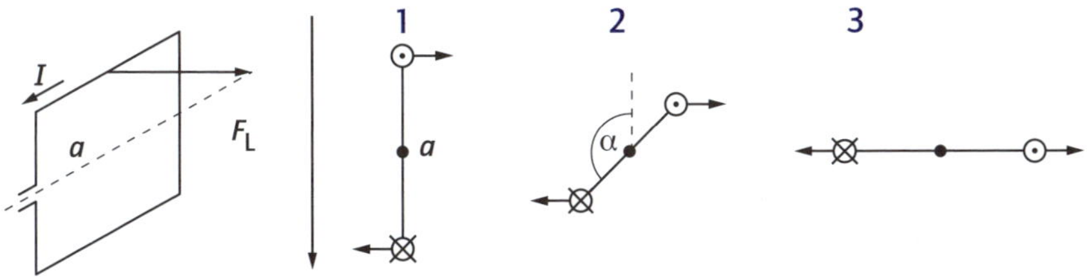

In **Stellung 1** stehen die Feldlinien und die Stromrichtung senkrecht zueinander, daher ist F_L maximal und bewirkt ein **Drehmoment M_1** um die Achse a:

$M_1 = F_L \cdot r = I \cdot B \cdot \ell \cdot r.$

Dieses Drehmoment wirkt ebenso auf das untere Leiterstück

$\Rightarrow \quad M_{ges} = 2 \cdot I \cdot B \cdot \ell \cdot r$

In **Stellung 2** ist der Hebelarm nur noch $r \cdot \cos\alpha$ lang, somit ist

$M_2 = F_L \cdot r \cdot \cos\alpha = I \cdot B \cdot \ell \cdot r \cdot \cos\alpha \Rightarrow M_{ges} = 2 \cdot I \cdot B \cdot \ell \cdot r \cdot \cos\alpha$

In **Stellung 3** schließlich hat der Hebelarm die Länge null, die Lorentz-Kräfte im linken und rechten Leiterstück heben sich auf. Bei weiterer Drehung wirkt das Drehmoment sogar in Gegenrichtung. Der Motor käme also nach einer Vierteldrehung zum Stillstand. Man legt daher Elektromotoren mit mehreren Spulenpaaren und einem Polwender aus. Dieser unterbricht in Stellung 3 den Stromfluss durch die Schleife und polt beim Weiterdrehen um. Somit werden die Wicklungen der oberen Hälfte immer so vom Strom durchflossen, dass die Lorentz-Kraft und das daraus resultierende Drehmoment den Motor in eine andauernde Drehung versetzt.

Massenspektroskopie

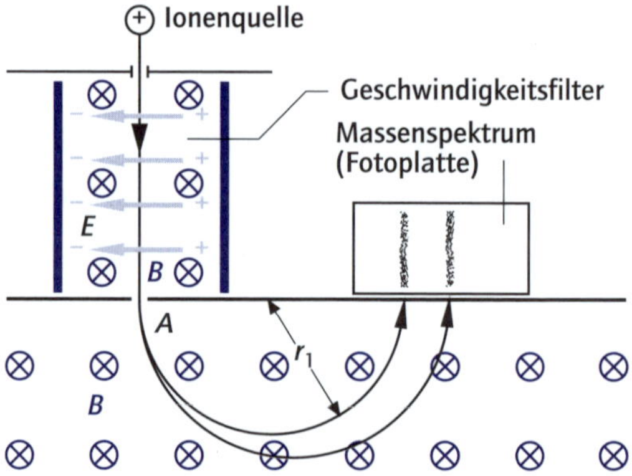

Mit zu den wichtigsten Nachweis- und Untersuchungsgeräten der Teilchenphysik gehören die Massenspektrographen. Ihr Grundprinzip ist immer die Aufspaltung eines Teilchenstrahls nach Ladung und Masse der Teilchen durch den Einsatz von elektrischen und magnetischen Feldern. Einer der ersten wurde ab 1915 von F. W. Aston, Bainbridge, Thomson u.a. entwickelt: Ein Ionenstrahl wird durch Blenden fokussiert und tritt in das elektrische Querfeld eines Plattenkondensators ein. Diesem Querfeld wird ein magnetisches Feld so überlagert, dass die entstehende elektrische und die Lorentz-Kraft gegengerichtet sind. Da der Ionenstrahl in der Regel Teilchen unterschiedlicher Geschwindigkeit enthält, gilt nur für die unabgelenkten Ionen:

$$F_{el} = F_L \quad \Rightarrow \quad QE = QvB \quad \Rightarrow \quad v = \frac{E}{B} = \frac{U}{d \cdot B}$$

Durch Variieren der Spannung U am Kondensator kann so ein Strahl von Ionen einheitlicher Geschwindigkeit ausgefiltert werden, der die Blenden hinter dem Kondensator passieren kann. Diese Anordnung wird auch als **Wien'sches Geschwindigkeitsfilter** bezeichnet. Nach dem Blendensatz treten die Ionen mit jetzt einheitlicher Geschwindigkeit in ein homogenes Magnetfeld ein. Dort werden sie auf eine Halbkreisbahn gezwungen und treffen anschließend auf eine Registriereinrichtung, z. B. eine Fotoplatte:

$$F_Z = F_L \quad \Leftrightarrow \quad \frac{m \cdot v^2}{r} = QvB \quad \Leftrightarrow \quad \mathbf{r} = \frac{mv}{QB} = \frac{mE}{QB^2}$$

Dies bedeutet, dass nur Teilchen mit gleicher spezifischer Ladung $\frac{Q}{m}$ am selben Punkt der Fotoplatte auftreffen.

ZUR VERTIEFUNG ▪ Thomson-Spektograph

Eine Verbesserung stellt die Weiterentwicklung von J. J. Thomson dar. Auch hier kommt wieder eine Kombination von elektrischer und magnetischer Ablenkung zur Anwendung: Allerdings werden jetzt die Feldrichtungen antiparallel eingestellt.

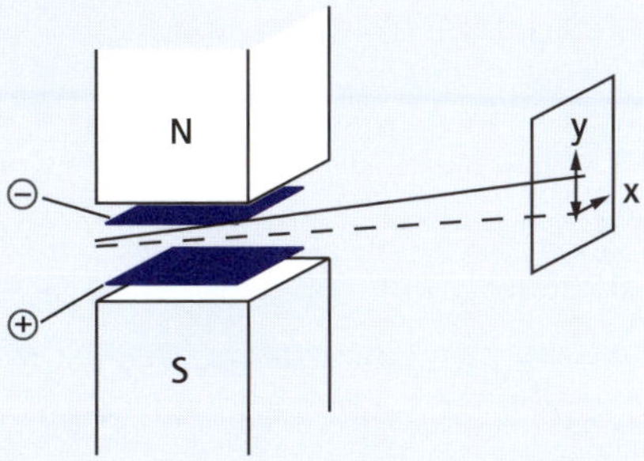

Durch das elektrische Feld werden positive Ionen auf eine Parabelbahn nach oben (y-Richtung) abgelenkt, gleichzeitig lenkt die Lorentz-Kraft die Teilchen auf einen Kreisbahnausschnitt nach hinten (x-Richtung). Nach Verlassen der Anordnung fliegen die Ionen auf geradliniger Bahn zu einer Fotoplatte.

Im ursprünglichen Strahl können Teilchen unterschiedlicher Geschwindigkeit v_0, Ladung Q und Masse m vorliegen. Sie erfahren eine y-Ablenkung im E-Feld: $F = F_{el} \Leftrightarrow ma = EQ \Leftrightarrow a = \frac{Q}{m} \cdot E$
während sie den Kondensator in der Zeit $t = \frac{\ell}{v_0}$ durchqueren
$\Rightarrow y = \frac{1}{2} a t^2 = \frac{1}{2} \frac{Q}{m} \cdot E \cdot \frac{\ell^2}{v_0^2}$
Gleichzeitig unterliegen sie der Lorentz-Kraft für die x-Ablenkung im B-Feld: $F_Z = F_L \Leftrightarrow r = \frac{m v_0}{QB}$
Mithilfe geometrischer Überlegungen und nach Näherung gilt: $x = \frac{\ell^2}{2 \cdot r}$
Einsetzen von r ergibt: $x = \frac{\ell^2 QB}{2 m v_0}$, jetzt löst man nach v_0 auf, setzt in y ein und erhält: $y = \frac{2 \cdot E}{\frac{Q}{m} \cdot \ell^2 B^2} \cdot x^2 \sim x^2$

Das bedeutet, dass die Auftreffpunkte von Teilchen mit gleichem $\frac{Q}{m}$ auf einem Parabelstück liegen, dabei treffen die schnelleren Teilchen näher am gedachten Ursprung des Systems auf $\left(x \text{ und } y \sim \frac{1}{v} \text{ bzw. } \frac{1}{v^2}\right)$. Teilchen mit verschiedener spezifischer Ladung liegen auch auf verschiedenen Parabelästen.

Der Linearbeschleuniger

Geladene Teilchen, meist positive Ionen, werden im elektrischen Längsfeld beschleunigt (vergleiche Seite 89). In einem **Van-de-Graaff-Generator** läuft ein Endlosband aus Isoliermaterial, auf das die benötigte Ladungsart aufgebracht, von diesem in das Innere einer Hohlkugel transportiert und dort vom Band abgestreift wird, wodurch sich die Hohlkugel elektrisch auflädt. Diese wird mit der Hochspannungselektrode des Linearbeschleunigers verbunden. Ab 10 MV Beschleunigungsspannung treten jedoch Isolationsprobleme auf. Eine Leistungserhöhung gelingt im **Tandem-Beschleuniger**, wo die beschleunigten Ionen nach Umladung durch Stöße in einem Gas Elektronen verlieren und damit die Beschleunigungsspannung erneut durchlaufen können.

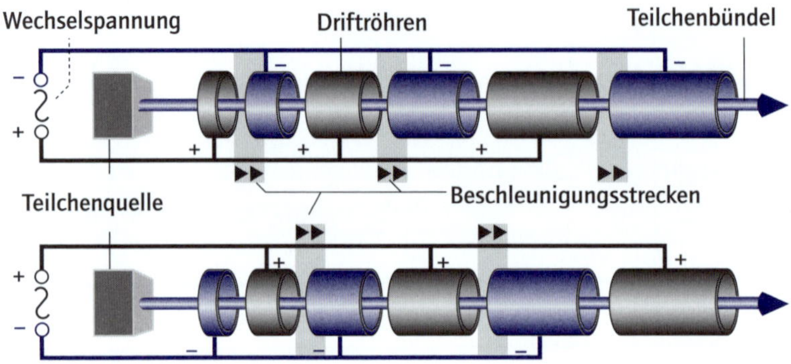

Für höhere Teilchenenergien im relativistischen Bereich werden mehrere Beschleunigungsstrecken hintereinander durchlaufen. An einer Reihe von Driftröhren, die durch schmale Spalte voneinander getrennt sind, liegt eine hochfrequente Wechselspannung an. Während die Teilchen in einer der Röhren fliegen, wird das elektrische Feld umgepolt, beim Passieren der Spalte werden sie beschleunigt, sodass die Rohrlängen auf die Teilchengeschwindigkeiten abgestimmt werden müssen. Da diese für hohe Geschwindigkeiten sehr lang würden, geht man zu Ringbeschleunigern über.

Der Ringbeschleuniger

Nachdem Teilchen mit Linearbeschleunigern bereits auf hohe Geschwindigkeiten gebracht wurden, werden sie paketweise in einen Ringbeschleuniger eingebracht. Dort werden starke Magnete nur noch zur Fokussierung und zur Bahnkrümmung verwendet. Die Teilchen laufen dabei mit nahezu Lichtgeschwindigkeit auf einer Bahn mit bis zu mehreren Kilometern großem Radius. Der Vorteil jedoch ist, dass das Magnetfeld nur noch am Ort des Teilchenstrahls aufgebaut und nicht mehr die gesamte Anlage durchsetzen muss.

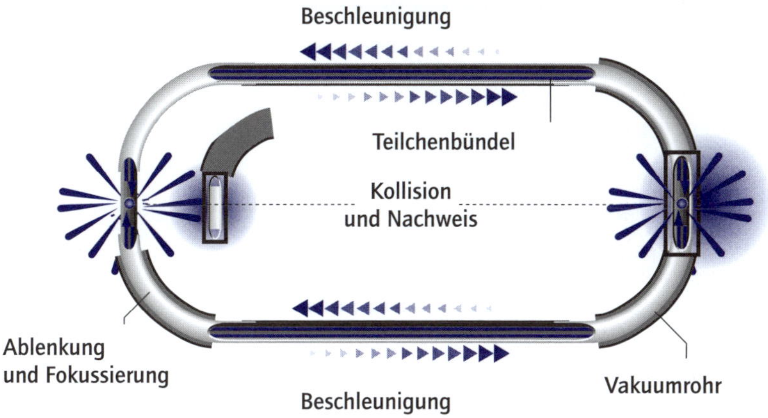

Das Mikrotron

Speziell für Elektronen findet auch das Mikrotron Anwendung. In ihm werden bei konstantem magnetischem Führungsfeld B Elektronen durch eine hochfrequente Wechselspannung U immer an derselben Stelle beschleunigt. Ein Auslenkkondensator A führt die Elektronen anschließend wieder nach außen. Die kinetische Anfangsenergie der Elektronen beim ersten Eintritt in den Beschleunigungsspalt S ist vernachlässigbar. Durch die hochfrequente Beschleunigungsspannung wird den Elektronen bei jedem Durchgang der gleiche Energiebetrag zugeführt, ihre Geschwindigkeit erhöht sich und ihr Bahnradius wird größer. Mit gewöhnlichen Mikrotrons ist die Endenergie der Elektronen auf maximal 25 MeV begrenzt, da wegen des relativ schwachen Magnetfeldes der Bahndurchmesser a rasch auf sehr große Werte ansteigt. Da die Größe der Magnete bautechnisch begrenzt ist, werden für moderne Teilchenbeschleuniger entweder Linearbeschleuniger oder Ringbeschleuniger verwendet.

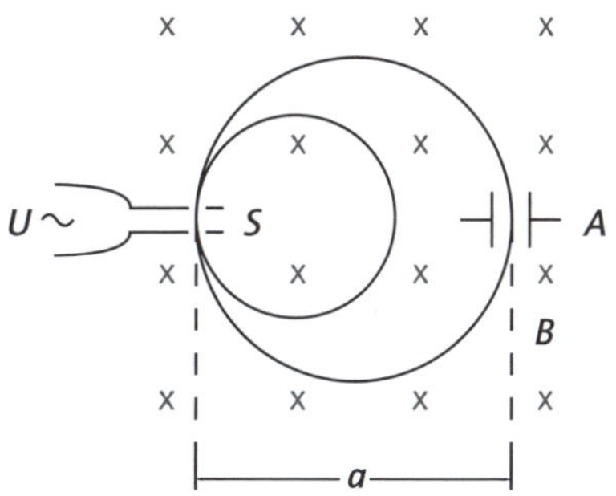

Das Zyklotron

Die klassische Bauweise eines Teilchenbeschleunigers ist das erstmals 1930 in Harvard, USA, gebaute Zyklotron. Es besteht aus zwei halbkreis-(D-)förmigen Dosen aus nichtmagnetisierbarem Metall als Elektroden, in deren spaltförmigen Zwischenraum Elektronen oder Ionen beschleunigt werden. Elektronen werden in der Regel aus einer Glühkathode freigesetzt, Ionen aus Ionenquellen, z.B. mit Gasentladungen im Plasma. Die gesamte evakuierte Anordnung ist senkrecht zur Bahnebene der Teilchen von einem Magnetfeld durchsetzt, was aufgrund der Lorentz-Kraft zu einer Halbkreisbahn führt. Das elektrische Feld beschleunigt die Teilchen im Zwischenraum, innerhalb der Dosen erfolgt keine Geschwindigkeitserhöhung. Nach Durchlaufen der Halbkreisbahn treffen die Teilchen wieder am Spalt ein, die Polung der Beschleunigungsspannung hat nun gewechselt, sodass die Teilchen erneut beschleunigt werden.
Wie schon in Beispiel 4 gezeigt ist die Umlaufdauer der Teilchen

$$T = \frac{2\pi}{\frac{e}{m} \cdot B}$$

unabhängig von ihrem Bahnradius und ihrer Geschwindigkeit, sodass die Teilchen im nichtrelativistischen Bereich immer zeitgleich am Spalt zur erneuten Beschleunigung eintreffen. Am Ende führt eine Ablenkelektrode die Teilchen nach außen. Elektronen können im Zyklotron auf Energien bis 2,5 keV, Protonen bis 20 MeV beschleunigt werden, darüber verlangsamen relativistische Effekte die Teilchen merklich, sodass sie außer Takt geraten und nicht mehr zur gleichen Zeit am Beschleunigungsspalt eintreffen. Durch laufende Anpas-

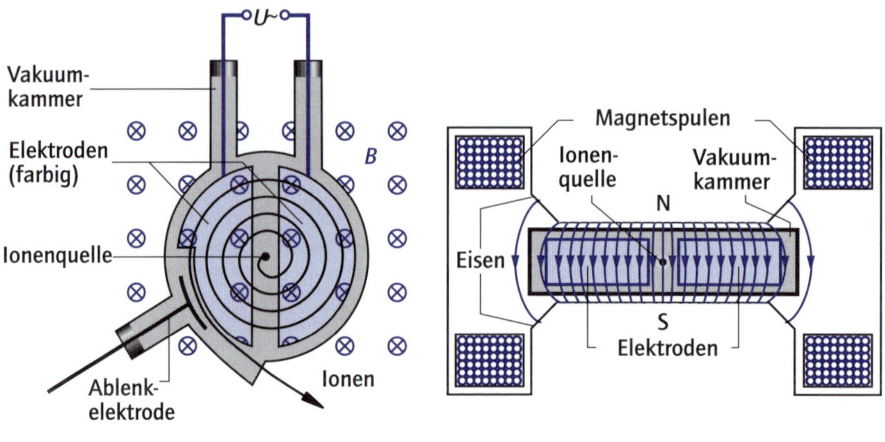

Zyklotron; links: schematischer Aufbau; rechts: von der Seite gesehen

sung des Magnetfeldes B synchron zur Teilchenenergie E kann dies im **Synchrotron** ausgeglichen werden. Man lässt hierbei den Radius r der Teilchenbahn konstant (→ Kapitel 9, Relativitätstheorie):

$$r = \frac{mv}{(QB)}$$

BEISPIEL 5 ▪ In einem klassischen Zyklotron sollen Protonen bei einer magnetischen Flussdichte $B = 0{,}40\,\mathrm{T}$ auf $\frac{1}{10}$ der Lichtgeschwindigkeit beschleunigt werden.
Wie groß müssen die Frequenz f_0 der beschleunigenden Wechselspannung und der Durchmesser d der Anordnung gewählt werden?

Mit $T = \frac{2\pi}{(e/m_p)\cdot B}$ und $f = \frac{1}{T}$ folgt: $f_0 = \frac{(e/m_p)\cdot B}{2\pi}$

$$f_0 = \frac{9{,}58\cdot 10^7\cdot \mathrm{C/kg}\cdot 0{,}40\,T}{2\pi} = 6{,}1\,\mathrm{MHz}$$

Der Radius der Außenbahn ergibt sich aus dem klassischen Ansatz:

$$F_Z = F_L \Rightarrow \frac{m_p\cdot v^2}{r} = e\cdot v\cdot B \Leftrightarrow r = \frac{m_p\cdot v}{e\cdot B} = \frac{v}{(e/m_p)\cdot B},\quad \text{also}$$

$$d = 2r = \frac{2\cdot 0{,}10\cdot 3{,}0\cdot 10^8\,\mathrm{m/s}}{9{,}58\cdot 107\,\mathrm{C/kg}\cdot 0{,}40\,\mathrm{T}} = 1{,}6\,\mathrm{m}$$

CHECKLISTE

6 Magnetisches Feld

- **Flussdichte B als Maß für die magnetische Feldstärke wird definiert als die Kraftwirkung auf einen stromdurchflossenen Leiter oder leiterunabhängig auf bewegte Ladungsträger.**
  $F = B\cdot I\cdot \ell = Q\cdot v\cdot B$ magnetische Kraft, auch Lorentzkraft genannt.
- **Bewegung geladener Teilchen im Magnetfeld**
  positive (negative) Ladung:
  v, B und F bilden ein Rechts-(Links-)system
  $F \perp v$ damit Kreisbahn, da F nur die Richtung, aber nicht den Betrag von v ändert.
  $F_{Zentr} = F_{magn} \Leftrightarrow \frac{mv^2}{r} = QvB \Leftrightarrow r = \frac{mv}{(QB)}$
- **Wien'sches Geschwindigkeitsfilter:**
  Elektrisches Feld $\perp$ Magnetischem Feld so, dass
  $F_{el} = F_{magn} \Leftrightarrow v = \frac{E}{B}$

7 Induktion

Beim Ein- oder Ausschalten des Stromes durch eine in einem Magnetfeld aufgehängte Leiterschaukel bewegt sich diese. Hier erfolgt eine Umwandlung von elektrischer Energie in mechanische Energie (und in Wärmeenergie). Nach dem Prinzip der Energieerhaltung muss dann auch beim händischen Bewegen der Schaukel im Feld ein Stromfluss registrierbar sein.

7.1 Das Induktionsgesetz

In Umkehrung des Leiterschaukel-Versuchs aus dem Kapitel 6 bewegt man nun eine Leiterschaukel senkrecht zu den Feldlinien eines Magnetfeldes B. Mithilfe eines Messverstärkers kann man an den Enden der Schaukel eine **Induktionsspannung** $\boldsymbol{U_{ind}}$ registrieren, deren Größe von B und von der Schnelligkeit der Bewegung abhängt. Die Polung von U_{ind} wechselt mit der Richtung der Bewegung relativ zur Magnetfeld-Orientierung. Dieser Vorgang kann wieder mit der Lorentz-Kraft auf die Ladungsträger im Leiter erklärt werden: Die Elektronen werden durch die Bewegung der Leiterschaukel mit der Geschwindigkeit v_S senkrecht zu B ausgelenkt. Dadurch erfahren sie eine Lorentz-Kraft F_L in Leiterrichtung, was zu Ladungstrennung und dem Aufbau einer Spannung an den Enden des Leiterstücks der Breite b führt.

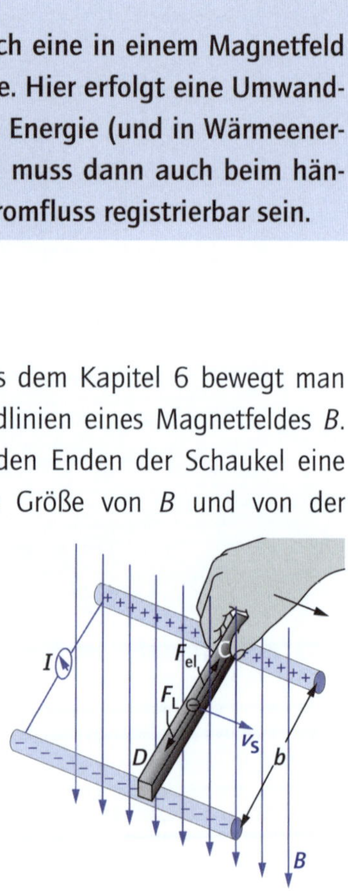

$$F_{elek} = F_L \Leftrightarrow e \cdot E_{ind} = e \cdot v \cdot B \Leftrightarrow \frac{U_{ind}}{b} = v \cdot B \Leftrightarrow \boldsymbol{U_{ind} = b \cdot v \cdot B}$$

Wird die Leiterschaukel parallel zu den Feldlinien bewegt, ist $F_L = 0$ und damit tritt auch keine induzierte Spannung auf.

Ersetzt man die Geschwindigkeit $v_S = \frac{\Delta s}{\Delta t}$ und das Produkt $b \cdot \Delta s = \Delta \boldsymbol{A_S}$ durch die bei der **Bewegung überstrichene, vom Feld durchsetzte Fläche**, so erhält man: $U_{ind} = b \cdot \frac{\Delta s}{\Delta t} \cdot B = \frac{\Delta A_S}{\Delta t} \cdot B$. In diesem Versuch bleibt B konstant.

Im ersten Versuch hat man die Flussänderung $\Delta \Phi = \Delta (B \cdot A)$ nur auf die Flächenänderung ΔA bezogen, während B konstant blieb. In einem zweiten Versuch setzt man nun eine kleine Induktionsspule (Fläche A_{ind}, Windungszahl n_{ind}) koaxial in eine felderzeugende Spule (n_{Feld}). Der Strom in dieser steigt dabei gleichmäßig in der Zeit Δt von null auf I_{Feld} an (Dreiecks-Generator). Damit wächst auch B_{Feld} gleichmäßig an. Man beobachtet, dass die jeweils konstante Induktionsspannung U_{ind} vom Quotienten $\frac{\Delta I_{Feld}}{\Delta t} \sim \frac{\Delta B_{Feld}}{\Delta t}$ abhängt. Da in jeder einzelnen der hintereinander geschalteten Leiterschleifen U_{ind} induziert wird, erhöht sich U_{ind} auf $n_{ind} \cdot U_{ind}$.

> **MERKE ▪ Die induzierte Spannung**
>
> $$U_{ind} = \frac{\Delta(A_S \cdot B)}{\Delta t}$$

Mit der **Definition des magnetischen Flusses**

$$\Phi = A \cdot B, \quad [\Phi] = 1\,\text{T} \cdot \text{m}^2 = 1\,\text{Wb (Weber)}$$

folgt: $U_{ind} = \frac{\Delta \Phi}{\Delta t}$ oder differenziell betrachtet: $U_{ind} = \dot{\Phi}$

$\dot{\Phi}$ beschreibt die zeitliche Änderung des magnetischen Flusses Φ. Die Einheitenkontrolle zeigt: $[\dot{\Phi}] = 1\,\text{T} \cdot \text{m}^2/\text{s} = 1\,\text{V} \cdot \text{s}/\text{m}^2 \cdot \text{m}^2/\text{s} = 1\,\text{V}$, damit wird auch die Bezeichnung **Flussdichte** für B verständlich.

BEISPIEL 1 ▪ Um obigen Versuch durchzuführen, setzt man beide Spulen (n_{ind} = 500) auf einen gemeinsamen Eisenkern (quadratischer Querschnitt mit 3,9 cm Kantenlänge), um das Magnetfeld zu verstärken. Folgende Messtabelle wurde dabei ermittelt:

n_{ind}	500	500	500	1000
Δt/s	5,69	4,65	9,53	9,50
ΔB/mT	260	350	280	275
U_i/mV	35	57	23	23
k/?	0,77	0,76	0,78	1,6

Der Mittelwert des Proportionalitätsfaktors k in der Beziehung $U_{ind} = k \cdot \frac{\Delta B}{\Delta t}$ ist experimentell für $n_{ind} = 500$: $7{,}7 \cdot 10^{-4}$, seine Einheit $[k] = 1\,\text{V} \cdot \text{s}/\text{T} = 1\,\text{m}^2$. Berücksichtigt man, dass $U_{ind} = n_{ind} \cdot U_{ind}$ ist, so kann der Faktor k als Produkt von $n_{ind} \cdot A_{ind}$ erkannt werden: $500 \cdot (3{,}9\,\text{cm})^2 = 0{,}76\,\text{m}^2$

$$\Rightarrow \; U_i = n_{ind} \cdot A_{ind} \cdot \frac{\Delta B}{\Delta t}$$

Wegen A_{ind} = const. wird daraus: $U_i = n_{ind} \cdot \frac{\Delta(A_{ind} \cdot B)}{\Delta t} = n_{ind} \cdot \frac{\Delta \Phi}{\Delta t}$

oder differenziell betrachtet: $U_i = n_{ind} \cdot \dot{\Phi}$

7.2 Lenz'sche Regel

Um die Polung der induzierten Spannung festzustellen, betrachtet man folgenden Versuch: Über den Eisenkern einer Feldspule hängt man einen Aluminiumring, beim Einschalten des Spulenstromes wird der Ring kurzzeitig abgestoßen, beim Ausschalten angezogen. Aufgrund der Stromrichtung in der Feldspule liegt außen am vorderen Ende der Spule ein Nordpol, aus der Abstoßung folgert man für die der Spule zugewandten Seite ebenfalls einen Nordpol am Ring. Im Ring muss daher der Strom in Gegenrichtung zum Feldspulenstrom fließen.

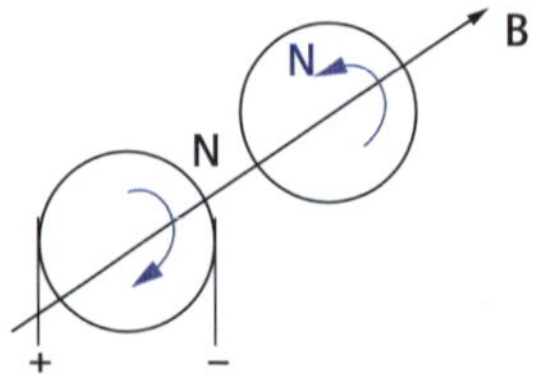

Beim Einschalten des Feldspulenstromes baut sich das Magnetfeld der Spule auf, die Flussänderung ist positiv, $\Delta B > 0 \Rightarrow \Delta\Phi > 0$. U_{ind} ist aber gegengerichtet, dies drückt man über das Vorzeichen aus: $U_{ind} = -\dot{\Phi}$

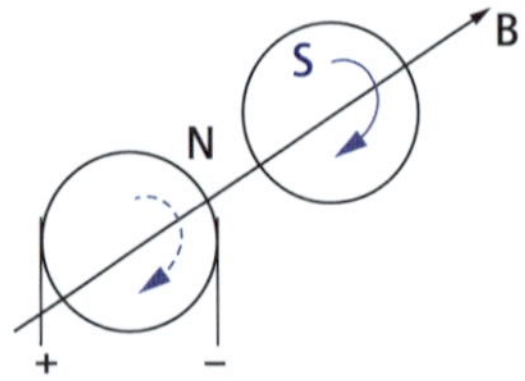

Die Richtigkeit dieser Überlegung lässt sich beim Ausschalten überprüfen: Das Magnetfeld der Feldspule baut sich ab, damit ist jetzt die Flussänderung negativ, $\Delta B < 0 \Rightarrow \Delta\Phi < 0$. U_{ind} ist wegen $-\dot{\Phi}$ wieder positiv, auf der Spulenseite entsteht am Ring ein Südpol, der zusammen mit dem Nordpol der Spule die Anziehung bewirkt. Dieser Sachverhalt wird in der Lenz'schen Regel ausgedrückt:

> **MERKE ▪ Lenz'sche Regel**
> **Die Induktionsspannung ist so gepolt, dass sie ihrer Ursache entgegenwirkt.**

Das Induktionsgesetz wird daher noch erweitert um die

Vorzeichenregel nach Lenz: $U_{ind} = -\boldsymbol{\Delta\Phi}$

Gut beobachtbar ist dies auch bei einem Pendel aus nichtmagnetisierbarem leitendem Material (Aluminium, Kupfer, ...), das durch das Feld zwischen den Polen eines starken Elektromagneten schwingt. Beim Einschalten des Spulenstromes wird das Pendel deutlich gebremst, in ihm werden kreisförmige Wirbelströme induziert, deren Magnetfelder die Schwingung bremsen.

Die Erzeugung einer sinusförmigen Wechselspannung lässt sich gut mit der magnetischen Flussänderung beschreiben. In einer Anordnung wie beim Elektromotor (homogenes Magnetfeld, rotierende Leiterschleife) wird durch Drehen der Leiterschleife eine Flussänderung hervorgerufen.
Die Größe des von den Feldlinien durchsetzten Flächenstücks hängt vom Drehwinkel ab:

$A = A_0 \cdot \cos \alpha$,

dieser wiederum von der Rotationsgeschwindigkeit:

$\alpha = \omega \cdot t$ (ω Winkelgeschwindigkeit der Rotation)

$\Rightarrow \; = B \cdot A_0 \cdot \cos \omega t \Rightarrow \dot{\Phi} = -B \cdot A_0 \cdot \omega \cdot \sin \omega t$ (nachdifferenzieren!)

Somit gilt:

$\boldsymbol{U_{ind} = -\dot{\Phi} = B \cdot A_0 \cdot \omega \cdot \sin \omega t}$

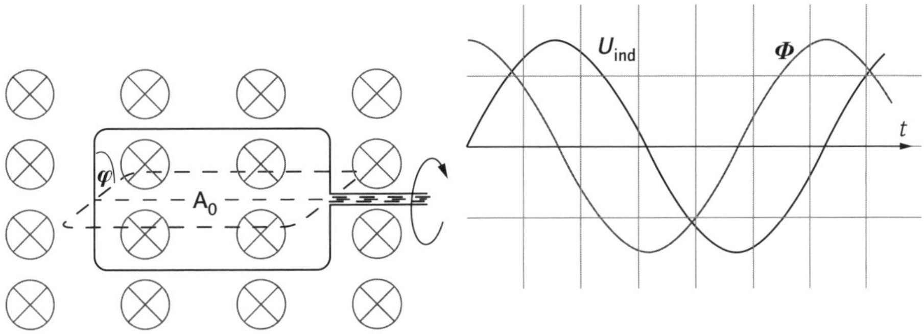

BEISPIEL 2 ▪ Eine quadratische Leiterschleife (Länge $b = 40\,\text{cm}$, Widerstand $R = 2{,}0\,\Omega$) wird mit der konstanten Geschwindigkeit $v = 20\,\text{cm/s}$ durch ein Magnetfeld (Flussdichte $B = 100\,\text{mT}$) gezogen.

a) Man stelle nach Berechnung geeigneter Werte den zeitlichen Verlauf von Φ und des Induktionsstromes I_{ind} dar.

Man unterscheidet drei Phasen der Bewegung:

- Einfahrt in das Feld: $\Phi_{max} = B \cdot A = 0{,}10\,\text{T} \cdot (0{,}40\,\text{m})^2 = 0{,}016\,\text{V} \cdot \text{s}$
  $\Rightarrow U_{ind} = -b \cdot v \cdot B = -0{,}40\,\text{m} \cdot 0{,}20\text{-m/s} \cdot 0{,}10\,\text{T} = -0{,}0080\,\text{V}$
  $\Rightarrow I_{ind} = \frac{-U_{ind}}{R} = \frac{-0{,}0080\,\text{V}}{2{,}0\,\Omega} = -0{,}0040\,\text{A} = -4{,}0\,\text{mA}$
- Bewegung im Feld:
  wie oben $\Phi = 0{,}016\,\text{V} \cdot \text{s}$ aber $U_{ind} = 0$, da keine Flussänderung auftritt!
  $\Rightarrow I_{ind} = 0$
- Ausfahrt aus dem Feld: wie oben $\Phi_{max} = 0{,}016\,\text{V} \cdot \text{s}$
  $\Rightarrow U_{ind} = b \cdot v \cdot B = 0{,}0080\,\text{V}$
  $\Rightarrow I_{ind} = 4{,}0\,\text{mA}$ positiv, da die Flussänderung selbst wieder negativ ist.

Für die Diagramme benötigt man noch die Ein- bzw. Ausfahrtdauer, sie ergibt sich aus $v = \frac{\Delta b}{\Delta t} \Rightarrow \Delta t = \frac{\Delta b}{v} = 2{,}0\,\text{s}$, die Verweildauer im Feld ist hier unerheblich.

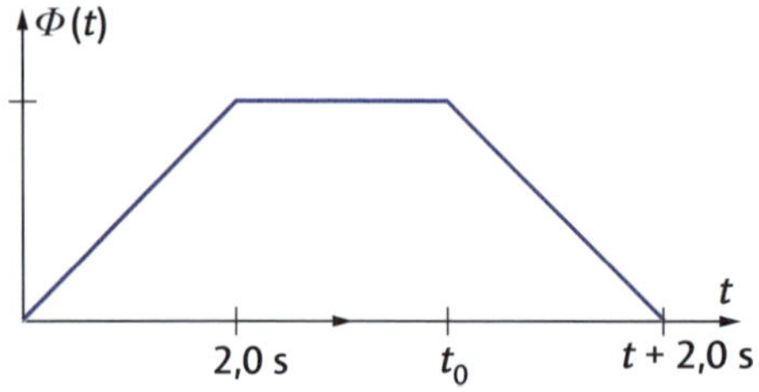

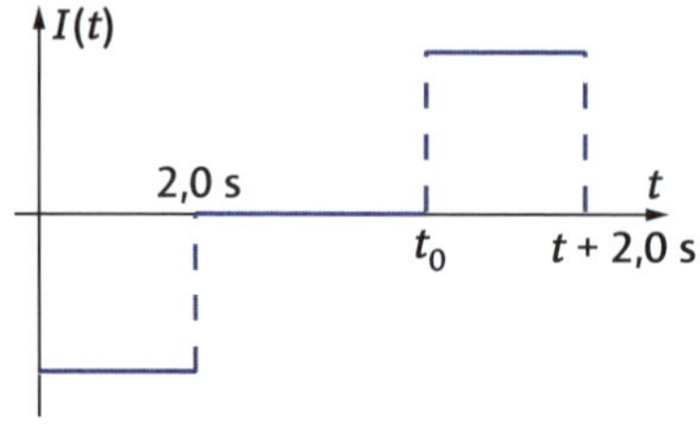

b) Wie ändern sich die Graphen bei der Einfahrt, wenn
– die Bewegung beschleunigt erfolgt,
– während der Fahrt die Flussdichte des Magnetfeldes zunimmt?

In beiden Fällen erfolgt die Flussänderung nicht mehr linear, sondern folgt einer quadratischen Funktion, der Graph von $\Phi(t)$ hat einen parabelförmigen Verlauf. Da sich als Ableitung einer quadratischen Funktion wieder eine lineare Funktion ergibt, besteht der Graph von $I_{\text{ind}}(t)$ aus steigenden/fallenden Geradenstücken.

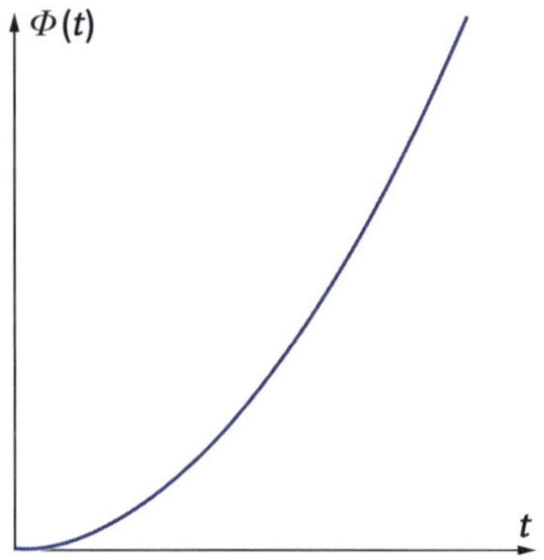

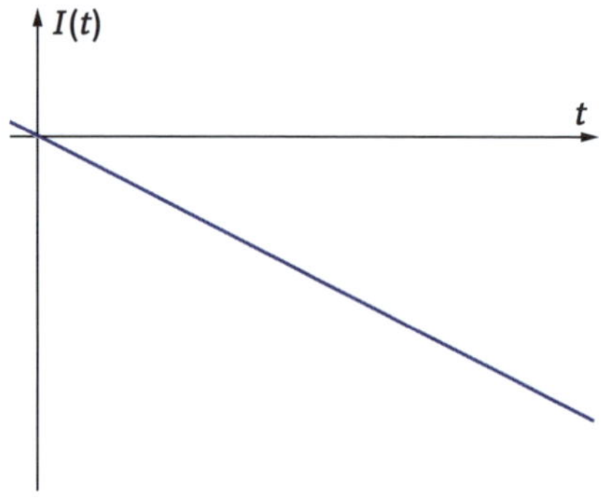

7.3 Selbstinduktion

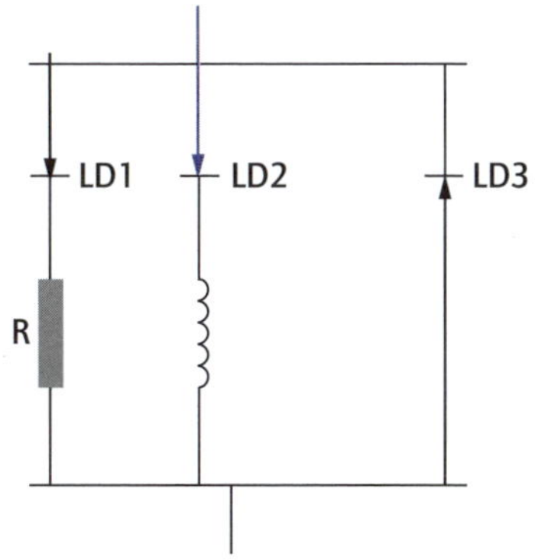

Im nebenstehend dargestellten Versuch leuchtet beim Einschalten des Stromes LD1 sofort auf, LD2 verzögert, während LD3, in Sperrrichtung geschaltet, gar nicht leuchtet. Beim Ausschalten geht LD1 sofort, LD2 verzögert aus. Es leuchtet nun aber auch LD3 auf. Beim Einschalten wird in der Spule ein Magnetfeld aufgebaut. Nach Lenz entsteht in der Spule selbst eine Gegenspannung, die diesem Aufbau entgegenwirkt und ihn verzögert. Beim Ausschalten (Abbau des Magnetfeldes) hingegen bremst die wiederum entstehende Gegenspannung das Erlöschen des Stromes. Da diese Gegenspannung der ursprünglichen Stromrichtung entgegengesetzt ist, leuchtet nun LD3 kurz auf, um dann mit dem endgültigen Ende des Stromflusses durch die Spule und LD2 auch zu erlöschen. Da hier also eine Gegenspannung in der magnetfelderzeugenden Spule selbst induziert wird, spricht man von **Selbstinduktion**. U_{ind} kann wieder mithilfe der Flussänderung $\frac{\Delta\Phi}{\Delta t}$, hier der Magnetfeldänderung ΔB in der Spule selbst, berechnet werden:

$$U_{ind} = -\frac{\Delta\Phi}{\Delta t} = -\frac{\Delta B \cdot A}{\Delta t} = -\frac{n \cdot A_0 \cdot \Delta B}{\Delta t} = -\frac{n \cdot A_0 \cdot \mu_0 \cdot n}{\ell} \cdot \frac{\Delta I}{\Delta t}$$

$$\boldsymbol{U_{ind} = -\frac{\mu_0 \cdot n^2 \cdot A_0}{\ell} \cdot \frac{\Delta I}{\Delta t}}$$

Der nur von der Spulengeometrie und der Feldkonstanten abhängige Teil der Formel für U_{ind} wird als ***Induktivität*** *L* einer Spule definiert.

$$\boldsymbol{L = \frac{\mu_0 \cdot n^2 \cdot A_0}{\ell}; \quad [L] = 1\ V \cdot s/A = 1\ \mathrm{H}\ \ (\mathrm{Henry});} \quad \text{damit: } \boldsymbol{U_{ind} = -L \cdot \frac{\Delta I}{\Delta t}}$$

Für eine materiegefüllte Spule gilt analog: $\boldsymbol{L = \frac{\mu_0 \cdot \mu_r \cdot n^2 \cdot A_0}{\ell}}$, in differenzieller Schreibweise ergibt sich damit:

$$\boldsymbol{U_{ind} = -L \cdot \dot{I}} \text{ sowie } \boldsymbol{L = \frac{U_{ind}}{\dot{I}}}$$

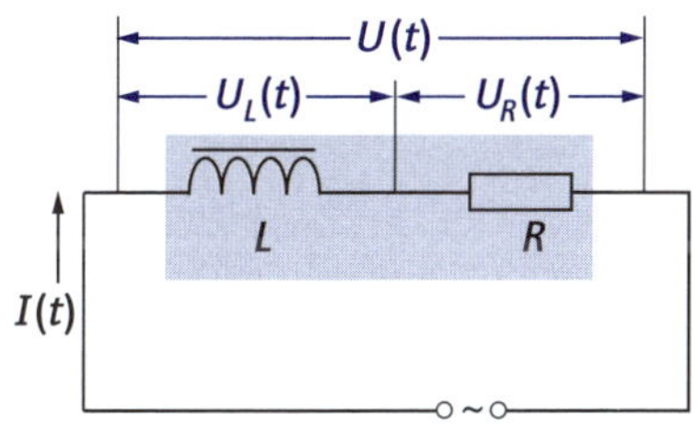

Die Selbstinduktion in einer Spule ist also für den verzögerten Anstieg des Einschaltstromes bzw. den Abfall beim Ausschaltvorgang verantwortlich.
Zur genaueren Untersuchung trennt man nun in einer Reihenschaltung gedanklich

den Ohm'schen Widerstandsanteil einer Spule von ihrer Induktivität: Für den Strom durch den Widerstand R gilt im Einschaltfall:

$$I \cdot R = U_0 + U_{ind} = U_0 - L \cdot \dot{I} \quad \Rightarrow \quad I(t) = -\frac{L}{R} \cdot \dot{I}(t) + \frac{U_0}{R}$$

$$I(t) = -\frac{L}{R} \cdot \dot{I}(t) + I_0$$

Zu Beginn ist die Stromänderung $\dot{I}(t)$ am größten (Einschalten), daher auch die induzierte Gegenspannung am größten, nach hinreichend langer Zeit ist die Stromänderung nur noch gering, es tritt also auch kaum mehr Gegenspannung auf und $I(t)$ nähert sich I_0.

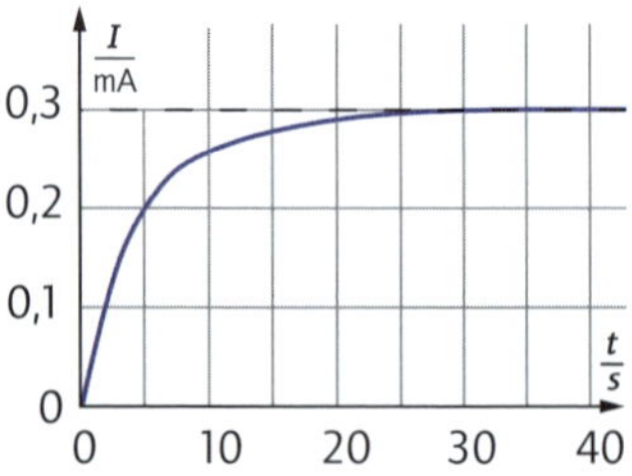

ZUR VERTIEFUNG

Der zeitliche Verlauf des Einschaltstromes wird durch die Gleichung $I(t) = -\frac{L}{R} \cdot \dot{I}(t) + I_0$ beschrieben.

In ihr wird die unbekannte Funktion $I(t)$ mit ihrer Ableitung $\dot{I}(t)$ verknüpft. Gleichungen dieser Art werden in der Mathematik Differenzial-Gleichungen (DGL) genannt, ihre Lösung kann hier mit Blick auf den Kurvenverlauf mit dem Ansatz einer e-Funktion versucht werden:

Ansatz: $I(t) = -e^{-kt} \cdot I_0 + c$; die Konstante k muss die Einheit 1/s besitzen, damit der Exponent $-kt$ insgesamt benennungslos bleibt, die Konstante c ergibt sich aus den Anfangsbedingungen.

Der weitere Ansatz mit $k = \frac{R}{L}$ führt auf: $I(t) = -e^{\left(-\frac{R}{L} \cdot t\right)} \cdot I_0 + c$
und damit $\dot{I}(t) = \frac{R}{L} \cdot e^{\left(-\frac{R}{L} \cdot t\right)} \cdot I_0$.

Eingesetzt in die DGL ergibt sich damit:

$$-e^{\left(-\frac{R}{L} \cdot t\right)} \cdot I_0 + c = -\frac{L}{R} \cdot \frac{R}{L} \cdot e^{\left(-\frac{R}{L} \cdot t\right)} \cdot I_0 + I_0 \Leftrightarrow c = I_0$$

$$\Rightarrow I(t) = -e^{\left(-\frac{R}{L} \cdot t\right)} \cdot I_0 + I_0 = I_0 \cdot \left(1 - e^{\left(-\frac{R}{L} \cdot t\right)}\right)$$

Beim Einschalten ist zu Beginn $t = 0 : I(0) = -I_0 + I_0 = 0$, nach hinreichend langer Zeit für $t \rightarrow \infty$ geht $e^{-t} \rightarrow 0$ und daher $I(t) = I_0$.

Die Differenzialgleichung für den Ausschaltvorgang lautet $I \cdot R = -L \cdot \dot{I}$.

Es kann ein ähnlicher Ansatz mit einer positiven e-Funktion gewählt werden: $I(t) = e^{\left(-\frac{R}{L} \cdot t\right)} \cdot I_0$

Ableiten und Einsetzen ergibt hier: $e^{\left(-\frac{R}{L}\cdot t\right)}\cdot I_0 = e^{\left(-\frac{R}{L}\cdot t\right)}\cdot I_0$

Beim Ausschalten fließt zu Beginn $t = 0$ noch der volle Strom:
$I(t) = I_0$,
nach hinreichend langer Zeit für $t \rightarrow \infty$ geht $e^{-t} \rightarrow 0$ und daher
$I(t) = 0$

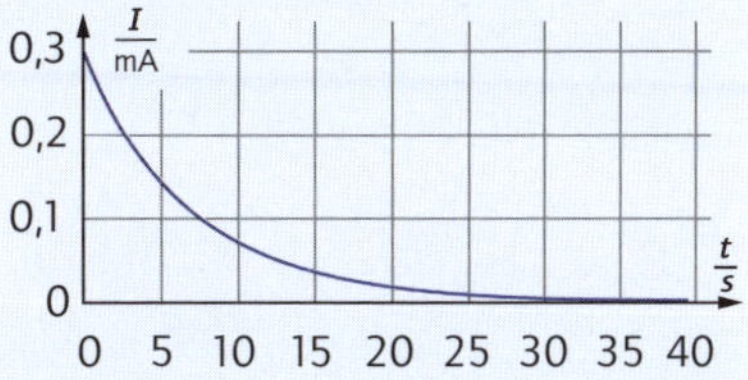

Mithilfe dieses Lösungsansatzes kann auch die Frage beantwortet werden, zu welchem Zeitpunkt gerade die halbe Stromstärke vorliegt.

	$I(t) = \frac{1}{2}I_0$ für $t = T_{1/2}$	| sogenannte Halbwertszeit
$\Leftrightarrow$	$\frac{1}{2}I_0 = -\, e^{\left(-\frac{R}{L}\cdot t\right)}\cdot I_0 + I_0$	| Abziehen von I_0
$\Leftrightarrow$	$-\frac{1}{2}I_0 = -e^{\left(-\frac{R}{L}\cdot t\right)}\cdot I_0$	| Teilen durch $-I_0$
$\Leftrightarrow$	$\frac{1}{2} = e^{\left(-\frac{R}{L}\cdot t\right)}$	| Logarithmieren
$\Leftrightarrow$	$\ln\frac{1}{2} = -\frac{R}{L}\cdot t$	| t freistellen
$\Leftrightarrow$	$t = -\frac{L}{R}\cdot\ln\frac{1}{2}$	| $\ln\frac{1}{2} = -\ln 2$
$\Leftrightarrow$	$T_{1/2} = \frac{L}{R}\cdot\ln 2$	

Betrachtet man für den Term $\frac{L}{R}$ die Einheiten, so ergibt sich:

$\left[\frac{L}{R}\right] = 1\,\mathrm{H}/\Omega = 1\,\frac{\mathrm{V\cdot s/A}}{\mathrm{V/A}} = 1\,\mathrm{s}$, also eine Zeiteinheit.

Wie man sieht, enthält das Ergebnis nur noch die Zeitkonstante $\frac{L}{R}$ und den natürlichen Logarithmus von 2, ein Zusammenhang, der sich in ähnlicher Weise auch beim Laden eines Kondensators oder bei der Bestimmung der Halbwertszeit beim radioaktiven Zerfall zeigt.

7.4 Energie des magnetischen Feldes

Im elektrischen Feld wurde die im Feld gespeicherte Energie bereits berechnet: $W_{el} = \frac{1}{2}\cdot C\cdot U^2$ bzw. beim Übergang auf die Feldgrößen: $W_{el} = \frac{1}{2}\cdot\varepsilon_0\cdot E^2\cdot V$, wobei V das felderfüllte Volumen darstellte. In Analogie dazu beschreibt man die im magnetischen Feld gespeicherte Energie durch den Term:

$$W_{magn} = \frac{1}{2}\cdot L\cdot I^2$$

Ersetzt man nun $L = \frac{\mu_0 \cdot n^2 \cdot A_0}{\ell}$, löst $B = \frac{\mu_0 \cdot n}{\ell} \cdot I$ nach der Stromstärke $I = \frac{B_0 \cdot \ell}{\mu_0 \cdot n}$ auf und setzt alles ein, so erhält man: $W_{magn} = \frac{1}{2} \cdot \frac{B^2 \cdot A_0 \cdot \ell}{\mu_0}$, wobei $A_0 \cdot \ell = V$ das vom magnetischen Feld erfüllte Volumen darstellt.

$$\Rightarrow \; W_{magn} = \frac{1}{2\mu_0} \cdot B^2 \cdot V$$

Wie beim elektrischen Feld ist die magnetische Energie direkt proportional zum Volumen des felderfüllten Raumes. Beim Ausschalten wird die im Feld gespeicherte elektrische Energie in den Leitern als Ohm'sche Wärme oder als Funke (elektromagnetische Welle) frei.

ZUR VERTIEFUNG

Obige Formel lässt sich auch durch Integration gewinnen. Die Arbeit, die im Stromkreis verrichtet wird, ist:

$$W = \int_0^{t_0} U \cdot I \mathrm{d}t; \text{ mit } U = -L \cdot \dot{I} = -L \cdot \frac{\mathrm{d}I}{\mathrm{d}t} \text{ folgt:}$$

$$W = \int_0^{t_0} -L \cdot I \cdot \frac{\mathrm{d}I}{\mathrm{d}t} \mathrm{d}t = \int_0^{I_0} -L \cdot I \mathrm{d}I = -\frac{1}{2} \cdot L \cdot I_0^2 < 0$$

Diese Arbeit ist damit als $W_{magn} = +\frac{1}{2} \cdot L \cdot I^2 > 0$ im Magnetfeld gespeichert.

CHECKLISTE

7 Induktion

- **Der magnetische Fluss $\Phi = A \cdot B$ beschreibt die Stärke eines Magnetfeldes B das eine Fläche A durchsetzt**
- **Jede zeitliche Änderung $\Delta\Phi$ dieses Flusses, sei es als eine Veränderung des Magnetfeldes oder der durchsetzten Fläche, bewirkt in einem im Magnetfeld befindlichen Leiterstück eine induzierte Spannung. $U_{ind} = \frac{\Delta\Phi}{\Delta t}$**
- **Die Induktivität L einer Spule wird durch ihre Baugrößen bestimmt: $L = \frac{\mu_0 n^2 A}{\ell}$**

8 Elektromagnetische Schwingungen und Wellen

Unsere moderne Welt ist ohne Telekommunikation nicht mehr vorstellbar. Rundfunk, Fernsehen und Telefonie begannen aber erst vor weniger als 100 Jahren, unser Leben zu verändern. Alle diese Erfindungen beruhen auf der Erzeugung von elektromagnetischen Wellen, deren Verhalten mit den selben Modellen wie bei den akustischen oder den Wasserwellen beschrieben werden kann.

8.1 Elektromagnetischer Schwingkreis

Der *LC*-Kreis

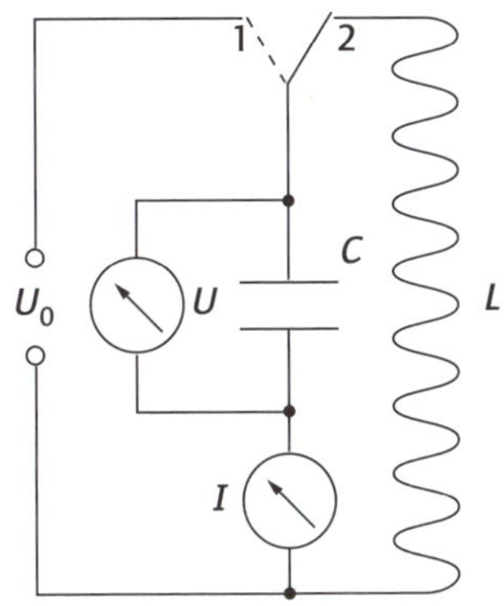

In einem *LC*-Kreis, bestehend aus einem Kondensator (Kapazität *C*) und einer Spule (Induktivität *L*), wird der Kondensator mit einer Spannungsquelle U_0 verbunden und aufgeladen (Schalter in 1). Zum Zeitpunkt $t = 0$ wird der Schalter nach 2 umgelegt und der Kondensator über die Spule entladen. Dem Entladestrom des Kondensators folgt eine Flussänderung in der Spule, in ihr entsteht nach der Lenz'schen Regel eine Induktionsspannung ($U_{ind} = -L \cdot \dot{I}$), die ihrer Ursache entgegenwirkt. Ist der Kondensator ganz entladen, so ist der Strom durch die Spule und die Induktionsspannung maximal, wodurch der Kondensator umgeladen wird. Die entstehende Induktionsspannung bremst wieder den Aufladevorgang, nach erfolgter Umladung entlädt sich der Kondensator erneut und der Vorgang beginnt mit umgekehrter Stromrichtung von Neuem. Die Energie ist abwechselnd im elektrischen Feld des Kondensators und im magnetischen Feld der Spule gespeichert. Aufgrund der unvermeidlichen Wärmeverluste des Ohm'schen Widerstandes der Spule kommt dieser Entlade-/Aufladevorgang nach kurzer Zeit zum Erliegen. Man spricht hier von einer gedämpften elektrischen Schwingung, die Kombination aus Spule und

Kondensator wird daher auch elektromagnetischer Schwingkreis genannt. Ein voller Entlade-/Aufladezyklus wird als eine Periode (Schwingungsdauer T) dieser Schwingung angesehen.

- $t = 0$: Kondensator geladen, Spule stromlos, maximale Energie im elektrischen Feld (in der Abbildung: a)
- $0 < t < \frac{1}{4}T$: Kondensator entlädt sich, Strom durch die Spule steigt an, Gegenspannung nimmt zu, Energie geht vom elektrischen ins magnetische Feld über
- $t = \frac{1}{4}T$: Kondensator entladen, maximaler Strom und Gegenspannung in der Spule, maximale Energie im magnetischen Feld (in der Abbildung: b)
- $\frac{1}{4}T < t < \frac{1}{2}T$: Kondensator wird umgepolt geladen, Strom durch die Spule nimmt wieder ab, ebenso die Gegenspannung, Energie geht vom magnetischen in das elektrische Feld über
- $t = \frac{1}{2}T$: Kondensator umgepolt geladen, Spule stromlos, maximale Energie im elektrischen Feld (in der Abbildung: c)

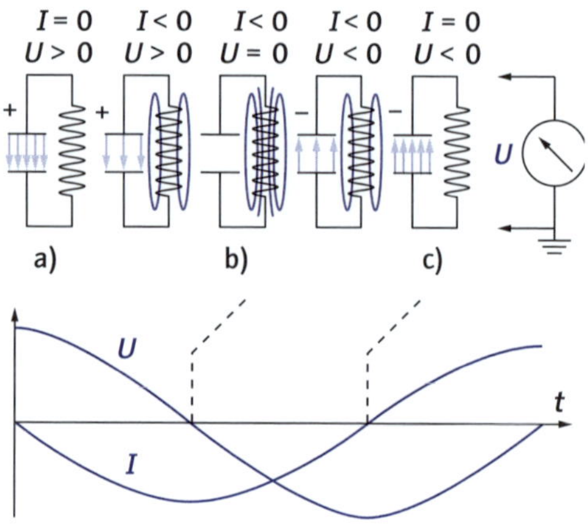

- $\frac{1}{2}T < t < T$: wie bei $0 < t < \frac{1}{2}T$, aber mit entgegengesetzter Polung und Stromrichtung

Für die weitere Betrachtung vernachlässigt man die in der Praxis auftretenden Wärmeverluste und stellt folgende ideale **Energiebetrachtung für einen ungedämpften Schwingkreis** an:

$$E_{el} + E_{magn} = E_{ges}$$

$$\frac{1}{2}C \cdot U^2 + \frac{1}{2}L \cdot I^2 = E_{ges}$$ | ersetzt man U durch Q/C und $I = \dot{Q}$

$$\frac{1}{2}\frac{1}{C}\,Q^2 + \frac{1}{2}L \cdot \dot{Q}^2 = E_{ges}$$ | Differenzieren der Gleichung nach der Zeit

$$\frac{1}{C}Q \cdot \dot{Q} + L \cdot \dot{Q} \cdot \ddot{Q} = 0$$ | Nachdifferenzieren nicht vergessen, die Ableitung der konstanten Gesamtenergie ist Null; durch $\dot{Q}$ dividieren

$$\frac{1}{C}Q + L\ddot{Q} = 0$$ **Schwingungsgleichung**

Da es sich beim Laden/Entladen um einen periodischen Vorgang handelt, verwendet man zur Lösung dieser Differenzialgleichung eine Sinus- (oder Kosinus-)Funktion:

$$Q(t) = Q_0 \cdot \sin(\omega \cdot t)$$

$$\dot{Q}(t) = Q_0 \cdot \cos(\omega \cdot t) \cdot \omega \qquad |\text{nachdifferenzieren!}$$

$$\ddot{Q}(t) = -Q_0 \cdot \sin(\omega \cdot t) \cdot \omega^2$$

Einsetzen ergibt:

$$\frac{1}{C} Q_0 \cdot \sin(\omega \cdot t) - L \cdot Q_0 \cdot \sin(\omega \cdot t) \cdot \omega^2 = 0$$

vereinfacht zu:

$$\frac{1}{C} - L \cdot \omega^2 = 0 \;\Rightarrow\; \omega^2 = \frac{1}{LC} \;\Rightarrow\; \omega = \sqrt{\frac{1}{LC}}$$

Mit $\omega = 2 \cdot \pi \cdot f = \frac{2\pi}{T}$ folgt dann für die Schwingungsdauer die

Thomson-Gleichung: $\boldsymbol{T = 2\pi \cdot \sqrt{L \cdot C}}$,

benannt nach William Thomson, dem späteren Lord Kelvin.

BEISPIEL 1 ▪ **Mit einer Spule der Induktivität 630 H und einem Kondensator der Kapazität 400 µF ergibt sich damit eine Schwingungsdauer von** $T = 2\pi \cdot \sqrt{630\,\text{H} \cdot 400\,\mu\text{F}} = 3{,}15\,\text{s}$

Da die Schwingung nach wenigen Perioden aufgrund der Dämpfung durch den Ohm'schen Widerstand zum Erliegen kommt, muss man dem Schwingkreis die verloren gegangene Energie wieder zukommen lassen. Aus der Mechanik (→ Wellenlehre) ist bekannt, dass ein schwingungsfähiges System bei äußerer Anregung mit der Eigenfrequenz in Resonanz gerät.

Wird also hier der elektromagnetische Schwingkreis von außen mit seiner Eigenfrequenz angeregt, so kann die Dämpfung kompensiert und die Schwingung aufrechterhalten werden. Im Resonanzfall kann damit die Spannung an der Spule bzw. am Kondensator höher als die von außen angelegte Spannung sein.

Der Kehrwert der Schwingungsdauer T heißt daher auch **Resonanzfrequenz**:

$$f = \frac{1}{2\pi \cdot \sqrt{L \cdot C}}$$

Meißner-Schaltung

Damit der Schwingkreis nicht bereits nach wenigen Schwingungen durch die Dämpfung (hauptsächlich Wärmeverluste des Ohm'schen Widerstandes) zur Ruhe kommt, muss laufend von außen Energie nachgeführt werden. Durch eine Rückkopplung schließt sich der Schwingkreis selbstständig an eine äußere Gleichstromquelle an und gleicht den Energieverlust wieder aus. Damit erhält man einen **ungedämpft schwingenden Kreis**. Dies kann etwa mit folgender Schaltung, die auf den österreichischen Physiker **Alexander Meißner** (1883 – 1958) zurückgeht, realisiert werden. Durch den Einschaltvorgang wird der Schwingkreis kurz angestoßen, in der Spule *L* ändert sich damit der magnetische Fluss; die Steuerung des Triodengitters und damit des Anodenstromes erfolgt durch die induzierte Gegenspannung. Durch geeignete Polung des Gitters wird damit der Energieverlust der Dämpfung kompensiert, die Kopplung erfolgt über einen gemeinsamen Eisenkern. Heute wird die Triode durch einen Transistor ersetzt.

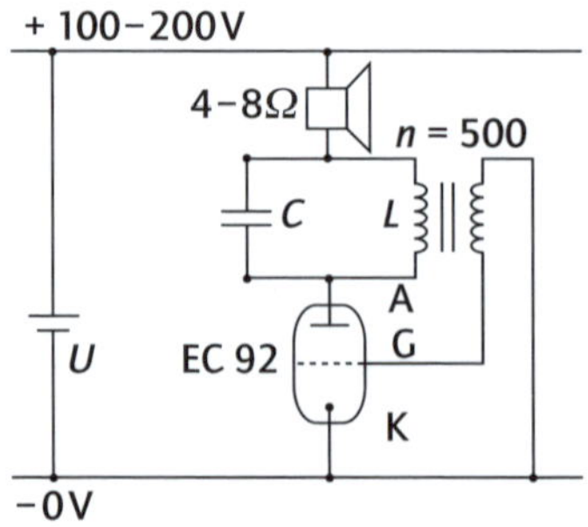

ZUR VERTIEFUNG ▪ Funktionsweise einer Triode (Drei-Elektroden-Röhre)

In einer evakuierten Glasröhre befinden sich eine Glühkathode, bei der durch Anlegen einer Heizspannung ($U_{Heiz} \approx 6\,V$) Elektronen emittiert werden.

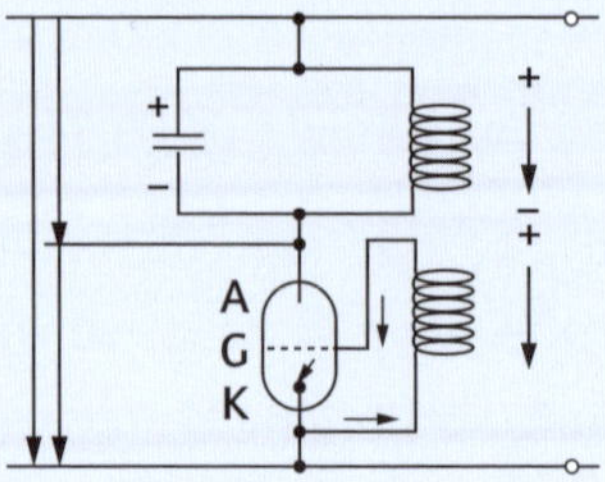

Diese werden durch die Spannung zwischen Kathode (–) und Anode (+) ($U_A = 200\,V$) Richtung Anode beschleunigt. Wird nun an das Gitter eine kleine positive Spannung angelegt, so können mehr Elektronen zur Anode gelangen, bei negativer Spannung am Gitter gelangen eher weniger Elektronen zur Anode. Damit kann man mit einer kleinen Steuerspannung am Gitter den Anodenstrom beeinflussen, die Triode wirkt somit als Steuerelement zur Kompensation der Energieverluste im Schwingkreis. Im Resonanzfall schwingt damit also der elektromagnetische Schwingkreis nach dem Einschalten von selbst weiter.

8.2 Dipole

Der Hertz'sche Dipol

Verkleinert man im elektromagnetischen Schwingkreis die Induktivität der Spule und die Kapazität des Kondensators immer mehr, so gelangt man zu einer immer höheren Resonanzfrequenz. Im Extremfall kann man die Spule durch einen Bügel zwischen Anode und Gitter der Triode ersetzen; die Kapazität des Gitter-Kathoden- und des Gitter-Anodenpaars bestimmt dann die Gesamtkapazität des Kreises. Mit einer solchen Anordnung erreicht man Schwingungen im Megahertz-Bereich (10^6 Hz). Dass diese Anordnung schwingt und sogar Energie durch elektrische und magnetische Felder nach außen abstrahlt, kann man durch folgende Experimente nachweisen:

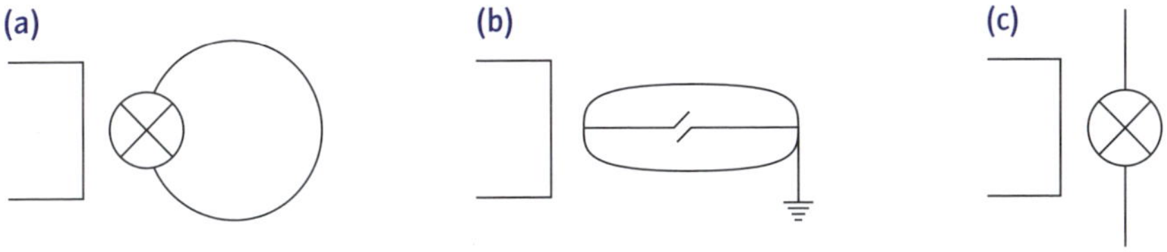

Schwingkreis mit B-Feld (a); E-Feld (b) und Metallstab (c)

(a) Eine Leiterschleife mit einem Glühlämpchen wird in der Nähe des Bügels parallel zu diesem ausgerichtet, das Lämpchen leuchtet auf. (Induktion im magnetischen Wechselfeld.)

(b) Eine an einem Pol geerdete Glimmlampe leuchtet in der Nähe des Bügels auf (Zünden der Glimmlampe im elektrischen Feld); da die Glimmlampe an beiden Seiten aufleuchtet, muss man von einem elektrischen Wechselfeld ausgehen).

(c) Stellt man parallel zum Bügel einen Metallstab mit einem Glühlämpchen in der Mitte auf, so leuchtet auch dieses auf.

Diese Beobachtungen führen zur Modellvorstellung der hochfrequenten Schwingung der Elektronen im Metallstab. Dadurch entsteht an den Stabenden ein elektrisches Wechselfeld und Stromfluss im Stab. Einen solchen angeregten Stab bezeichnet man als **Hertz'schen Dipol** oder offenen elektromagnetischen Schwingkreis.

Der $\frac{\lambda}{2}$-Dipol

Diese elektrische Schwingung im Stab kann bei geeigneter Stablänge besonders gut angeregt werden. Aus der Resonanzfrequenz des Schwingkreises kann man mithilfe der Ausbreitungsgeschwindigkeit c eine Wellenlänge berechnen:

$$c = \lambda \cdot f \quad \Leftrightarrow \quad \lambda = \frac{c}{f}$$

Aus der mechanischen Wellenlehre weiß man, dass sich bei Anregung eine sogenannte stehende Welle in einem Träger ausbildet, wenn diese Länge ℓ des Stabes gleich der halben Wellenlänge ist:

$$\ell = \frac{1}{2}\lambda$$

In der Modellvorstellung der stehenden Welle sei zu einem Zeitpunkt $t = 0$ alle Ladung jeweils am Stabende konzentriert:

- $t = 0$: Es fließt kein Strom, die maximale Energie ist im elektrischen Feld (in der Abbildung: a)
- $0 < t < \frac{1}{4}T$: Der Stromfluss durch den Stab steigt an, Energie geht vom elektrischen ins magnetische Feld über
- $t = \frac{1}{4}T$: maximaler Strom, maximale Energie im magnetischen Feld (in der Abbildung: b)
- $\frac{1}{4}T < t < \frac{1}{2}T$: Ladungsverteilung polt sich um, Strom durch den Stab nimmt wieder ab, Energie geht wieder vom magnetischen in das elektrische Feld über

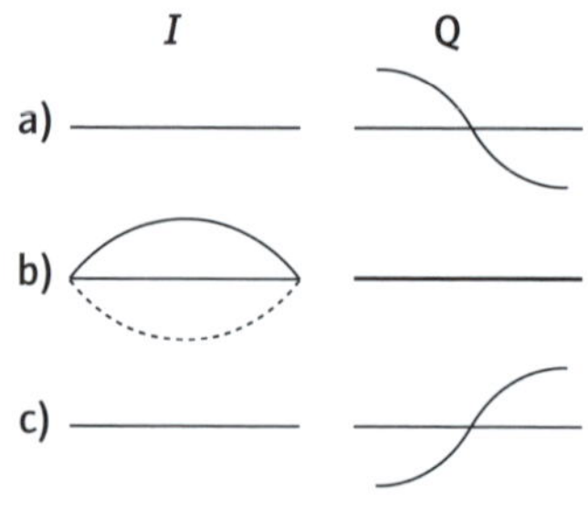

- $t = \frac{1}{2}T$: Stab umgepolt geladen, maximale Energie im elektrischen Feld (in der Abbildung: c)
- $\frac{1}{2}T < t < T$: wie bei $0 < t < \frac{1}{2}T$, aber mit entgegengesetzter Polung und Stromrichtung

BEISPIEL 2 ▪ Im Experiment ergibt sich bei einem hochfrequenten Schwingkreis mit 79,0 MHz eine optimale Anregung der Dipolschwingung im Stab (erkennbar am hellen Aufleuchten des Glühlämpchens) bei einer Stablänge von 1,90 m.

Die Wellenlänge müsste das Doppelte, also 3,80 m sein. Die Ausbreitungsgeschwindigkeit $c = \lambda \cdot f$ ist damit: $c = 2 \cdot 1{,}90\,\text{m} \cdot 79{,}0\,\text{MHz} = 3{,}00 \cdot 10^8\,\text{m/s}$, was der Lichtgeschwindigkeit entspricht.

Die Elektronen im Stab bewegen sich dabei natürlich wesentlich langsamer (→ Hall-Effekt, Seite 97), nur die Ladungsverteilung und damit das elektrische und magnetische Wechselfeld baut sich mit Lichtgeschwindigkeit auf und ab. Die vorigen Versuche zeigten auch, dass eine Energieübertragung in den Raum hinaus stattfindet. Das hochfrequente elektrische und magnetische Wechselfeld um den Dipolstab herum breitet sich mit Lichtgeschwindigkeit aus.

ZUR VERTIEFUNG

Bei Erhöhung der Energiezufuhr von außen an den erregenden Schwingkreis können im Dipolstab auch Oberschwingungen angeregt werden. Auch hier gilt wie in der Mechanik für die

erste Oberschwingung: $\lambda_1 = \ell = \frac{c}{f_1}$

zweite Oberschwingung: $\lambda_2 = \frac{2}{3} \cdot \ell$

***k*-te Oberschwingung:** $\lambda_k = \frac{2}{k+1} \cdot \ell$

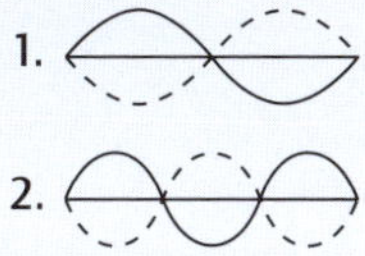

Dipolstrahlung

Stellt man zum Bügel des Schwingkreises den Metallstab, so wirkt dieser nicht nur als Empfänger, in dem eine elektrische Schwingung angeregt wird, sondern auch als Sender. Man kann in der Entfernung von mehreren Wellenlängen mit einem zweiten identischen Metallstab als Empfänger die elektrische Schwingung in diesem wieder anregen. Diese Energieabstrahlung in den Raum hinaus ist auch der Grund für die starke Dämpfung im elektrischen Schwingkreis dieser Bauart.

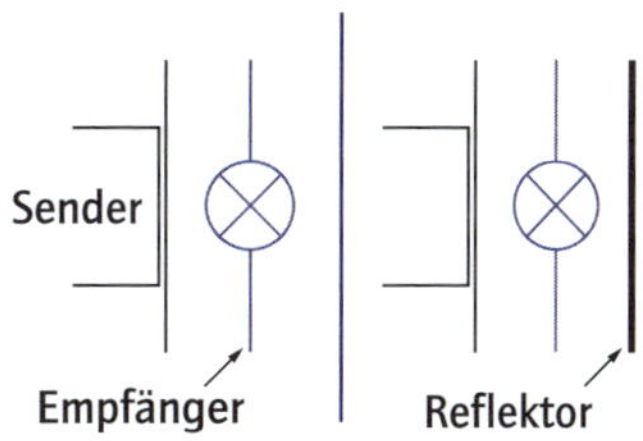

Den Wellencharakter der ausgesandten Dipolstrahlung erkennt man an folgendem Experiment: Wird parallel zu dem Sende- und Empfangsdipol ein dritter gleichartiger Metallstab auf diese hin zu- oder wegbewegt, so erhält man am Empfängerdipol Empfangsmaxima und -minima (erkennbar wieder am Aufleuchten des Glühlämpchens). Als Erklärung bietet sich die Annahme an, dass der Sendedipol am Bügel des Schwingkreises eine Dipolwelle aussendet, die vom dritten Stab reflektiert wird. Am Empfangsdipol dazwischen kommt es zur Interferenz von ausgesandter und reflektierter Welle. Je nach Phasenlage ergibt sich dabei ein Empfangsmaximum oder -minimum. Damit kann auch die Wellenlänge der Dipolstrahlung bestimmt werden: Wird zwischen zwei Empfangsmaxima (oder -minima) der Reflektordipol um die Strecke Δd bewegt, so muss der Gangunterschied der Wellen $\Delta s = 2 \cdot \Delta d = \lambda$ sein, damit es wieder zu einer gleichphasigen Interferenz kommen kann.

Die ausgesandte Dipolstrahlung wird auch als **elektromagnetische Welle** bezeichnet, ihre Entstehung im Nahbereich kann man sich wieder mit dem Modell der Ladungs- und Stromverteilung vorstellen: Abwechselnd entstehen elektrische und magnetische Felder am Dipolstab, die sich bei jeder Stromumkehr nach und nach vom Dipolstab ablösen und mit Lichtgeschwindigkeit in den Raum hinauslaufen. In Richtung der Dipolachse findet dabei kaum Abstrahlung statt, in der Äquatorebene hingegen ist die Abstrahlung maximal.

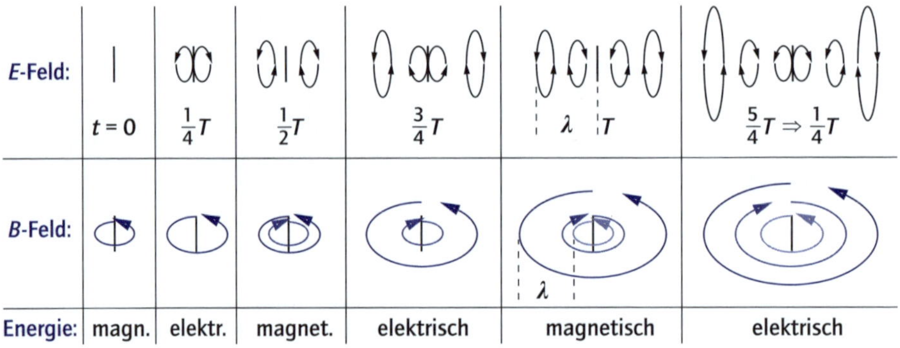

In einiger Entfernung vom Dipol (Fernfeld) speisen sich elektrisches und magnetisches Feld gegenseitig und breiten sich immer weiter im Raum aus. Damit ist natürlich mit wachsender Entfernung vom Sender eine Schwächung des Feldes verbunden.

Die Entdeckung der Dipolstrahlung durch Heinrich Hertz (1857 – 1894) im Jahre 1886 bestätigte die theoretischen Voraussagen von J. C. Maxwell (1831 – 1879) und stellte die Grundlage für alle Anwendungen der drahtlosen Nachrichtentechnik dar.

8.3 Eigenschaften elektromagnetischer Wellen am Beispiel der Mikrowellen

Zum Nachweis des Wellencharakters der Dipolstrahlung, die auch als **elektromagnetische Welle** bezeichnet wird, dienen die bekannten Phänomene der Wellenlehre, wie Polarisation, Reflexion, stehende Wellen, Brechung, Beugung, Interferenz an Spalt und Gitter. Da der Nachweis anhand der Hertz'schen Dipole bei Wellenlängen im Meterbereich versuchstechnisch größeren Aufwand erfordern würde, verwendet man im Schulbereich in der Regel die sogenannten **Mikrowellen** mit Wellenlängen im cm-Bereich. Die Frequenz des Schwingkreises kann mit $c = \lambda \cdot f$ abgeschätzt werden:

$$f = \frac{c}{\lambda} \approx \frac{3 \cdot 10^8\,\mathrm{m/s}}{3\,\mathrm{cm}} = 10^{10}\,\mathrm{Hz}$$

und liegt somit im GHz-Bereich. Diese elektrische Schwingung kann nicht mehr mit einem Trioden-Schwingkreis der besprochenen Art erzeugt werden, man verwendet dazu Klystrons oder Hohlraumresonatoren, heute auch spezielle Halbleiterdioden (Gunn-Diode). Der Empfang der Strahlung erfolgt dann ebenfalls mit einer Hochfrequenz-Diode (HF-Diode) und einem daran angeschlossenen Messgerät.

Polarisation und Reflexion

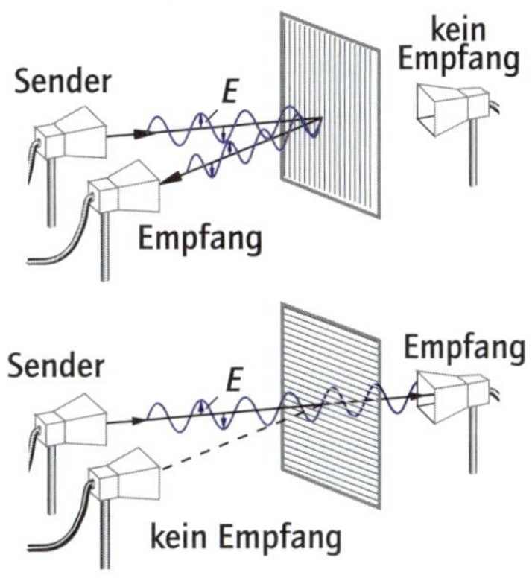

Stellt man zwischen Hochfrequenz-Sender und Empfänger ein Gitter aus parallelen Metallstäben, so wird die Welle je nach Stellung des Gitters und des Empfängers registriert. Stehen Sendedipol und Gitter parallel, so wirken die Stäbe des Gitters als angeregte Hertz'sche Dipole und senden selbst wieder Strahlung dieser Wellenlänge aus. Im Raum zwischen Sender und Gitter interferieren die Original- und die reflektierte Welle konstruktiv zu einer stehenden Welle, zwischen Gitter und Empfänger destruktiv (Auslöschung), sodass kein Signal mehr registriert werden kann. Stellt man Sende- und Empfangsdipol (ohne Gitter) um 90° gedreht auf, so registriert man kein Signal, stellt man das Gitter um 45° gedreht dazwischen, so kann eine abgeschwächte Welle empfangen werden. Die zu den Gitterstäben parallele Komponente der Welle wird wie vorhin beschrieben teilweise reflektiert, der senkrechte Anteil kann noch registriert werden.

Stehende Wellen

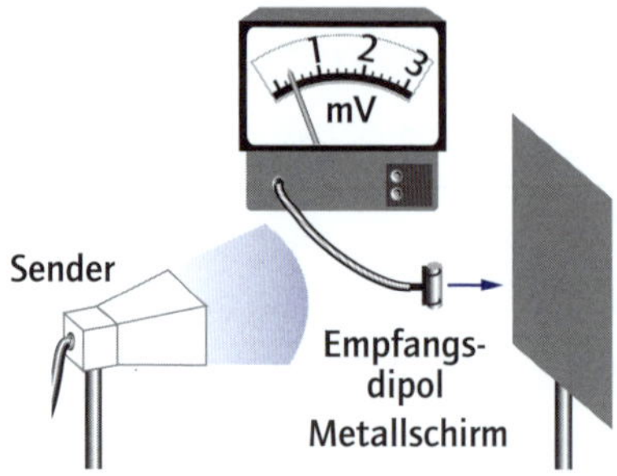

Stellt man Hochfrequenz-Sender und Empfänger gegenüber, so wird ein Signal registriert. Bringt man nun eine Metallplatte in den Strahlengang, so reflektiert diese die Welle und es bildet sich aus der Überlagerung von Original- und reflektierter Welle eine stehende Welle aus. Je nach Stellung des Empfängers zwischen Sender und Metallplatte kann man nun die Knoten und Bäuche der stehenden Welle durchfahren. Der Abstand zwischen zwei Minima (bzw. zwei Maxima) beträgt eine halbe Wellenlänge $\frac{1}{2}\lambda$ und damit kann auch eine genaue Bestimmung der Wellenlänge dieser Hochfrequenz-Strahlung erfolgen.

Mit Kenntnis der Frequenz der Mikrowellenstrahlung (z. B. aus der Gerätekarte des Herstellers) kann man natürlich auch die Lichtgeschwindigkeit als Ausbreitungsgeschwindigkeit der Hochfrequenz-Welle nachweisen.

BEISPIEL 3 ▪ Der Empfänger wird so zwischen Metallplatte und Hochfrequenz-Sender gestellt, dass das angeschlossene Voltmeter nur ein minimales Signal zeigt. Der Empfänger wird daraufhin um 7,0 cm in Richtung Metallplatte verschoben, wobei abwechselnd je fünf Maxima und Minima des Empfangssignals angezeigt werden. Welche Frequenz hat die Mikrowellen-Strahlung ?

Abstand zweier Minima: $7{,}0\,\text{cm} : 5 = 1{,}4\,\text{cm} = \frac{1}{2}\lambda \;\Rightarrow\; \lambda = 2{,}8\,\text{cm}$

Mit $c = \lambda \cdot f \Leftrightarrow f = \frac{c}{\lambda} = \frac{3{,}0 \cdot 10^8\,\text{m/s}}{0{,}028\,\text{m}} = 1{,}1 \cdot 10^{10}\,1/\text{s} = 11\,\text{GHz}$

Brechung

Bringt man ein mit Zucker gefülltes Glasprisma in den Strahlengang der Mikrowellen, so kann man beobachten, dass die Wellen im Zucker offensichtlich von ihrem geraden Weg abgelenkt werden.

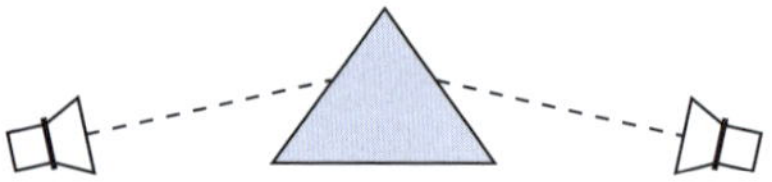

Sender – Glasprisma mit Zucker – Empfänger

Ein ähnliches Ergebnis erhält man auch sehr deutlich beim Durchgang durch Paraffin, Paraffinöl oder Wachs.

Auch das Phänomen der **Totalreflexion** kann hier gezeigt werden: Bringt man zwei Prismen wie abgebildet zusammen in den Strahlengang, so wird das rechtwinklig auftreffende Signal nahezu ungeschwächt geradlinig durchlaufen. Vergrößert man den Zwischenraum auf einige Zentimeter, so verschwindet das durchlaufende Signal und das reflektierte Signal erscheint in voller Stärke. Die Welle wird am Übergang ins „optisch dünnere" Medium (Zucker → Luft) beim Überschreiten des Grenzwinkels totalreflektiert.

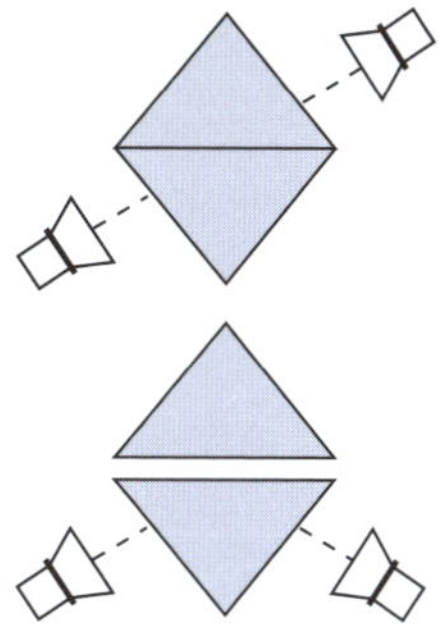

Beugung

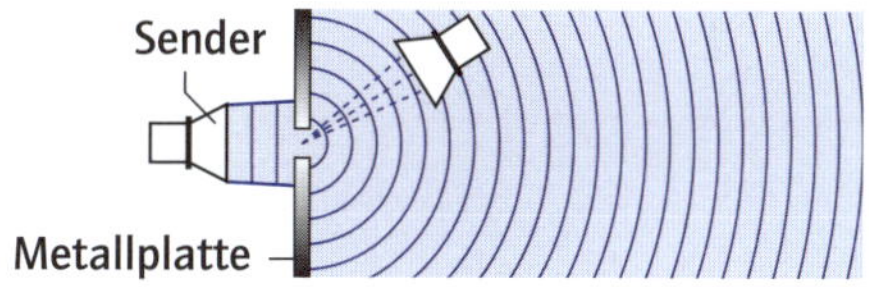

Bringt man eine Metallplatte in den Strahlengang, so würde bei geradliniger Signalausbreitung im Schattenbereich kein Signal mehr ankommen. Durch Beugung an der Kante jedoch kann in der geometrischen Schattenzone ein Interferenzmuster an Beugungsmaxima und -minima nachgewiesen werden. Mithilfe einer zweiten Platte kann ein Einfachspalt erzeugt werden. Bei Spaltbreiten in Größenordnung der Wellenlänge und darunter (also im cm-Bereich) tritt auch hier Beugung auf.

Interferenz am Doppelspalt

Hinter der Doppelspaltblende tritt das abgebildete Interferenzmuster auf. Die beiden Spalte S_1 und S_2 wirken gemäß dem Huygens'schen Prinzip als zwei gleichphasige Sender. Auf der Mittellinie treffen die beiden Wellenzüge von S_1 und S_2 immer gleichphasig ein und überlagern sich konstruktiv zu Hauptmaximum und -minimum. Bewegt man den Empfänger im Halbkreis hinter den Spalten herum, so registriert man ein Minimum der Signalstärke, wenn die beiden Wellenzüge gegenphasig eintreffen und sich auslöschen, ein Maximum, wenn sie wieder gleichphasig eintreffen. Ihr sogenannter Gangunterschied Δs ist dann ein Vielfaches von λ, das heißt $\Delta s = n \cdot \lambda$.

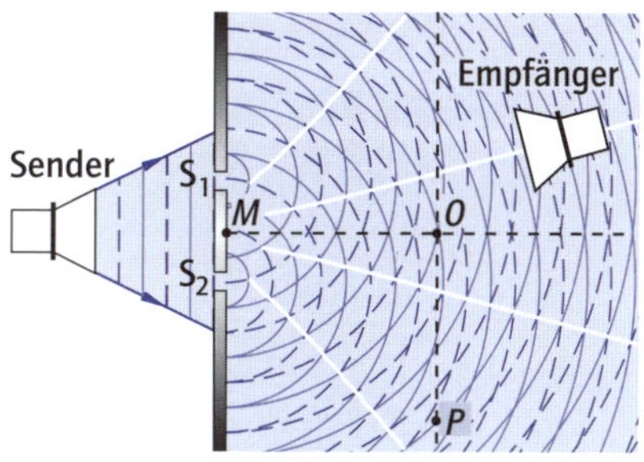

Gleichzeitig entnimmt man der Abbildung die geometrische Beziehung: $\sin\alpha = \frac{\Delta s}{d}$ mit d als dem Spaltmittenabstand. Ein **Empfangsmaximum** tritt also auf, wenn $\sin\alpha = \frac{n \cdot \lambda}{d}$ (mit $n \in \mathbb{N}_0$) gilt.
Ebenso lässt sich für die **Minima** herleiten, dass für ihr Erscheinen gilt: $\sin\alpha = \frac{2n+1}{2} \cdot \frac{\lambda}{d}$ mit $n \in \mathbb{N}_0$

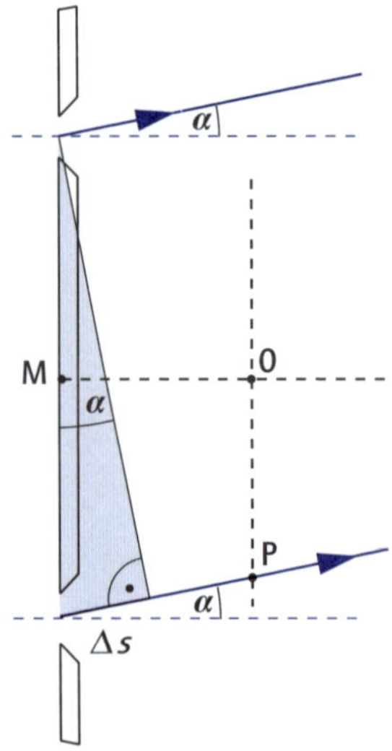

Der Nachweis der Nebenmaxima hängt wegen der abnehmenden Signalstärke von der Empfindlichkeit des Empfängers ab, allerdings ist auch zu beachten, dass in obiger Gleichung $\sin\alpha = \frac{n \cdot \lambda}{d} \leq 1$ gilt. Daher ergibt sich für die maximal zu beobachtende Ordnung n

für die Maxima: $n \leq \frac{d}{\lambda}$;

für die Minima: $n \leq \frac{d}{\lambda} - \frac{1}{2}$

Führt man den Empfänger statt im Halbkreis auf einer zur Doppelspaltebene parallelen Linie im Abstand $\overline{OM}$ entlang, so gilt dort für einen Punkt P:

$$\tan\alpha = \frac{\overline{OP}}{\overline{OM}}.$$

Für **kleine Winkel** unter 10° kann man $\sin\alpha \approx \tan\alpha$ setzen und erhält:

$$\frac{\Delta s}{d} = \frac{\overline{OP}}{\overline{OM}}$$

BEISPIEL 4 ▪ Ein Mikrowellensender mit der Frequenz 10,7 GHz wird auf einen Doppelspalt gerichtet.

a) Die Spalte sind jeweils 27,5 mm, der Zwischenraum 49,0 mm breit. Unter welchen Winkeln kann hinter dem Doppelspalt ein Empfangsmaximum registriert werden?

Die Wellenlänge beträgt $\lambda = \frac{c}{f} = 2{,}80\,\text{cm}$, der Spaltmittenabstand $d = \frac{1}{2} \cdot 27{,}5\,\text{mm} + 49{,}0\,\text{mm} + \frac{1}{2} \cdot 27{,}5\,\text{mm}$, also $d = 76{,}5\,\text{mm}$, und für die Anzahl der beobachtbaren Maxima n gilt: $n \leq \frac{d}{\lambda} = \frac{0{,}0765\,\text{m}}{0{,}0280\,\text{m}} = 2{,}7$
also können maximal 2 Nebenmaxima empfangen werden.

1. Maximum: $\sin\alpha_1 = \frac{\lambda}{d} = \frac{0{,}0280\,\text{m}}{0{,}0765\,\text{m}} = 0{,}366 \quad \Rightarrow \quad \alpha_1 = 21{,}5°$

2. Maximum: $\sin\alpha_2 = 2 \cdot \frac{\lambda}{d} = 2 \cdot 0{,}366 = 0{,}732 \quad \Rightarrow \quad \alpha_2 = 47{,}1°$

b) Die Spalte werden auf 64,0 mm verbreitert, ihr Abstand auf 32,0 mm eingestellt. Der Empfänger bewegt sich nun parallel zur Spaltebene in 90,0 cm Entfernung. In welchem Abstand vom Hauptmaximum müsste man wieder Empfangsmaxima registrieren können?

Wie bei a) berechnet man: $d = 96{,}0\,\text{mm}$ und $n \leq 3{,}4$; daraus ergibt sich

1. Maximum: $\sin\alpha_1 = \frac{0{,}0280\,\text{m}}{0{,}0960\,\text{m}} = 0{,}292 \quad\Rightarrow\quad \alpha_1 = 17{,}0°$

2. Maximum: $\sin\alpha_2 = 0{,}583 \quad\Rightarrow\quad \alpha_2 = 35{,}7°$

3. Maximum: $\sin\alpha_3 = 0{,}875 \quad\Rightarrow\quad \alpha_3 = 61{,}0°$

Da die Kleinwinkelnäherung $\sin\alpha \approx \tan\alpha$ bereits für α_1 nicht mehr gilt, muss man mit $\tan\alpha = \frac{\overline{OP}}{\overline{OM}} \Rightarrow \overline{OP} = \tan\alpha \cdot \overline{OM}$ rechnen, also

$\overline{OP_1} = \tan 17{,}0° \cdot 90{,}0\,\text{cm} = 27{,}5\,\text{cm}$ 1. Maximum

$\overline{OP_2} = \tan 35{,}7° \cdot 90{,}0\,\text{cm} = 64{,}7\,\text{cm}$ 2. Maximum

$\overline{OP_3} = \tan 61{,}0° \cdot 90{,}0\,\text{cm} = 1{,}63\,\text{m}$ 3. Maximum (sehr schwach!)

ZUR VERTIEFUNG

Im Experiment zeigt sich jedoch, dass das 3. Nebenmaximum nicht mehr nachweisbar ist. Es wird zusätzlich durch die Beugungseffekte an den Spalträndern ausgelöscht.

Die beiden Wellenzüge vom linken und rechten Spaltrand ($b = 64{,}0\,\text{mm}$ entfernt) haben im Auftreffpunkt P_3 den Gangunterschied

$$\Delta s = b \cdot \sin\alpha_3 = 6{,}40\,\text{cm} \cdot \sin 61{,}0° = 5{,}60\,\text{cm} = 2 \cdot \lambda.$$

Stellt man sich den Wellenstrahl durch den Spalt in vier Teilbündel mit jeweils $\frac{1}{2}\lambda$ Gangunterschied zerlegt vor, so löschen sich das erste und zweite, bzw. zweite und dritte gegenseitig aus. Damit kann in P_3 kein Signal mehr empfangen werden.

Beugung am Spalt geht vor Interferenz!

8.4 Licht als elektromagnetische Welle

Führt man mit Licht die vorstehend beschriebenen Versuche durch, so zeigen sich viele Übereinstimmungen in den Phänomenen. Dies erlaubt es, von **Lichtwellen als elektromagnetischen Wellen** zu sprechen. Die Beugung von Licht an scharfen Kanten und die Brechung beim Übergang in ein anderes Medium sind bereits aus der Optik bekannt. 1849 wurde von Hippolyte Fizeau (1819 – 1896) und 1850 von Leon Foucault (1819 – 1868) die Lichtgeschwindigkeit zu $3{,}00 \cdot 10^8\,\text{m/s}$ bestimmt. Die Brechung von Licht konnte damit im Wellenmodell als Verringerung der Ausbreitungsgeschwindigkeit im dichteren Medium erklärt werden. Das entscheidende Experiment für die Wellennatur des Lichtes führte 1802 Thomas Young (1773 – 1829) mit dem Doppelspaltversuch durch.

Doppelspalt nach Young

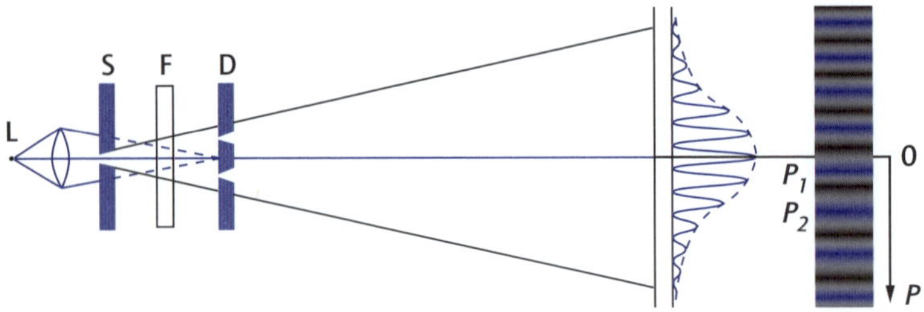

Die Schwierigkeit lag dabei einerseits in der Verwendung einer möglichst monochromatischen (einfarbigen) Lichtquelle L und eines kohärenten (gleichphasigen) Lichtbündels, andererseits auch in der Herstellung möglichst kleiner Spalte in der Größenordnung der vermuteten Lichtwellenlänge im 0,1-µm-Bereich. Heute kann man als Lichtquelle einen Laser verwenden, Young blendete mit einem engen Spalt S ein paralleles Lichtbündel aus, mit einem Farbfilter F erhielt er dann einen **monochromatischen kohärenten Lichtstrahl**. Er beobachtete, dass sich das ursprünglich scharfe Spaltbild nach dem Doppelspalt D in eine Vielzahl von **gleich breiten hellen und dunklen Streifen** aufspaltete.

Bei Verkleinerung der Spaltbreiten vergrößerte sich das Interferenzbild zu mehr Streifen. Im Wellenmodell lassen sich die hellen Streifen als Interferenzmaxima, die dunklen als -minima interpretieren.

BEISPIEL 5 ▪ **Bei einem Doppelspaltversuch nach Young sind der Abstand des Schirmes von den beiden Spalten $a = 3{,}60\,\text{m}$, der Abstand der Spaltmitten $d = 0{,}250\,\text{mm}$ und die Distanz zwischen erstem und zweitem dunklen Streifen $\overline{P_1P_2} = 7{,}60\,\text{mm}$.**

a) Man berechne die Wellenlänge des verwendeten Lichtes.

Für den Winkel α zwischen $\overline{OP_1}$ und $\overline{OP_2}$ gilt:

$$\tan\alpha = \frac{\overline{P_1P_2}}{a} = \frac{7{,}60\,\text{mm}}{3{,}60\,\text{m}} = 0{,}00211 \quad\Rightarrow\quad \alpha = 0{,}12°$$

Für so kleine Winkel ist ohne Genauigkeitsverlust $\sin\alpha = \tan\alpha$ und es kann daher verkürzt gerechnet werden:

$$\frac{\lambda}{d} = \frac{\overline{P_1P_2}}{a} \quad \text{und somit} \quad \lambda = d\cdot\frac{\overline{P_1P_2}}{a} = 5{,}28\cdot 10^{-7}\,\text{m} = 528\,\text{nm}$$

b) Welchen Abstand haben der erste und der zweite helle Streifen?

Auch hier ist der Gangunterschied $\Delta s = \lambda$, also ist $d = 7{,}60\,\text{mm}$.

c) Welche mathematischen Näherungen verwendet man?

Um $\sin\alpha = \tan\alpha$ setzen zu können, muss der Winkel α kleiner als 10° sein;

aufgrund der Abmessungen ist $a \gg \overline{P_1P_2}$, daher α klein;
damit ist auch die Parallelität der interferierenden Strahlen gegeben.

d) Man zeige allgemein, dass sich unter diesen Näherungen auf dem Schirm ein System von äquidistanten hellen Streifen ergibt.

Zwei aufeinanderfolgende Maxima oder Minima haben den Abstand

$$\overline{P_{i+1}P_i} = \frac{\Delta s_{i+1} \cdot a}{d} - \frac{\Delta s_i \cdot a}{d} = \frac{(\Delta s_{i+1} - \Delta s_i) \cdot a}{d} = \frac{((i+1) - i) \cdot \lambda \cdot a}{d} = \frac{(i+1-i) \cdot \lambda \cdot a}{d}$$

$$= \lambda \cdot \frac{a}{d} = \text{konstant}$$

Daher folgen die Streifen in gleichem Abstand aufeinander, also äquidistant.

e) Welcher Abstand ergibt sich bei Verwendung von rotem Laserlicht der Wellenlänge 630 nm?

$$\overline{P_{i+1}P_i} = \lambda \cdot \frac{a}{d} = 630 \cdot 10^{-9}\,\text{m} \cdot \frac{3{,}60\,\text{m}}{0{,}250 \cdot 10^{-3}\,\text{m}} = 9{,}07\,\text{mm}$$

Beugung und Interferenz am Gitter

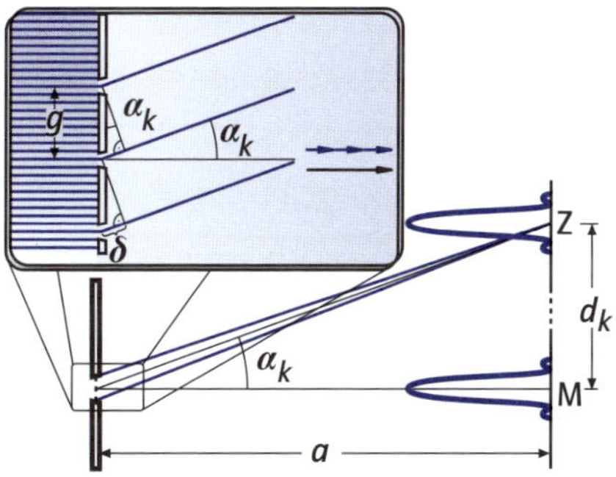

Eine Erweiterung der Doppelspaltversuche stellen die Interferenzen an optischen Gittern dar. Ein Gitter besteht aus vielen einzelnen gleich großen Spalten gleich großen Abstands (hier verwendet man neben dem Begriff Spaltmittenabstand d die **Gitterkonstante *g***), die Versuchsanordnung ist analog zum Doppelspalt: Ein kohärentes, monochromatisches (paralleles) Lichtbündel fällt senkrecht auf das Gitter, auf dem Schirm dahinter zeigt sich ein Muster heller und dunkler Streifen. Man beobachtet bei Verwendung von

- monochromatischem Licht wieder die äquidistante symmetrische Abfolge der Maxima und Minima,
- Glühlampenlicht oder Sonnenlicht einen weißen Streifen in der Mitte, daneben dann die hellen spektralfarbigen Streifen wachsender Breite. Diese werden nach außen hin schwächer und können sich für höhere Ordnungen überlagern,
- Gittern mit engeren Spalten schärfere Streifen, bei genauerer Betrachtung erkennt man, dass an einigen Stellen helle Streifen fehlen. Hier fällt ein Beugungsminimum der einzelnen Spalte (Auslöschung) auf ein zu erwartendes Maximum des Gitters.

  Beugung am Spalt geht vor Interferenz!

Die Beugung am Gitter erlaubt eine exakte Wellenlängenmessung im nm-Bereich durch Ausmessen der Interferenzbilder.
Für den Gangunterschied der einzelnen Strahlen gilt wieder: $\sin\alpha = \frac{\Delta s}{g}$ und am Beobachtungsschirm $\tan\alpha = \frac{\overline{OP}}{a}$, bei genügend großer Entfernung und kleiner Ordnung kann man wieder $\sin\alpha = \tan\alpha$ setzen. Damit erhält man die bekannte Beziehung:

$\frac{\Delta s}{g} = \frac{\overline{OP_n}}{a}$ also für das ***n*-te Maximum:** $\frac{n \cdot \lambda}{g} = \frac{\overline{OP_n}}{a}$

Für Sonnenlicht liegt der rote sichtbare Rand bei etwa 780 nm, der blau-violette bei 360 nm. Da die Winkelablenkung α mit der Wellenlänge zunimmt, wird der rote Anteil des Lichtes stärker gebeugt als der blaue, somit kommt es zu Überlagerungen bei höheren Ordnungen. Aufgrund der abnehmenden Intensität der Maxima höherer Ordnung sind diese jedoch meist kaum mehr zu beobachten.

BEISPIEL 6

a) Laserlicht der Wellenlänge 633 nm fällt senkrecht auf ein optisches Gitter. Im Abstand $a = 4{,}00\,\text{m}$ hinter dem Gitter beobachtet man auf einem zur Gitterebene parallelen Schirm das Interferenzbild. Die beiden symmetrischen Hauptmaxima 1. Ordnung sind 15,2 cm voneinander entfernt. Man berechne die Gitterkonstante *g* sowie die Anzahl *n* der Gitterstriche pro Millimeter.

$\overline{OP_1} = 15{,}2\,\text{cm} : 2 = 7{,}60\,\text{cm}$ und mit $\frac{\overline{OP_1}}{a} = \frac{\lambda}{g}$ folgt:

$$g = \lambda \cdot \frac{a}{\overline{OP_1}} = 633 \cdot 10^{-9}\,\text{m} \cdot \frac{4{,}00\,\text{m}}{0{,}0760\,\text{m}} = 3{,}33 \cdot 10^{-5}\,\text{m}$$

Damit sind es $\frac{1}{g} = 30\,000$ Linien pro Meter = 30 Linien pro 1 mm.

b) Nun wird das Laserlicht in der Anordnung von a) durch ein schmales Parallelbündel vom Licht einer Glühlampe ersetzt, das nur die Wellenlängen von 400 nm bis 780 nm enthält. Wie breit ist das Spektrum 2. Ordnung?

$$\overline{OP_{\text{rot}}} = 2 \cdot \lambda_{\text{rot}} \cdot \frac{a}{g} = 2 \cdot 780 \cdot 10^{-9}\,\text{m} \cdot \frac{4{,}00\,\text{m}}{3{,}33 \cdot 10^{-5}\,\text{m}} = 0{,}187\,\text{m}$$

$$\overline{OP_{\text{blau}}} = 2 \cdot \lambda_{\text{blau}} \cdot \frac{a}{g} = 2 \cdot 400 \cdot 10^{-9}\,\text{m} \cdot \frac{4{,}00\,\text{m}}{3{,}33 \cdot 10^{-5}\,\text{m}} = 0{,}096\,\text{m}$$

Das Spektrum 2. Ordnung ist also $18{,}7\,\text{cm} - 9{,}6\,\text{cm} = 9{,}1\,\text{cm}$ breit.

c) Überlappen sich die Spektren 2. und 3. Ordnung?

$$\overline{OP_{\text{blau3}}} = 3 \cdot \lambda_{\text{blau}} \cdot \frac{a}{g} = 0{,}144\,\text{m} = 14{,}4\,\text{cm} < 18{,}7\,\text{cm} = \overline{OP_{\text{rot2}}}$$

damit liegt der blaue Rand der 3. Ordnung innerhalb des roten Randes der 2. Ordnung, die Spektren überlappen sich also.

Das Michelson-Interferometer

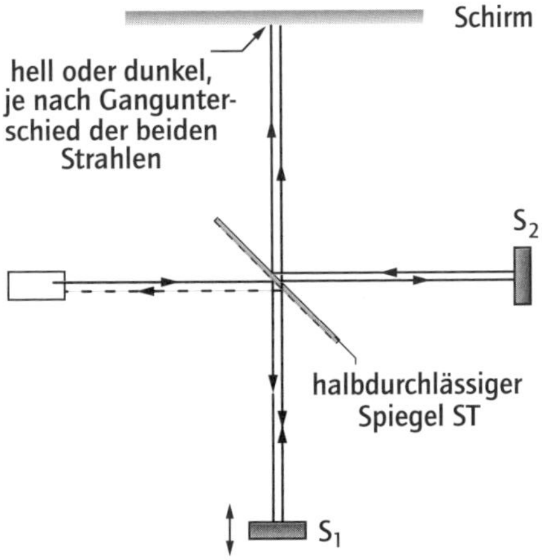

Eine weitere Interferenzerscheinung lässt sich mithilfe des **Michelson-Experiments** darstellen. Ein monochromatischer, kohärenter Lichtstrahl, vorzugsweise aus einem Laser, wird an einem halbdurchlässigen Spiegel ST teilweise reflektiert, gelangt zu einem zweiten Spiegel S_2, wird dort wieder reflektiert und trifft schließlich auf einem Schirm auf. Der andere Strahlenteil durchdringt den Spiegel, wird dahinter von einem weiteren Spiegel S_1 reflektiert und gelangt nach weiterer Reflexion zusammen mit dem ersten Strahl zum Schirm.

Der kleinste Wegunterschied in den beiden Strahlengängen bewirkt eine Phasenverschiebung der sich überlagernden Wellen. Es überlagern sich die beiden Wellenzüge zu einem **Interferenzbild aus hellen und dunklen Ringen**. Verschiebt man daher einen Spiegel um die Strecke Δd, so ergibt sich ein Gangunterschied von $\Delta s = 2 \cdot \Delta d$.

Abgesehen von den unterschiedlichen Abmessungen ist dieser Versuch auch mit Mikrowellen realisierbar und kann unter anderem zur Wellenlängenbestimmung der elektromagnetischen Strahlung dienen. Hierbei nimmt man statt der Spiegel reflektierende Metallplatten und als halbdurchlässigen Spiegel eine dünne Hartfaserplatte.

BEISPIEL 7

a) Eine Michelson-Anordnung mit Mikrowellen wird so justiert, dass man am Empfänger gerade ein Intensitätsmaximum registriert. Der bewegliche Reflektor wird nun um 11,1 cm verschoben, dabei durchlaufen acht Intensitätsmaxima den Empfänger. Welche Frequenz hat die Mikrowellen-Strahlung?

Eine Verschiebung des Reflektors um $\Delta d = 11{,}1\,\text{cm}$ bewirkt einen Gangunterschied von $\Delta s = 2 \cdot 11{,}1\,\text{cm} = 22{,}2\,\text{cm}$ für 8 Maxima, das heißt
$\Delta s = 0{,}0278\,\text{m} = \lambda$ für ein Maximum.

Mit $f = \frac{c}{\lambda}$ folgt $f = \frac{3{,}0 \cdot 10^8\,\text{m/s}}{0{,}0278\,\text{m}} = 10{,}8 \cdot 10^9\,\text{Hz} = 10{,}8\,\text{GHz}$.

b) Eine analoge Anordnung wird nun mit Spiegeln und Laserlicht der Wellenlänge 633 nm betrieben. Wie weit muss der bewegliche Spiegel mithilfe einer Mikrometerschraube verstellt werden, damit am Interferenzbild 40 Hell-Dunkel-Ringe durchlaufen werden?

$40\lambda = 40 \cdot 633 \cdot 10^{-9}\,\text{m} = 2{,}53 \cdot 10^{-5}\,\text{m} = \Delta s$

$\Delta d = \frac{\Delta s}{2} = 1{,}27 \cdot 10^{-5}\,\text{m} = 12{,}7\,\mu\text{m}$

Polarisation von Lichtwellen

Auch die weiteren Wellenphänomene **Polarisation** und **stehende Wellen** lassen sich mit Licht beobachten. Ein Laser emittiert von Natur aus polarisiertes Licht, was mit sogenannten Polarisationsfiltern, die nur Lichtwellen einer Schwingungsrichtung durchlassen, nachgewiesen werden kann. Im Licht einer Glühlampe oder im Sonnenlicht hingegen sind alle Schwingungsrichtungen gleichmäßig vertreten. Dieses Licht kann dann durch Reflexion oder Brechung an geeigneten Materialien (Kalkspatkristall) polarisiert werden. Teil a) und b) der Abbildung zeigen, dass Lichtwellen transversale Wellen sind.

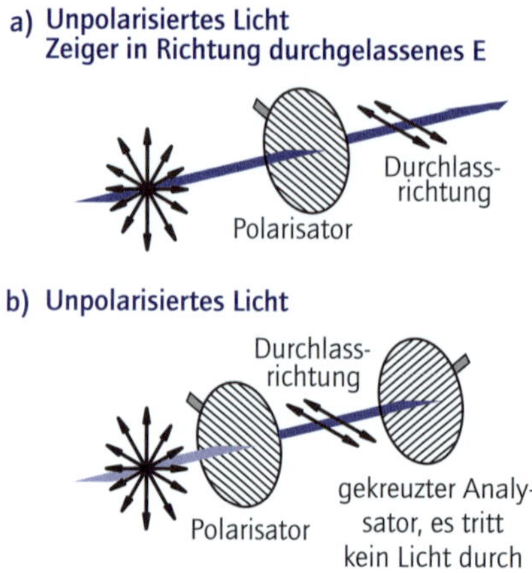

8.5 Das elektromagnetische Spektrum

Bei der Gitteranalyse des Lichtspektrums kann man je nach Entstehung des Lichtes zwei verschiedene Arten unterscheiden:

- Sonnenlicht oder Licht einer Glühlampe zeigen ein **kontinuierliches Spektrum** mit den Farben von rot (langwellig) bis blau-violett (kurzwellig). Bei hoher Auflösung erkennt man im Spektrum der Sonne dunkle Linien, die sogenannten **Fraunhofer'schen Linien**; hier werden einzelne Spektrallinien des Lichts bereits auf dem Weg durch die Sonnenatmosphäre wieder ausgefiltert. (→ Umkehrung der Na-Linie, Seite 155)
- Gasentladungsröhren senden hingegen ein **diskretes Linienspektrum** aus, das bei einatomigen Gasen aus einzelnen scharf begrenzten Spektrallinien, bei Molekülen aus sogenannten **Bändern** oder **Bandenspektren** besteht. Dabei liegen einzelne Spektrallinien dicht gehäuft beieinander, sodass diese Stellen wie ein kontinuierliches Spektrum wirken.

Unterhalb des Wellenlängenbereichs des für uns sichtbaren Lichtes liegt der UV-(Ultra-Violett-)Bereich (10 – 400 nm). Fluoressenzstoffe können dieses Licht in sichtbares Licht umwandeln. Oberhalb des sichtbaren Bereichs liegt das IR-(**Infrarot-**)Spektrum, manchmal auch **Ultrarot** genannt (800 nm – 1 mm). Es entsteht durch Schwingungen der Atome und Moleküle und wird von uns als Wärmestrahlung registriert. Daran anschließend ist der Bereich der bereits erwähnten Mikrowellen, der Dipolstrahlung und deren technische Anwendung der Radio- und Funkwellen. Zur anderen Seite hin schließt sich an das UV-Licht die Röntgenstrahlung und die Gammastrahlung des radioaktiven Zerfalls an. Der Übergang der einzelnen Bereiche ist fließend und ihre Unterscheidung erfolgt nach Entstehung und Nachweismethode der jeweiligen Strahlung. Für alle Spektralbereiche gilt jedoch: $c = \lambda \cdot f$ mit der Lichtgeschwindigkeit c als Ausbreitungsgeschwindigkeit aller elektromagnetischen Wellen.

CHECKLISTE

8 Elektromagnetische Schwingungen und Wellen

- **Welleneigenschaften:**
  Beugung: Eindringen der Welle in den geometrischen Schattenraum; Brechung: Richtungsänderung beim Übergang in ein anderes Medium; Polarisation: Bevorzugung einer Schwingungsrichtung
  Interferenz: Überlagerung einzelner Wellenzüge zu einem neuen Gesamtbild
- **Interferenz tritt auf bei Wellen gleicher Frequenz (Wellenlänge) und gleicher Amplitude:**
  - **bei stehenden Wellen ⇒ Überlagerung gegenläufiger Wellen**
  - **am Doppelspalt ⇒ zwei gleichphasige Elementarwellen**
  - **am Gitter ⇒ viele gleichphasige Elementarwellen**
- **Die Wellenzüge überlagern sich dabei:**
  - **Konstruktiv (Maximum, Verstärkung, heller Streifen) wenn ihr Gangunterschied Δs ein ganzzahliges Vielfaches der Wellenlänge beträgt: $\Delta s = n \cdot \lambda$, damit gleichphasiges Eintreffen**
  - **Destruktiv (Minimum, Auslöschung, dunkler Streifen), wenn $\Delta s = \frac{(2n+1) \cdot \lambda}{2\lambda}$ ⇔ ungerades Vielfaches der halben Wellenlänge, damit gegenphasiges Eintreffen.**

9 Relativitätstheorie

Mit der Newton'schen Mechanik und den Galilei-Transformationen für die Addition von Geschwindigkeiten müsste für einen Lichtstrahl, der von einem bewegten Sender ausgeht, die Lichtgeschwindigkeit größer sein als die für einen Strahl eines ruhenden Senders. Die Galilei-Transformationen fordern die Addition der Geschwindkeiten des Lichtes und des bewegeten Senders. Dies steht aber im Gegensatz zu den Experimenten von Michelson und Morley.

9.1 Michelson, Morley und Einstein

Man nahm an, dass elektromagnetische Wellen wie andere Wellen auch ein Trägermedium zur Ausbreitung benötigen. Dieses sehr dünne Medium wurde **Äther** genannt, in ihm sollten sich die Sonne, die Monde und Planeten reibungsfrei bewegen können. Diese Überlegung überprüften Albert **Michelson** (1852 – 1931) und Edward **Morley** (1838 – 1923) 1887 mit dem nach ihnen benannten Experiment (vgl. auch die Zeichnung auf Seite 135).

Ein Lichtstrahl durchlief ein Michelson-Interferometer, das sich langsam in der waagerechten Lagerungsebene drehte. Der Ausgangsstrahl bewegte sich daher einmal mit der Erdrotation und einmal rechtwinklig dazu. Es müssten sich daher unterschiedliche Laufzeiten für die Bewegung in und gegen sowie senkrecht zur Erdrotation ergeben, was zu **Gangunterschieden** auf den Streckenteilen und daher zu einer **Interferenzänderung** führen sollte. Dieses Experiment wurde an verschiedenen Orten immer wieder durchgeführt, es zeigte sich jedoch **keine Änderung im Interferenzbild der Teilstrahlen**, egal in welcher Richtung sie sich zur Erdrotation ausbreiteten.

Albert Einstein (1879 – 1955) leitete daraus die **Konstanz der Lichtgeschwindigkeit** unabhängig von der Bewegung des Senders ab, was der Newton'schen Physik widersprach. Die Existenz des Äthers als Träger der elektromagnetischen Wellen wurde verworfen. Diese breiten sich ohne Trägermedium in alle Richtungen unabhängig von der Relativbewegung des Senders gleich schnell aus. Mit dem Verzicht auf die Existenz des ruhenden Äthers gibt es aber auch kein besonders ausgezeichnetes Bezugssystem und keinen Unterschied zwischen Bewegungen in ruhenden oder bewegten Inertialsystemen mehr.

INSIDER-TIPP

Alle Inertialsysteme sind gleichberechtigt, jede Bewegung in ihnen relativ.

BEISPIEL 1 ▪ Im Originalexperiment maß der einfache Lichtweg $a = 11{,}0\,\text{m}$. Man schätze die Laufzeitdifferenz bei Berücksichtigung der Erdrotation um die Sonne ab. $R_{\text{Erdbahn}} = 1{,}50 \cdot 10^{11}\,\text{m}$.

Die Bahngeschwindigkeit (⟵) der Erde beträgt

$$v = \frac{2 \cdot \pi \cdot R_{\text{Erdbahn}}}{T} = \frac{2 \cdot \pi\, 1{,}50 \cdot 10^{11}\,\text{m}}{365 \cdot 24 \cdot 3600\,\text{s}} = 30{,}0\,\text{km/s}$$

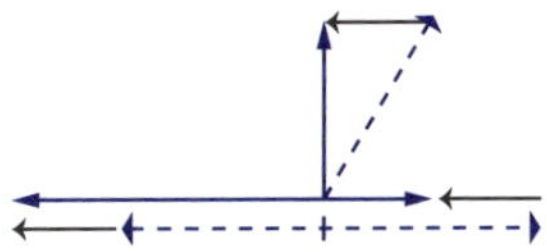

Bei Bewegung in Richtung der Erdrotation läuft die Erde praktisch dem Lichtstrahl (- - - -▸) hinterher, es ergibt sich

- als Überlagerung (⟶) die Geschwindigkeit $c - v$,
- bei Gegenbewegung $c + v$,
- bei Bewegung senkrecht zur Rotation $\sqrt{c^2 - v^2}$.

Damit gilt für den

parallelen Lichtweg: $t_\tau = \frac{a}{c - v} + \frac{a}{c + v} = \frac{2 \cdot a \cdot c}{c^2 - v^2} = 2 \cdot \frac{a}{c} \cdot \frac{1}{1 - v^2/c^2}$

senkrechten Lichtweg: $t_\upsilon = 2\,a \cdot \frac{1}{\sqrt{c^2 - v^2}} = 2 \cdot \frac{a}{c} \cdot \frac{1}{\sqrt{1 - v^2/c^2}}$

somit folgt: $t_\upsilon = t_\tau \cdot \sqrt{1 - v^2/c^2} < t_\tau$ und $\Delta t = t_\tau - t_\upsilon = t_\tau \cdot \left(1 - \sqrt{1 - v^2/c^2}\right)$

Die Laufzeitdifferenz ist wegen $\frac{v}{c} = \frac{30{,}0\,\text{km/s}}{3{,}00 \cdot 10^8\,\text{m/s}} = 10^{-4}$ natürlich sehr klein, könnte aber wegen der Empfindlichkeit der Interferenzanordnung nachgewiesen werden. Man verwendet dazu einmal (*) die Näherung

$\sqrt{1 - v^2/c^2} \approx 1 - \frac{1}{2} \cdot \left(\frac{v}{c}\right)^2$ und erhält

$$\begin{aligned}
\Delta t &= 2 \cdot \frac{a}{c} \cdot \frac{1}{1 - v^2/c^2} - 2 \cdot \frac{a}{c} \cdot \frac{1}{\sqrt{1 - v^2/c^2}} = 2 \cdot \frac{a}{c} \cdot \left(\frac{1}{1 - v^2/c^2} - \frac{1}{\sqrt{1 - v^2/c^2}}\right) \\
&= 2 \cdot \frac{a}{c} \cdot \frac{1}{1 - v^2/c^2} \cdot \left(1 - \sqrt{1 - v^2/c^2}\right) \quad (*) \\
&= 2 \cdot \frac{a}{c} \cdot \frac{1}{1 - v^2/c^2} \cdot \left(\frac{1}{2} \cdot \frac{v^2}{c^2}\right) = \frac{\mathrm{a}}{c} \cdot \frac{1}{1 - v^2/c^2} \cdot \left(\frac{v^2}{c^2}\right) \\
&= \frac{\mathrm{a} \cdot v^2}{c^3 \cdot (1 - v^2/c^2)} \quad \mid \text{Vernachlässigung des Terms } (1 - v^2/c^2) \approx 1 \\
&\approx a \cdot \frac{v^2}{c^3} = 11{,}0\,\text{m} \cdot \frac{(30{,}0 \cdot 10^3\,\text{m/s})^2}{(3{,}00 \cdot 10^8\,\text{m/s})^3} = 3{,}67 \cdot 10^{-16}\,\text{s}
\end{aligned}$$

Bei Lichtgeschwindigkeit ergibt dies einen Gangunterschied Δs von $1{,}1 \cdot 10^{-7}\,\text{m}$, was etwa einem Fünftel einer Lichtwellenlänge entspricht. Dies hätte eine Verschiebung der Hell-Dunkel-Ringe im Interferenzbild zur Folge, was aber nicht beobachtet wurde.

9.2 Zeitdilatation und Längenkontraktion

Die Zeitdilatation

Albert Einstein führte in seinen **Gedankenexperimenten** die **Lichtuhren** ein, in ihnen laufen Lichtsignale auf und ab und bei jeder Reflexion erhält man einen Zählimpuls. In A und B stehen zwei identische Uhren, in der Mitte dazwischen steht der Signalgeber. Die Uhren werden gleichzeitig von einem Lichtsignal aus in Gang gesetzt. Die beiden Uhren A und B zeigen daher die gleiche Zeit an, sie sind gleichzeitig oder **synchron**.

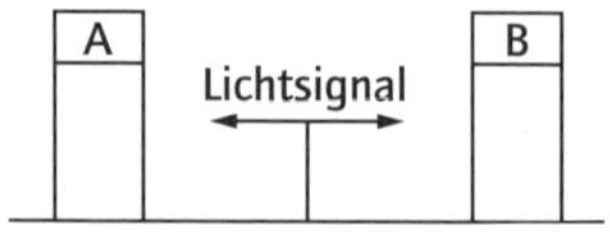

Bewegen sich aber die Uhren **relativ zueinander**, so muss man die Betrachtungsweise ändern. In A stehen nun die beiden synchronen Uhren A und C, in B die synchrone Uhr B. Nun bewege sich C in Richtung auf B hin. Während in A der Lichtstrahl in einer Zeitperiode von oben nach unten läuft, kommt er in der Uhr C aufgrund der konstanten Ausbreitungsgeschwindigkeit nur bis zur Hälfte, da sich ja diese Uhr entfernt hat. In A ist der Lichtstrahl schon wieder oben angelangt und löst den zweiten Zählimpuls aus, in C trifft er jetzt gerade unten ein. Bis die Uhr C bei B angelangt ist, sind in A und B vier Zeitperioden vergangen, auf der Uhr C erst zwei.

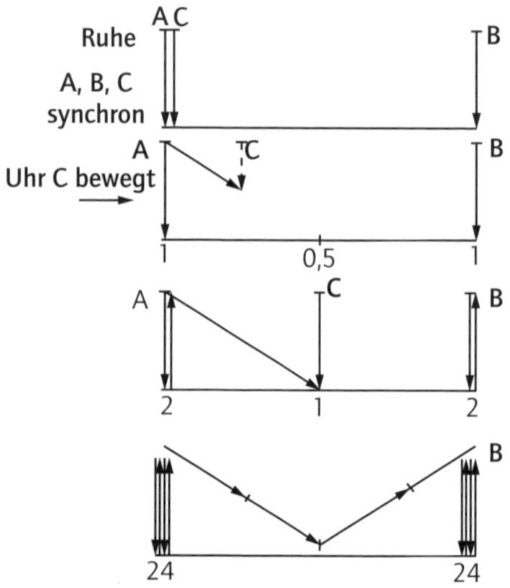

Zur **rechnerischen Auswertung** betrachtet man den Lichtweg in der Uhr C: Die Abwärts- bzw. Aufwärtsstrecke der Länge $c \cdot t_{\text{Eigen}}$ wird mit der Lichtgeschwindigkeit c in der Eigenzeit t_{Eigen} durchlaufen. Gleichzeitig aber bewegt sich die Uhr von den ruhenden Beobachtern in A und B aus betrachtet mit der Geschwindigkeit v in der Zeit t_{Ruhe} um die Strecke $v \cdot t_{\text{Ruhe}}$ weiter, der Lichtstrahl läuft für die Beobachter A und B mit c die Hypotenuse $c \cdot t_{\text{Ruhe}}$ entlang. Damit gilt:

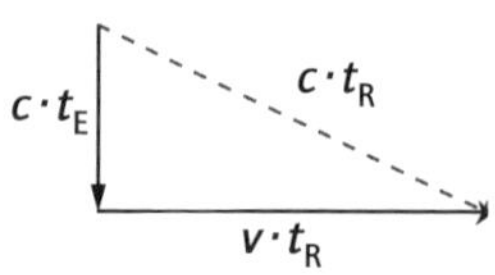

$$(c\cdot t_E)^2 + (v\cdot t_R)^2 = (c\cdot t_R)^2 \Rightarrow c^2\cdot t_E^2 = t_R^2\cdot(c^2 - v^2)$$

$$\Rightarrow t_E^2 = t_R^2\cdot\frac{c^2 - v^2}{c^2} = t_R^2\cdot\left(1 - \frac{v^2}{c^2}\right) \Rightarrow t_E = t_R\cdot\sqrt{1 - \frac{v^2}{c^2}}$$

Der Wurzelterm ist wegen $v < c$ kleiner als 1. Für den ruhenden Beobachter läuft also die bewegte Uhr langsamer.

Der **Nachweis** dieser verblüffenden Behauptung wurde **experimentell** 1971 bei einer Erdumfliegung mit Atomuhren geführt. Die Uhren an Bord des Flugzeugs zeigten tatsächlich bei der Landung eine etwas frühere Zeit an als die Vergleichsuhren auf der Erde.

Eine weitere Bestätigung liefert der **Myonenzerfall**. Myonen sind schwere Elementarteilchen mit einer negativen Ladung und der 207fachen Masse eines Elektrons; sie entstehen in den oberen Atmosphäreschichten durch den Aufprall hochenergetischer Teilchen des Sonnenwindes und bewegen sich von dort mit bis zu 99,8 % der Lichtgeschwindigkeit zur Erdoberfläche. In einem ruhenden Laborsystem haben sie eine Halbwertszeit von 1,52 µs. Damit könnten sie die Strecke $\Delta s = v\cdot\Delta t = 0{,}998\cdot c\cdot 1{,}52\,\mu s = 455\,m$ bis zu ihrem statistischen Zerfall durchfliegen. Eine Messstation auf einem Berggipfel auf 1900 m Höhe registriert in einer Stunde 568 Teilchen, auf Seehöhe werden noch 412 Teilchen pro Stunde gemessen, was aufgrund der Zerfallsrate zu viel ist. Die schnell bewegten Myonen aber haben die Atmosphäre in ihrer viel kürzeren Eigenzeit durchflogen:

$$t_E = t_R\cdot\sqrt{1 - \left(\frac{0{,}998\cdot c}{c}\right)^2}$$

Mit $t_R = \frac{\Delta s}{v} = \frac{1900\,m}{0{,}998\,c} = 6{,}35\,\mu s$ folgt:

$$t_E = 6{,}35\,\mu s\cdot\sqrt{1 - 0{,}998^2} = 6{,}35\,\mu s\cdot 0{,}0632 = 0{,}401\,\mu s$$

Für die Myonen ist also noch keine ganze Halbwertszeit verstrichen, es sind also statistisch viel weniger Teilchen zerfallen als unter Laborbedingungen.

Die Längenkontraktion

Die Längenbestimmung einer Rakete erfolge mithilfe einer Geschwindigkeits- und Zeitmessung. In Bug und Heck der Rakete befinden sich zwei synchrone Uhren, die Rakete fliege mit $0{,}60\cdot c$. Eine stationäre Uhr am Boden registriert für die vorbeifliegende Rakete eine Zeit von 200 ns, also beträgt ihre Länge für den ruhenden Beobachter $\ell_0 = v\cdot\Delta t = 0{,}60\cdot c\cdot 200\,ns = 36\,m$.

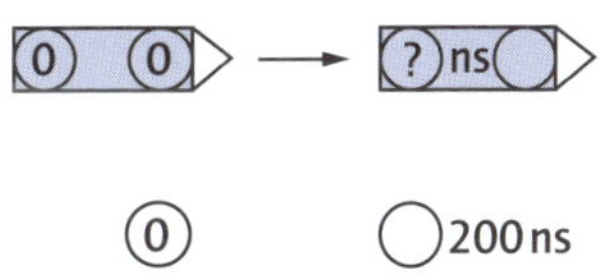

Für den Beobachter in der Rakete ist aber die Uhr am Boden bewegt,

er misst in der Rakete die Zeit $t_R = \frac{t_{Eigen}}{\sqrt{1-(v/c)^2}} = \frac{200\,\text{ns}}{\sqrt{1-0{,}60^2}} = 250\,\text{ns}$.

Daher ist für ihn seine Rakete $\ell = v \cdot t_R = 0{,}60 \cdot c \cdot 250\,\text{ns} = 45\,\text{m}$ lang. Im Ruhesystem der Rakete ist sie **länger** als im dazu bewegten Inertialsystem. Dieses Phänomen ist bereits von Hendrik A. Lorentz (1853 – 1928) als Erklärung für das Michelson-Interferenz-Experiment bemüht worden, nach der Interpretation Einsteins aber sind dies Eigenschaften des Raumes und der Zeit selbst. Die **Längenkontraktion**, auch **Lorentz-Kontraktion** genannt, ist kein in der Materie stattfindender Prozess, sondern ausschließlich durch die **Messvorgänge** bedingt. Zusammenfassend ergibt sich:

MERKE ▪ Zeitdilatation und Längenkontraktion

Zeitdilatation: $t_E = t_R \cdot \sqrt{1 - \left(\frac{v}{c}\right)^2}$

Längenkontraktion: $\ell_E = \ell_R \cdot \sqrt{1 - \left(\frac{v}{c}\right)^2}$

Damit kann auch das Ergebnis des **Myonen-Experiments** nochmals bestätigt werden. Für die schnell fliegenden Myonen bewegen sich nach ihrer Entstehung 20 km Atmosphäre mit $0{,}998 \cdot c$ vorbei.

Diese werden zu $\ell = 20\,\text{km} \cdot \sqrt{1 - \left(\frac{0{,}998\,c}{c}\right)^2} = 1{,}3\,\text{km}$ längenkontrahiert

und können daher in $t = \frac{\ell}{v} = \frac{1{,}3\,\text{km}}{0{,}998\,c} = 4{,}2\,\mu\text{s}$ durchflogen werden.

Somit können nach etwa drei Halbwertszeiten immer noch genügend Myonen am Boden registriert werden.

9.3 Relativistischer Impuls und Erhaltungssätze

Bereits 1901 wurde von **Walter Kaufmann** (1871 – 1947) bei der Messung der spezifischen Ladung von β-Strahlung (Elektronen) hoher Energie aus dem Radium-Zerfall bemerkt, dass deren **Masse mit wachsender Geschwindigkeit ebenfalls zunimmt**. Die Konstanz der Elementarladung wurde dabei vorausgesetzt. 1909 bestätigte **Alfred H. Bucherer** (1863 – 1927) diesen Befund. Auch hierfür lieferte Albert Einstein im Rahmen seiner speziellen Relativitätstheorie eine Erklärung.

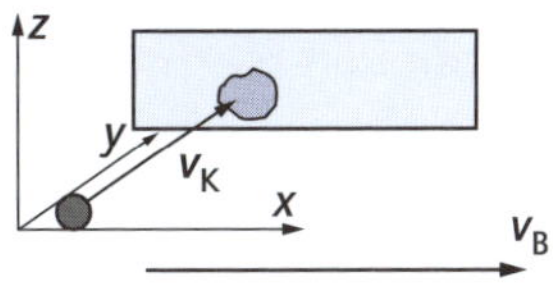

In einem ruhenden *x-y-z*-Koordinatensystem bewegt sich eine Kugel in *y*-Richtung mit der Geschwindigkeit $v_K = \frac{\Delta y}{\Delta t}$ auf eine Wand zu und schlägt dort ein. Das dabei entstehende Loch ist auf den Impulsübertrag der Kugel $p = m \cdot v_K$ zurückzuführen. Was stellt nun ein sich mit der Geschwindigkeit v_B in *x*-Richtung vorbeifahrender Beobachter der Szene fest? Auch für ihn sollte das Loch in der Wand dieselben Ausmaße haben, das heißt der Impuls der Kugel ist in jedem der beiden Bezugssysteme gleich groß. Für ihn dauert jedoch der Vorgang aufgrund der Zeitdilatation länger:

$$t_{Ruhe} = \frac{t_{Kugel}}{\sqrt{1-(v_B/c)^2}}$$

Die von der Kugel zurückgelegte Strecke bleibt hingegen gleich lang, da der Beobachter sich in *x*-Richtung und die Kugel in *y*-Richtung bewegen. Daher gilt für die Geschwindigkeit der Kugel für ihn:

$$v_K' = \frac{\Delta y'}{\Delta t'} = \frac{\Delta y}{\Delta t_{Ruhe}} = \frac{\Delta y \cdot \sqrt{1-(v_B/c)^2}}{t_{Kugel}} = v_K \cdot \sqrt{1-(v_B/c)^2} \text{ und:}$$

$$p' = p \Leftrightarrow m' \cdot v_K' = m \cdot v_K \Leftrightarrow m' = \frac{m \cdot v_K}{v_K'} = \frac{m}{\sqrt{1-(v_B/c)^2}}$$

Damit bewegt sich der Körper relativ zum Beobachter mit der Geschwindigkeit $v = v_B$ und man erhält die **relativistische Massenformel** der von der Geschwindigkeit abhängigen bewegten oder dynamischen Masse $m(v)$:

MERKE ▪ Relativistische Massenformel

$$m(v) = \frac{m_0}{\sqrt{1-(v/c)^2}}$$

m_0 ist dabei die Ruhemasse des Körpers in einem relativ zu ihm ruhenden Bezugssystem.

Für den **relativistischen Impuls** folgt damit:

MERKE ▪ Relativistischer Impuls

$$p(v) = \frac{m_0 \cdot v}{\sqrt{1-(v/c)^2}}$$

Die eingangs erwähnten Experimente zeigten diesen Effekt. Für $v \rightarrow c$ nimmt die bewegte Masse immer mehr zu, da der Nenner gegen null geht. Einstein folgerte daraus, dass es für Körper **mit nichtverschwindender Ruhemasse**

unmöglich ist, Lichtgeschwindigkeit zu erreichen. Der **Massenzuwachs** ist die Differenz zwischen bewegter und Ruhemasse:

$$\Delta m = m - m_0 = \frac{m_0}{\sqrt{1-(v/c)^2}} - m_0$$

MERKE ▪ Massenzuwachs

$$\Delta m = m_0 \cdot \left(\frac{1}{\sqrt{1-(v/c)^2}} - 1 \right)$$

ZUR VERTIEFUNG ▪ Relativistischer Impuls

Für kleine Geschwindigkeiten $\frac{v}{c} \ll 1$ kann man $\frac{1}{\sqrt{1-(v/c)^2}}$ mit $1 + \frac{1}{2} \cdot \left(\frac{v}{c}\right)^2$ abschätzen. Damit erhält man für

$$\Delta m = m_0 \cdot \left[1 + \frac{1}{2} \cdot \left(\frac{v}{c}\right)^2 - 1\right] = m_0 \cdot \left[\frac{1}{2} \cdot \left(\frac{v}{c}\right)^2\right] = \frac{1}{2} \cdot m_0 \cdot \frac{v_2}{c_2} = \frac{E_{kin}}{c_2}$$

Die daraus abgeleitete Beziehung $E_{kin} = \Delta m \cdot c^2$ wird im nächsten Abschnitt eingeführt.

BEISPIEL 2 ▪ In einem Kreisbeschleuniger mit 100 m Bahndurchmesser werden Elektronen auf 99,9 % der Lichtgeschwindigkeit beschleunigt.

a) Wievielmal größer als die Ruhemasse ist dann ihre dynamische Masse?

$$\frac{m}{m_0} = \frac{1}{\sqrt{1-(v/c)^2}} = \frac{1}{\sqrt{1-0{,}998}} = \frac{1}{0{,}0447} = 22{,}4$$

b) Wie lang ist für die Elektronen der ringförmige Beschleunigertunnel und wie lange benötigen sie für einen Umlauf ?

$$\ell = \ell_0 \cdot \sqrt{1-(v/c)^2} = 2\pi \cdot 50\,\text{m} \cdot 0{,}0447 = 14{,}0\,\text{m}$$

Umlaufzeit $T = \frac{2\pi r}{v} = \frac{2\pi \cdot 50\,\text{m}}{0{,}999\,c} = 1{,}05\,\mu\text{s}$ für den ruhenden Beobachter im Laborsystem, für die bewegten Elektronen ergibt sich wegen der Zeitdilatation $T = \frac{\ell}{v} = 4{,}67 \cdot 10^{-8}\,\text{s} = 46{,}7\,\text{ns}$.

9.4 Vom Impuls zur Energie

Einstein beschrieb die **Gesamtenergie** eines Körpers der Ruhemasse m_0, der sich mit der Geschwindigkeit v bewegt, zu $\boldsymbol{E_{ges} = m \cdot c^2} = E_{Ruhe} + E_{kin}$

Die Ruheenergie E_{Ruhe}, auch kurz mit E_0 bezeichnet, ist gleich $m_0 c^2$. Damit kann die **kinetische Energie** eines bewegten Körpers als **Differenz von Gesamtenergie und Ruheenergie** aufgefasst werden. Masse und Energie eines Körpers sind damit ineinander umrechenbar.

Der **Nachweis** dieser Beziehung kann über die Ableitung der Energie zur Kraft hin oder durch die Integration der Kraft zur Arbeit bzw. Energie geführt werden. Beide Wege erfordern jedoch einen größeren mathematischen Aufwand und können in Fachbüchern nachgelesen werden. Bedeutsam ist jedoch die folgende Gleichung aus Masse, Impuls und Energiebeziehung:

$$m = \frac{m_0}{\sqrt{1-(v/c)^2}}; \quad p = m \cdot v; \quad E_0 = m_0 c^2; \quad E = m c^2$$

Aus diesen Gleichungen wird der Term $E^2 - p^2 \cdot c^2$ gebildet:

$$E^2 - p^2 \cdot c^2 = (m c^2)^2 - (m v)^2 \cdot c^2 = m^2 c^4 - m^2 \cdot v^2 \cdot c^2$$
$$= m^2 c^4 \cdot \left(1 - \frac{v_2}{c_2}\right) = \left(\frac{m_0}{\sqrt{1-(v/c)^2}}\right)^2 \cdot c^4 \cdot \left(1 - \frac{v^2}{c^2}\right) = \frac{m_0^2 \cdot c^4}{1 - \left(\frac{v}{c}\right)^2} \cdot \left(1 - \frac{v^2}{c^2}\right)$$
$$= m_0^2 \cdot c^4 = E_0^2$$

Was wie das Ergebnis einer kleinen Algebraorgie aussieht, entpuppt sich jedoch bei genauerer Betrachtung als fundamentale Beziehung. Die Ruheenergie eines Körpers ist in jedem Bezugssystem eine konstante invariante Größe, damit bleibt aber auch der Term $E^2 - p^2 \cdot c^2$ eine invariante Größe und man erhält die

> **MERKE ▪ Energie-Impuls-Invarianz**
> **Energie-Impuls-Invarianz: $E_0^2 = E^2 - p^2 \cdot c^2$**

BEISPIEL 3 ▪ Schnelle Elektronen aus dem radioaktiven Zerfall werden in einem starken Magnetfeld der Flussdichte *B* auf eine Kreisbahn mit Radius *r* abgelenkt. Man berechne ihre Geschwindigkeit.

Zentripetalkraft = Lorentzkraft $F_Z = F_{magn} \Rightarrow \frac{m \cdot v^2}{r} = B \cdot e \cdot v$

$\Rightarrow$ ihr Impuls $p = m \cdot v = B \cdot e \cdot r \Rightarrow E_0^2 = E^2 - (B \cdot e \cdot r)^2 \cdot c^2$

$\Rightarrow (m_0 \cdot c^2)^2 = (m \cdot c^2)^2 - (B \cdot e \cdot r)^2 \cdot c^2$

Setzt man nun für m wieder $\frac{m_0}{\sqrt{1-(v/c)^2}}$ ein, so kann man nach v/c auflösen:

$$(m_0 \cdot c^2)^2 = \frac{(m_0 \cdot c^2)^2}{1-(v/c)^2} - (B \cdot e \cdot r)^2 \cdot c^2 \qquad |\text{sortieren!}$$

$$\Rightarrow (m_0 \cdot c^2)^2 + (B \cdot e \cdot r)^2 \cdot c^2 = \frac{(m_0 \cdot c^2)^2}{1-(v/c)^2} \qquad |:(m_0 \cdot c^2)^2$$

$$\Rightarrow 1 + \frac{(B \cdot e \cdot r)^2}{m_0^2} = \frac{1}{1-(v/c)^2} \Rightarrow 1 + \left(\frac{B \cdot r \cdot e}{m_0}\right)^2 = \frac{1}{1-(v/c)^2} \qquad |\text{Kehrbruch}$$

$$\Rightarrow \frac{1}{1 + \left(\frac{B \cdot r \cdot e}{m_0}\right)^2} = 1 - \left(\frac{v}{c}\right)^2 \Rightarrow \left(\frac{v}{c}\right) = \sqrt{1 - \frac{1}{1 + \left(\frac{B \cdot r \cdot e}{m_0}\right)^2}} \qquad |\text{umstellen, Wurzel ziehen}$$

Der Ausdruck enthält also nur noch die Messgrößen *B* und *r* sowie die spezifische Ladung eines ruhenden Elektrons.

BEISPIEL 4 ▪ Am Bevatron der Universität in Berkeley, Kalifornien wurden 1955 Antiprotonen erzeugt. Dazu schießt man ein schnelles Proton auf ein ruhendes Proton. Welche kinetische Mindestenergie muss das Proton haben, damit der Vorgang so ablaufen kann?

Aus Gründen der Ladungserhaltung muss ein Antiproton zeitgleich mit einem Proton entstehen. Das stoßende Proton muss die Ruheenergien und eventuelle Bewegungsenergien dieser neuen Teilchen aufbringen. Vor dem Stoß beträgt die Gesamtenergie der beiden Protonen:

$$E_{ges} = E_{kin_1} + E_{01} + E_{02} \quad (1) \qquad E_{kin_1} + E_{01} = E_1$$

Nach dem Stoß sind es vier Teilchen, für die die E-p-Invarianz gilt:

$$E_{ges}^2 = (4 \cdot m_0 \cdot c^2)^2 + p_{ges}^2 \cdot c^2 \ (2) \qquad p_{ges} = p_1 \quad \text{Impulserhaltung}$$

Setzt man nun (1) in (2) ein und beachtet, dass $E_{02} = E_0$ ist, so folgt:

$$(E_1 + E_0)^2 = (4 \cdot E_0)^2 + p_1^2 \cdot c^2 \quad |\text{ausquadrieren}$$

$$E_1^2 + 2 \cdot E_1 \cdot E_0 + E_0^2 = (4 \cdot E_0)^2 + p_1^2 \cdot c^2$$

Aber auch für das stoßende Proton gilt seine E-p-Invarianz:

$$E_1^2 = E_0^2 + p_1^2 \cdot c^2 \ \Rightarrow \ p_1^2 \cdot c^2 = E_1^2 - E_0^2 \quad |\text{wieder einsetzen}$$

$$E_1^2 + 2 \cdot E_1 \cdot E_0 + E_0^2 = (4 \cdot E_0)^2 + E_1^2 - E_0^2 \quad |\text{es verbleiben}$$

$$2 \cdot E_1 \cdot E_0 = (4 \cdot E_0)^2 - 2 \cdot E_0^2 \quad |:(2 \cdot E_0)$$

$$E_1 = 8 \cdot E_0 - E_0 = 7 \cdot E_0$$

Das stoßende Proton muss also die 7-fache Ruheenergie besitzen, damit diese Teilchen-Antiteilchen-Entstehung möglich wird.

CHECKLISTE

9 Relativitätstheorie

Die Lichtgeschwindigkeit ist immer konstant, alle Inertialsysteme sind gleichwertig. Bewegte Uhren laufen langsamer, bewegte Strecken sind kürzer, bewegte Massen sind schwerer.

Der Einsteinfaktor $\beta = \sqrt{1 - \frac{v^2}{c^2}}$ beschreibt dieses Phänomen für die

Längenkontraktion: $\ell_{eigen} = \ell_0 \cdot \beta$

Zeitdilatation: $t_{eigen} = t_0 \cdot \beta$

Massenzunahme: $m(v) = m_0 : \beta$

Impulszunahme: $p(v) = p_0 : \beta$

Gesamtenergie: $E = m(v) \cdot c^2 = E_{Ruhe} + E_{kin}$

10 Physik der Atomhülle

Von der Entdeckung der Serienformeln der Wasserstofflinien (1885) bis zur Ausformulierung des quantenmechanischen Atommodells um 1930 hat sich das Bild vom Atom stark gewandelt. Galt bei Bohr noch die Analogie der Bewegung der Planeten im Sonnensystem für die Elektronenbahnen, so spricht man in der quantenmechanischen Beschreibung nur noch von Aufenthaltswahrscheinlichkeiten der nicht fassbaren Elektronen.
Im Rahmen der Schulmathematik ist dies nur aber noch ansatzweise nachzuvollziehen.

10.1 Spektrallinien des H-Atoms

Ende des 19. Jahrhunderts hatte man mithilfe der **Spektroskopie** (Untersuchung des Lichtspektrums mit Gittern oder Prismen) bereits folgende Erkenntnisse gesammelt:

- Glühende Körper senden ein kontinuierliches Spektrum aus.
- Elemente (in Flammen oder Gasentladungen untersucht) haben ein charakteristisches Linienspektrum.
- Schwere Elemente und Verbindungen haben ein komplexeres Spektrum als leichte Elemente und einfache Verbindungen.

	λ	f
H_α	656 nm	$4{,}57 \cdot 10^{14}$ Hz
H_β	486 nm	$6{,}17 \cdot 10^{14}$ Hz
H_γ	434 nm	$6{,}91 \cdot 10^{14}$ Hz
H_δ	410 nm	$7{,}32 \cdot 10^{14}$ Hz

Im **Wasserstoffspektrum** wurden die einzelnen Linien im sichtbaren Bereich in aufsteigender Frequenzreihenfolge benannt. 1885 entdeckten Johann Jakob Balmer (1825 – 1898) und unabhängig von ihm Johann Rydberg (1854 – 1919) eine Formel zur Berechnung der sogenannten **Balmer-Linien:** $\frac{1}{\lambda} = R_H \cdot \left(\frac{1}{2^2} - \frac{1}{n^2}\right)$ mit $n > 2$ (siehe Tabelle).

Der Zahlenwert der **Rydberg-Konstante** R_H beträgt dabei $1{,}097 \cdot 10^7 \frac{1}{\text{m}}$. Diese Formel erlaubte zwar die Berechnung der Linien, gab aber keine Erklärung für ihr Zustandekommen oder den Wert von R_H. 1906 wurde von Lyman im **UV-Bereich** ein ähnliches Liniensystem für die Formel $\frac{1}{\lambda} = R_H \cdot \left(1 - \frac{1}{n^2}\right)$ mit $n > 1$, 1908 von Paschen im **Infrarot** für $\frac{1}{\lambda} = R_H \cdot \left(\frac{1}{3^2} - \frac{1}{n^2}\right)$ mit $n > 3$ entdeckt. Im

Weiteren ergab sich damit ein **allgemeiner Term** zur Berechnung der Spektrallinien mit $\frac{1}{\lambda} = R_H \cdot \left(\frac{1}{m^2} - \frac{1}{n^2}\right)$ mit $n > m$. Atome senden also Energie in Form von Licht nur mit diskreten Energien aus: $E_{Licht} = E_n - E_m$.

Mit der von Albert Einstein gefundenen Beziehung $E_{Licht} = h \cdot f$ (h ist die Planck'sche Konstante) kann auf die Energieniveaus im Atom geschlossen werden: $E_{Licht} = h \cdot f = \Delta E$ und mit $c = \lambda \cdot f$ folgt $\Delta E = \frac{h \cdot c}{\lambda} \Rightarrow \frac{1}{\lambda} = \frac{\Delta E}{h \cdot c}$.

Setzt man dies in die empirisch gefundene Formel der Spektrallinien ein, so erhält man:

$$\frac{\Delta E}{h \cdot c} = R_H \cdot \left(\frac{1}{m^2} - \frac{1}{n^2}\right) \Leftrightarrow \Delta E = R_H \cdot h \cdot c \cdot \left(\frac{1}{m^2} - \frac{1}{n^2}\right)$$

Für die sich damit ergebende Konstante gilt:

$R_H \cdot h \cdot c = 1{,}097 \cdot 10^7\,1/\text{m} \cdot 6{,}626 \cdot 10^{-34}\,\text{J} \cdot \text{s} \cdot 2{,}998 \cdot 10^8\,\text{m/s} = 2{,}179 \cdot 10^{-18}\,\text{J}$

Umgerechnet in die Einheit Elektronvolt ergibt sich 13,60 eV.

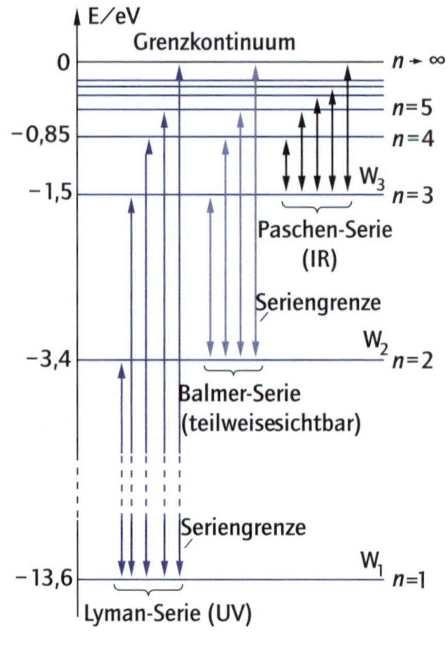

Dies ist genau der experimentell gefundene Wert der Ionisierungsenergie von Wasserstoff, das heißt, wenn das Wasserstoff-Elektron vom Grundzustand $m = 1$ in den Zustand $n \to \infty$ übergeführt werden soll, sind exakt 13,6 eV an Energie nötig. Damit lässt sich ein **Termschema** angeben, in dem die verschiedenen Energiestufen des Wasserstoffatoms und ihre Übergänge erscheinen. Die Wellenlängen der jeweiligen Spektrallinien ergeben sich damit aus der Energiedifferenz der Energieniveaus von Anfangs- und Endzustand des H-Atoms. Jedem möglichen Übergang entspricht damit eine Spektrallinie, diese Kombinierbarkeit der Niveaus durch Summen- und Differenzenbildung ist auch als das **Ritz'sche Kombinationsprinzip** bekannt.

BEISPIEL 1 ▪ Zeigen Sie, dass bei den Übergängen in den Grundzustand nur Spektrallinien im UV-Bereich erscheinen (1906 von Lyman entdeckt).

Bei einem Übergang aus dem Zustand $n > 1$ in den Grundzustand $m = 1$ wird die Energie $\Delta E = 13{,}6\,\text{eV} \cdot \left(1 - \frac{1}{n^2}\right)$ frei.

Die Wellenlänge ergibt sich für $n = 2$ auf $m = 1$ zu
$\Delta E = 13{,}6\,\text{eV}\cdot\left(1 - \frac{1}{4}\right) = \frac{3}{4}\cdot 13{,}6\,\text{eV} = 10{,}2\,\text{eV}$, also:
$\lambda = \frac{h\cdot c}{\Delta E} = 1{,}22\cdot 10^{-7}\,\text{m} = 122\,\text{nm}$, was bereits im UV-Bereich liegt.

Da die **freien Elektronen** vollständig ionisierter Atome keine Bindungsenergie mehr besitzen, legt man für sie die **potenzielle Energie null** fest.
Im Atom gebundene Elektronen haben dann **negative Energien** $E_p < 0$ (vgl. auch Kapitel 2: potenzielle Energie von Himmelskörpern im Gravitationsfeld $E_p < 0$).

Für Übergänge knapp unter der Ionisierungsgrenze genügen bereits kleinste Energiebeträge, darüber hinaus erstreckt sich das sogenannte **Grenzkontinuum** mit beliebigen Elektronenenergien $E > 0$. Sprünge von dort auf die diskreten Niveaus der gebundenen Zustände ergeben ein kontinuierliches Spektrum. Für Wasserstoffatome erstreckt sich das Spektrum vom UV- über den sichtbaren bis in den IR-Bereich hinein, wie man im für uns weißen Sonnenlicht erkennen kann.

10.2 Moseley-Gesetz

Auch für schwere Atome gibt es diese Termschemata zur Berechnung ihrer Spektrallinien, man muss jedoch dabei beachten, dass die entsprechenden Elektronenniveaus (Schalen) bereits besetzt sind. Wird jedoch durch äußere Anregung ein Elektron ausgelöst, so kann ein Elektron einer höheren Schale auf das tiefere Energieniveau unter Aussendung eines Photons, das als Spektrallinie wahrgenommen wird, springen. Die frei werdenden Energiebeträge führen jedoch hier zur Strahlung im Röntgenbereich. 1913 benutzte der englische Physiker Henry Moseley (1887 – 1915) die Gleichung der Lyman-Serie für Sprünge in die K-Schale (Grundzustand $n = 1$).

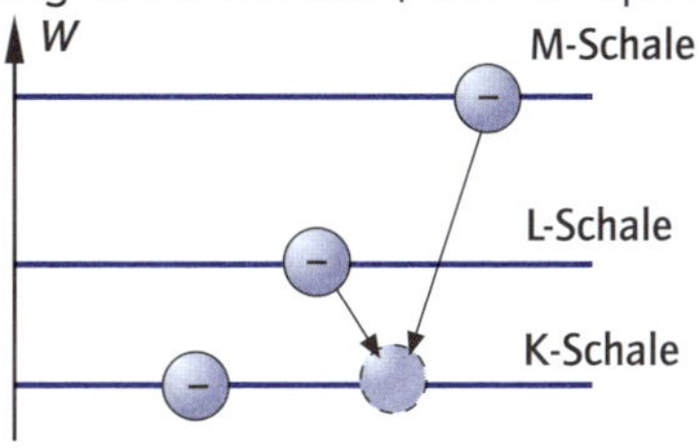

Dabei kann die Rydberg-Konstante R_H mithilfe von Überlegungen der Quantenmechanik (→ Bohr'sches Atommodell, Seite 152) wieder auf bekannte Naturkonstanten zurückgeführt werden.
Man erhält dann direkt für die Frequenzen der Spektrallinien:

$$f = f_R\cdot\left(\frac{1}{m^2} - \frac{1}{n^2}\right) \quad \text{mit} \quad f_R = \frac{m_e\cdot e^4}{8\cdot\varepsilon_0^2\cdot h^3} = 3{,}290\cdot 10^{15}\,\text{Hz}$$

Hierbei ist aber zu beachten: In der Rydberg-Frequenz steht der Term e^4 der sich beim Wasserstoffatom aus den Quadraten der Kernladung $+e$ und der Elektronenladung $-e$ erklärt. Für schwere Atome mit Kernladungszahl $(Z \cdot e)$ ist daher f_R um den Faktor Z^2 der Kernladungszahl zu erweitern. Außerdem schirmt das noch vorhandene zweite Elektron der K-Schale eine Ladung ab, also $(Z-1)^2$ als Korrekturfaktor. Für die entstehende Röntgenstrahlung ergibt sich somit

$$f_K = (Z-1)^2 \cdot f_R \cdot \left(1 - \frac{1}{n^2}\right)$$

Die Bedeutung dieser Formel zeigt sich bei Betrachtung des Perio-densystems: Die Kernladungszahl Z ist mit der Ordnungszahl eines Elements identisch. Beispielsweise lassen sich chemisch schwer unterscheidbare Elemente durch Untersuchung ihrer charakteristischen Röntgenstrahlung und Berechnung von Z einordnen.

Auch auf die Übergänge von Elektronen höherer Schalen in die L-Schale lassen sich diese Überlegungen anwenden. Allerdings muss hierbei der Abschirmfaktor modifiziert werden.

BEISPIEL 2 ▪ Man berechne die Wellenlänge der K_α-Linie im Emissionsspektrum von Gold.

Die mit K_α bezeichnete Spektrallinie erscheint beim Sprung eines Elektrons der L- auf die K-Schale, d. h. von $n = 2$ zu $m = 1$

Die Kernladungszahl für Gold (Au) ist $Z = 79$, daher beträgt der Korrekturfaktor der Rydberg-Konstante 78^2.

$f_K = 78^2 \cdot f_R \cdot \frac{3}{4} = 1{,}50 \cdot 10^{19}\,\text{Hz} \Rightarrow \lambda_K = \frac{c}{f_K} = 2{,}00 \cdot 10^{-11}\,\text{m}$

Auch der folgende Versuch belegt erneut die Quantisierung der Energien im Atom bei der Energieaufnahme.

10.3 Franck-Hertz-Versuch

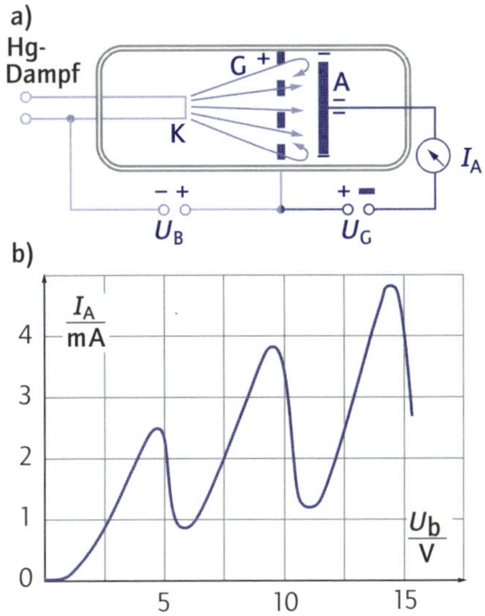

Die im Jahre 1925 mit dem Nobelpreis geehrten Physiker James Franck (1882 – 1964) und Gustav Hertz (1887 – 1975) ließen schnelle Elektronen in einer evakuierten Röhre mit Quecksilberatomen (Hg) zusammenstoßen. Die Elektronen werden zunächst aus einer Glühkathode kommend durch die Spannung U_B beschleunigt und treffen zwischen Kathode K und Anode A auf die Atome des Quecksilberdampfes.
Die Registrierung von zufällig zur Anode gelangenden Elektronen wird durch die Gegenspannung $U_G = 2{,}0\,V$ verhindert.

Der Versuch zeigt ein überraschendes Ergebnis: Mit dem Anstieg der Beschleunigungsspannung U_B steigt anfangs auch der Auffängerstrom I_A, ab 4,9 V jedoch schwankt I_A periodisch. Offensichtlich stoßen unterhalb von 4,9 V die Elektronen elastisch mit den Hg-Atomen und gelangen mit kaum verminderter Energie bis zur Auffängerelektrode A. Bei 4,9 V können die Elektronen kurz vor G mit den Hg-Atomen unelastisch stoßen, um ihre Energie an diese abzugeben. Sie gelangen nicht mehr zu A: I_A sinkt ab. Die Hg-Atome geben diesen Energiebetrag dann wieder in Form von Licht (Aufleuchten einer Schicht Hg-Atome kurz vor G) ab. Bei Erhöhung von U_B wandert diese Stoßschicht in Richtung Kathode und die Elektronen gewinnen auf der restlichen Strecke bis G wieder an Energie. Bei $U_B = 2 \cdot 4{,}9\,V = 9{,}8\,V$ bildet sich eine zweite Stoßzone aus, somit wiederholt sich dieser Vorgang nach jeweils 4,9 V bis zur vollständigen Ionisierung aller Hg-Atome.

Dieses Experiment lieferte die Bestätigung für die Annahme diskreter Energiestufen im Atom. Ebenso konnte mithilfe der Spektroskopie die Wellenlänge des emittierten Lichtes bestimmt werden. Die daraus berechnete Frequenz und Energie stimmen mit dem theoretischen Wert überein.

10.4 Das Bohr'sche Atommodell

1913 stellte Niels Bohr (1885 – 1962) sein Modell zur Beschreibung des Atomaufbaus vor. Es beruht auf zwei Grundpostulaten:

1) Die Energiezustände des Atoms sind gequantelt, das heißt die Elektronen können nur bestimmte (Kreis-)Bahnen einnehmen, auf denen sie sich strahlungsfrei bewegen.
   Ihr Drehimpuls auf der *n*-ten Bahn ist ein ganzzahliges Vielfaches der durch 2 dividierten Planck'schen Konstante.
   $$r_n \cdot m_e \cdot v_n = \frac{n \cdot h}{2\pi} \qquad \text{(B1a)}$$
   alternativ auch $p_n = m_e \cdot v_n$ (B1b)
2) Bei einem Übergang zwischen zwei Energiezuständen gilt für die Aufnahme bzw. Abgabe der Energie:
   $$E_{\text{Strahlung}} = E_1 - E_2 \begin{cases} \text{Aufnahme für } E_1 < E_2 \\ \text{Abgabe für } E_1 > E_2 \end{cases} \qquad \text{(B2)}$$

Diese Forderungen stellen natürlich einen Widerspruch zur Maxwell'schen Theorie dar, nach der beschleunigte Ladungen (Elektronen auf Kreisbahnen) stets Strahlung aussenden. Andererseits (und das war entscheidend) decken sich die mit dem Bohr'schen Modell berechneten Werte der Spektrallinien mit den experimentellen Befunden. Ausgehend von den beiden Postulaten kann man folgern: Der Radius r_n der n-ten Quantenbahn bestimmt sich über das Kräftegleichgewicht der Coulomb-Anziehung F_{el} zwischen $Z \cdot e$ Kernladungen und dem umlaufenden Elektron e sowie der Zentripetalkraft F_Z.

$$F_Z = F_{el} \Leftrightarrow \frac{m_e \cdot v_n^2}{r_n} = \frac{e \cdot (Z \cdot e)}{4\pi \cdot \varepsilon_0 \cdot r_n^2}$$

Aus (B1a) folgt: $v_n = \dfrac{n \cdot h}{2\pi \cdot r_n \cdot m_e}$ und eingesetzt in das Kräftegleichgewicht:

$$r_n = \frac{h^2 \cdot \varepsilon_0}{Z \cdot e^2 \cdot \pi \cdot m_e} \cdot n^2 \text{ also } r_n \sim n^2$$

Für das Wasserstoffatom ist $Z = 1$ und somit $r_n = 5{,}2918 \cdot 10^{-11}\ \text{m} \cdot n^2$.
Der Wert **$5{,}2917 \cdot 10^{-11}$ m** wird auch als **Bohr'scher Radius** bezeichnet.
Für die Geschwindigkeit folgt damit:

$$v_n = \frac{Z \cdot e^2}{2 \cdot h \cdot \varepsilon_0 \cdot n} \text{ also } v_n \sim \frac{1}{n}$$

Für das H-Atom erhält man $v_1 = 2{,}19 \cdot 10^6\ \text{m/s}$, was den **nichtrelativistischen Rechnungsansatz** nachträglich rechtfertigt. Eine genauere Rechnung kann noch die Mitbewegung der Kernmasse um den gemeinsamen Schwerpunkt berücksichtigen.

Ebenso lassen sich die kinetische und die potenzielle Energie des Elektrons auf seiner Bahn bestimmen:

$$\boldsymbol{E_{\mathrm{kin},n}} = \frac{1}{2} m \cdot v_n^2 = \frac{1}{2} m_e \cdot \frac{(Z \cdot e^2)^2}{(2 \cdot h \cdot \varepsilon_0 \cdot n)^2} = \frac{\boldsymbol{Z^2 \cdot e^4 \cdot m_e}}{\boldsymbol{8 \cdot h^2 \cdot \varepsilon_0^2}} \cdot \frac{\boldsymbol{1}}{\boldsymbol{n^2}}$$

Da die potenzielle Energie des Elektrons für $r \to \infty$ (vollständig ionisiert) gleich null gesetzt wurde, ergibt sich:

$E_{\mathrm{pot,n}} = -\frac{Z \cdot e^2}{4\pi \cdot \varepsilon_0 \cdot r_n}$ und man setzt wieder r_n ein:

$$\boldsymbol{E_{\mathrm{pot,n}} = -\frac{Z^2 \cdot e^4 \cdot m_e}{8 \cdot h^2 \cdot \varepsilon_0^2} \cdot 1/n^2 = -2 \cdot E_{\mathrm{kin},n}}$$

Die Gesamtenergie des gebundenen Elektrons auf der n-ten Bahn ist damit:

$$E_{\mathrm{kin,n}} + E_{\mathrm{pot,n}} = \frac{Z^2 \cdot e^4 \cdot m_e}{8 \cdot h^2 \cdot \varepsilon_0^2} \cdot \frac{1}{n^2} - \frac{Z^2 \cdot e^4 \cdot m_e}{4 \cdot \varepsilon_0^2 \cdot h^2} \cdot \frac{1}{n^2}$$

$$\boldsymbol{E_{\mathrm{ges},n} = -\frac{Z^2 \cdot e^4 \cdot m_e}{8 \cdot h^2 \cdot \varepsilon_0^2} \cdot \frac{1}{n^2}}$$

Damit folgt für das H-Atom ($Z = 1$): $E_{\mathrm{ges},n} = -13{,}6\,\mathrm{eV} \cdot \frac{1}{n^2}$ wobei der Betrag 13,6 eV wieder der Ionisierungsenergie entspricht.

Zur historische Bedeutung des Bohr'schen Atommodells:

- Das Modell erklärt die beobachteten Spektrallinien und gestattet die Vorhersage neuer Linien im IR-Bereich.
- Es erlaubt die Herleitung der auftretenden und experimentell ermittelten Konstanten R_H und E_{Ion} aus bereits bekannten Naturkonstanten.
- Es gestattet, den Atomradius in der erwarteten Größenordnung herzuleiten.

ZUR VERTIEFUNG

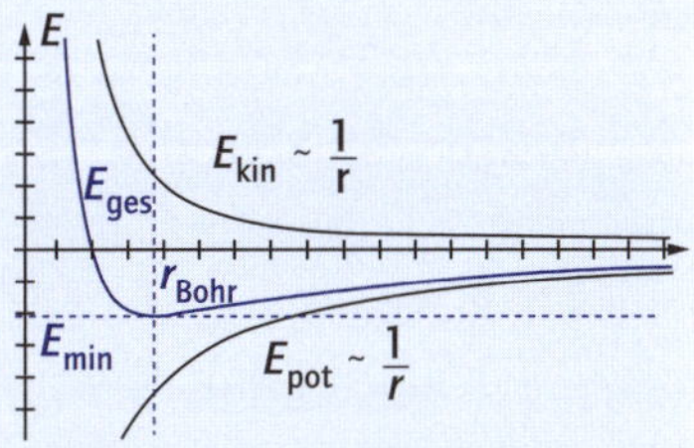

1. Umgekehrt lässt sich aus dem Term der Gesamtenergie die Bedingung für r_n mithilfe der Differenzialrechnung gewinnen. Für eine stabile Bahn muss ein Minimum der Gesamtenergie vorliegen. Differenzieren von $E_{\mathrm{ges}}(r)$ nach r und Nullsetzen der Ableitung ergibt wieder r_n!

2. Die Serienformeln der Spektrallinien ergeben sich ebenso mit (B2):

$E_{\mathrm{Licht}} = \Delta E \Leftrightarrow h \cdot f = \frac{Z^2 \cdot e^4 \cdot m_e}{8 \cdot h^2 \cdot \varepsilon_0^2} \cdot \left(\frac{1}{m^2} - \frac{1}{n^2}\right)$; **mit** $c = f \cdot \lambda$ **folgt dann:**

$$\frac{1}{\lambda} = \frac{Z^2 \cdot e^4 \cdot m_e}{8 \cdot h^3 \cdot \varepsilon_0^2 \cdot c} \cdot \left(\frac{1}{m^2} - \frac{1}{n^2}\right)$$

Bei Verwendung der Rydberg-Konstanten R_H: $E_{\mathrm{ges},n} = -R_H \cdot h \cdot c \cdot \frac{1}{n^2}$

10.5 Wasserstoffähnliche Atome

Das Bohr'sche Atommodell des Wasserstoffatoms lässt sich in guter Näherung auf **wasserstoffähnliche Atome mit einem Elektron** anwenden. Darunter fallen z. B. das einfach ionisierte Helium He^{+}, das zweifach ionisierte Lithium Li^{++}, ebenso Be^{+++} oder die Alkaliatome mit einem „Leuchtelektron" in der äußersten Schale (Na, K, ...). Bereits 1868 wurden im Sonnenlicht Spektrallinien unbekannter Art gefunden, bei denen jede zweite Linie ungefähr mit einer der Balmer-Linien zusammenfiel. Das zugehörige Element wurde dann 1895 bei Untersuchungen am radioaktiven Zerfall als Helium identifiziert. Erweitert man die Formel der Balmer-Linie um den Faktor $Z^2 = 2^2 = 4$ und beginnt auch im Zustand 4, so erhält man: $\frac{1}{\lambda} = \frac{4 \cdot e^4 \cdot m_e}{8 \cdot h^3 \cdot \varepsilon_0^2 \cdot c} \cdot \left(\frac{1}{4^2} - \frac{1}{n^2}\right)$, womit man die beobachteten Werte für die Spektrallinien erhält.

Für die Gesamtenergie des Heliumions ergibt sich:

$$E_{He} = Z^2 \cdot E_H = 4 \cdot 13{,}6\,\text{eV} = 54{,}4\,\text{eV}$$

Für Elektronensprünge in den Grundzustand gilt das Energieschema:

$$\begin{aligned} E_{He1} &= -54{,}4\,\text{eV} \\ E_{He2} &= -13{,}6\,\text{eV} \Rightarrow E_{H1} \\ E_{He3} &= -6{,}0\,\text{eV} \\ E_{He4} &= -3{,}4\,\text{eV} \Rightarrow E_{H2} \end{aligned} \quad \left.\right\} \text{Lyman-Serie des H-Atoms}$$

Genauere Betrachtungen berücksichtigen auch die Mitbewegung des Atomkerns um den gemeinsamen Schwerpunkt.

BEISPIEL 3 ▪ **Das Alkalimetall Natrium hat die Kernladungszahl 11. Zwei volle Schalen enthalten bereits 10 Elektronen und das sogenannte Leuchtelektron der 3. Schale kann leicht angeregt werden. Weil die Elektronen der inneren Schalen die Kernladungen zum Teil abschirmen, spricht man hier von Z_{eff}, erwartet einen Wert, der etwas größer als 1 ist und beginnt mit $n = 3$. Man berechne aus der Ionisierungsenergie 5,14 eV den genauen Wert Z_{eff}, den Radius der Bahn des Leuchtelektrons und die Wellenlänge seiner Strahlung für einen benachbarten Übergang.**

$$E_{ion} = Z_{eff}^2 \cdot 13{,}6\,\text{eV} \cdot \frac{1}{n^2} \Rightarrow Z_{eff}^2 = \frac{5{,}14\,\text{eV} \cdot 3^2}{13{,}6\,\text{eV}} = 3{,}40 \Rightarrow Z_{eff} = 1{,}84$$

$$r_3 = \frac{h^2 \cdot \varepsilon_0}{Z_{eff} \cdot e^2 \cdot \pi \cdot m_e} \cdot 3^2 = 2{,}59 \cdot 10^{-10}\,\text{m}$$

$$\frac{1}{\lambda} = \frac{Z_{eff}^2 \cdot e^4 \cdot m_e}{8 \cdot h^3 \cdot \varepsilon_0^2 \cdot c} \cdot \left(\frac{1}{3^2} - \frac{1}{4^2}\right) = Z_{eff}^2 \cdot R_H \cdot \left(\frac{1}{3^2} - \frac{1}{4^2}\right)$$

$$\frac{1}{\lambda} = 1{,}84^2 \cdot 1{,}097 \cdot 10^7 \frac{1}{\text{m}} \cdot \frac{7}{144} = 1{,}81 \cdot 10^6 \frac{1}{\text{m}} \Rightarrow \lambda = 552\,\text{nm}$$

Mit Natrium lässt sich auch gut die quantenhafte Absorption von Licht zeigen. Dazu stellt man in den Lichtweg 1. einer Natriumdampflampe und 2. einer Glühlampe die Flamme eines Bunsenbrenners, in die man einige Körnchen Kochsalz (NaCl) streut.

- Zu 1: Sofort sieht man die Flamme gelb leuchten und ein schwarzer Schatten erscheint im Spektrum der Na-Lampe. Die Natriumatome absorbieren das gelbe Lichtbündel der Na-Lampe und emittieren es wieder in alle Richtungen, somit ergibt sich ein Schatten.
- Zu 2: Im Lichtkegel der Glühlampe erscheint dagegen eine schwarze Absorptionslinie im gelben Bereich, weil die Na-Atome diese Wellenlänge absorbieren, gelb aufleuchten und die absorbierte Energie wieder in alle Richtungen abstrahlen.

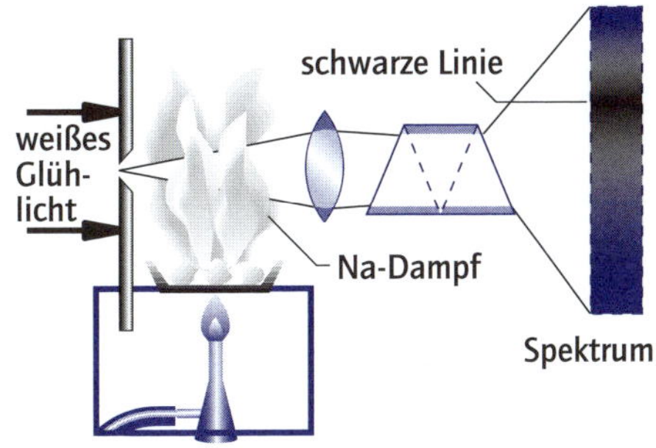

1931 entdeckte Harald Urey (1893 – 1981), dass neben jeder Balmer-Linie eine weitere wesentliche schwächere Linie auftritt, deren Abstand von der Balmer-Linie mit der Wellenlänge anwächst. Konkret ergab sich bei der H_α-Linie eine Wellenlängenverschiebung um 0,180 nm. Damit konnte die Rydberg-Konstante R_x des unbekannten Stoffes zu $1{,}00027 \cdot R_H$ bestimmt werden. Man berechnet unter Verwendung der Rydberg-Konstante für schwere Elemente $R_\alpha = 1{,}09737 \cdot 10^7\ 1/\text{m}$ und der Beziehung

$R_x : R_\alpha = m_{\text{Kern},x} : (m_{\text{Kern},x} + m_e)$ die unbekannte Kernmasse zu

$m_{\text{Kern},x} = 2{,}0160 \cdot m_{\text{Proton}}$.

Es handelt sich also um einen Atomkern mit der etwa zweifachen Wasserstoffkernmasse, aber mit $Z = 1$. Es ist das Deuterium, das neben einem Proton noch ein Neutron im Kern besitzt.

10.6 Quantenmechanisches Atommodell

Das Bohr'sche Atommodell erklärt sehr gut die Übergänge der Elektronen zwischen den Energieniveaus des Atoms und erlaubt die Berechnung der daraus resultierenden Spektrallinien. Elektronen sind jedoch keine klassischen Teilchen auf Kreisbahnen, sie weisen in Interferenzexperimenten auch den Wellencharakter der Materiewelle auf (→ Kapitel 11.2).

Erwin Schrödinger (1887 – 1961) und Max Born (1882 – 1970) vereinigten in ihrer Atomtheorie diese beiden Aspekte, indem sie die festen Bohr'schen Elektronenbahnen zu **Aufenthaltswahrscheinlichkeiten** der räumlich begrenzten Wellenpakete erweiterten. Als Modell für das Atom dient der **lineare Potenzialtopf** mit unendlich hohen Wänden. In seinem Inneren ist die potenzielle Energie null, die Materiewelle des Elektrons bildet darin eine stehende Welle aus. Für diese gibt es aber nur bei festen Verhältnissen von Wellenlänge λ und Potenzialtopfbreite L gemäß $L = \frac{1}{2} \cdot n \cdot \lambda$ einen der stehenden Welle entsprechenden stationären Zustand. Die Lösungen der daraus resultierenden Gleichungen beschreiben die Raumbereiche bzw. Energiezustände in denen sich die Elektronen aufhalten. Diese werden auch **Orbitale** genannt und sind durch die Angabe der ganzzahligen **Quantenzahlen** n, ℓ und m bestimmt.

- Die **Hauptquantenzahl** n bestimmt wie beim Bohr'schen Modell das Energieniveau des Elektrons. Bei höheren Elementen mit mehreren Elektronen unterscheiden sich diese Niveaus noch in der **Nebenquantenzahl** ℓ $(0 \leqq \ell \leqq n - 1)$. Für $\ell = 0$ gibt es auch die Bezeichnung s-Orbital, für $\ell = 1$ p-Orbital usw..
- Die **Magnetquantenzahl** m $(-\ell \leqq m \leqq +\ell)$ beschreibt die Orientierung der Orbitale beim Anlegen eines äußeren Magnetfeldes im Rahmen des Zeeman-Effektes.
- Zusätzlich kann jedes Elektron noch zwei verschiedene Zustände, genannt Spin, einnehmen. Dies wird durch die **Spinquantenzahl** s $\left(s = \pm \frac{1}{2}\right)$ beschrieben.

Nach dem von Wolfgang Pauli (1900–1958) formulierten **Pauli-Prinzip** können in einem Atom keine zwei Elektronen in allen vier Quantenzahlen übereinstimmen.

CHECKLISTE

10 Physik der Atomhülle

- **Die Elektronen der Atomhülle besitzen diskrete Energiezustände, Übergänge zwischen ihnen sind mit Energieaufnahme oder -abgabe fester Energiebeträge verbunden.**
- **Die Energieabgabe in Form von Strahlung beim Wasserstoffatom erfolgt gemäß der Serienformeln:** $r_n \cdot m_e \cdot v_n = \frac{n \cdot h}{2\pi}$ **bzw.** $p_n = m_e \cdot v_n$
- **Im Bohr'schen Modell gilt für stabile Elektronenbahnen:**
  $$F_Z = F_{el} \Leftrightarrow \frac{m_e \cdot v_n^2}{rn} = \frac{e \cdot (Z \cdot e)}{4\pi \cdot \varepsilon_0 \cdot r_n^2}$$

11 Quantenphysik – Grundlagen

Im Photoeffekt-Experiment überträgt monochromatisches Licht der Frequenz *f* stets Energieportionen der Größe $W = h \cdot f$. Diese als *Photonen* (Lichtquanten) bezeichneten Energieportionen sind unabhängig von der Intensität des Lichtes und begründen dadurch den *Teilchencharakter* elektromagnetischer Strahlung. Umgekehrt lässt sich im Beugungsexperiment nach Davisson und Germer die *Wellennatur* der Elektronen aufzeigen. Die allen Mikroteilchen anhaftende Dualismus-Problematik „Welle oder Teilchen?" lässt sich ganz allgemein mithilfe eines Doppelspaltexperimentes analysieren und mündet in die Heisenberg'sche Unschärferelation $\Delta x \cdot \Delta p \geqq h$, durch die der Determinismus der klassischen Physik im Bereich der Mikropyhsik außer Kraft gesetzt wird.

11.1 Licht als Photonenstrom

Bei der Deutung von Beugungs- und Interferenzversuchen aus Optik und Elektrizitätslehre gingen wir von der **wellenförmigen Ausbreitung elektromagnetischer Strahlung** aus. Das folgende **Experiment zum Photoeffekt** unterstreicht hingegen die **quantenhafte (teilchenhafte) Natur der Lichtstrahlung**.

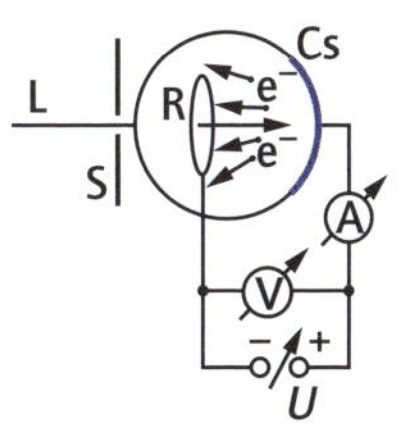

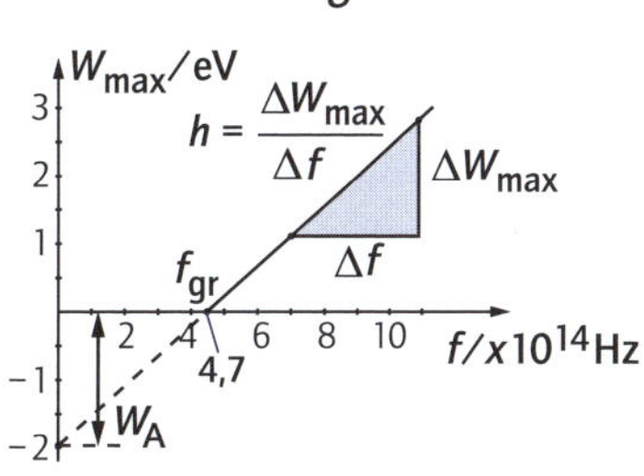

Spektrales Licht fällt auf die Caesiumschicht Cs einer Photozelle und löst dort **Photoelektronen** aus, die sich zur Ringanode R bewegen. Ein entsprechender **Photostrom** I kann am Amperemeter A abgelesen werden. I sinkt jedoch mit steigender **Gegenspannung** U, bis er bei U_{max} auf den Wert null zurückgegangen ist.
Dem entspricht die größtmögliche kinetische Energie $W_{max} = e \cdot U_{max}$, die vom Licht auf die Photoelektronen übertragen wird. Variiert man jetzt die Farbe des spektralen Lichtes, das heißt seine Frequenz f, so zeigen alle Messergebnisse den **linearen Zusammenhang** $W_{max}(f) = h \cdot f - W_A$ an. Und weil zum Ablösen

der Photoelektronen die materialabhängige **Austrittsarbeit** $W_A = 1{,}94\,\text{eV}$ erforderlich ist, treten die Photoelektronen erst oberhalb der **Grenzfrequenz** $f_{gr} = 4{,}7 \cdot 10^{14}\,\text{Hz}$ auf. Die Steigung der Geraden bezeichnet man als **Planck-Konstante** $h = 6{,}626 \cdot 10^{-34}\,\text{J s}$.

BEISPIEL 1 ▪ **Die Natrium-Beschichtung einer Photozelle erfordert eine Ablöseenergie von 2,28 eV.**

a) Bestimmen Sie die Grenzfrequenz.

Für die Grenzfrequenz gilt $W_{max}(f_{gr}) = 0$, das heißt $h \cdot f_{gr} - W_A = 0$

oder $f_{gr} = \frac{W_A}{h}$; mit Daten: $f_{gr} = \frac{2{,}28\,\text{J/C} \cdot 1{,}602 \cdot 10^{-19}\,\text{C}}{6{,}626 \cdot 10^{-34}\,\text{J s}} = 5{,}5 \cdot 10^{14}\,\text{Hz}$ (grün).

b) Welche Gegenspannung U_{max} ist erforderlich, um den durch violettes Spektrallicht (λ = 405 nm) ausgelösten Photostrom zu unterbinden?

Frequenz des violetten Lichtes: $f = \frac{c}{\lambda} = \frac{3 \cdot 10^8\,\text{m/s}}{405 \cdot 10^{-9}\,\text{m}} = 7{,}4 \cdot 10^{14}\,\text{Hz}$

Die Maximalenergie beträgt:

$$W_{max} = h \cdot f - W_A = 6{,}626 \cdot 10^{-34}\,\text{J s} \cdot 7{,}4 \cdot 10^{14}\,\text{Hz} - 2{,}28\,\text{J/C} \cdot 1{,}602 \cdot 10^{-19}\,\text{C}$$
$$= 1{,}25 \cdot 10^{-19}\,\text{J} = 0{,}78\,\text{eV}$$

Für die Maximalspannung folgt: $U_{max} = \frac{W_{max}}{e} = \frac{0{,}78\,\text{eV}}{e} = 0{,}78\,\text{V}$

INSIDER-TIPP

Beachten Sie, dass Auswertung und Deutung des Photoeffekt-Experimentes auf dem Prinzip der Energieerhaltung basieren: Die Gleichung $W_{max}(f) = h \cdot f - W_A \Leftrightarrow W \cdot f = W_A + W_{max}(f)$ besagt nichts anderes, als dass die vom Lichtstrom übertragenen Energieportionen $W = h \cdot f$ zunächst die erforderliche Austrittsarbeit W_A aufbringen, um dann den W_A übersteigenden Energieteil als kinetische Energie auf die ausgelösten Elektronen zu übertragen.

Entscheidend ist nun die Frage: Was geschieht, wenn die Intensität eines spektralen Lichtstrahls durch Verkleinern der Spaltblendenöffnung S abnimmt? Folgt man dem Wellenmodell des Lichtes, so müsste bei verringerter Amplitude der Lichtwellen auch die übertragene Energie, die ja zum Quadrat der Amplitude proportional ist, sinken, und folglich müsste auch W_{max} abnehmen. Tatsächlich aber nimmt der Photostrom ab, ohne dass sich der Wert W_{max} ändert! Diese Beobachtung steht in direktem Widerspruch zu den Folgerungen des Wellenmodells und zwingt uns zu der folgenden Deutung:

MERKE ▪ Quantenmodell der elektromagnetischen Strahlung

Die Energie elektromagnetischer Strahlung der Frequenz f liegt in Quanten (Portionen) $W = h \cdot f$ vor, die als Photonen bezeichnet werden. Eine verminderte Strahlungsintensität führt zu einer geringeren Photonenzahl bei unveränderter Quantenenergie $h \cdot f$ und nicht zu einer geringeren Quantenenergie.

ZUR VERTIEFUNG

Durch Einsteins relativistische Energieformel $W = m \cdot c^2$ kann einem Photon der Energie $W = h \cdot f$ die Masse $m = \frac{h \cdot f}{c^2}$ zugeordnet werden. Sie existiert nur für bewegte Photonen oder umgekehrt: Es gibt keine ruhenden Photonen.

Zeigen Sie, dass ein Photon den Impuls $p = m \cdot c = \frac{h}{\lambda}$ besitzt.

BEISPIEL 2 ▪ Bestimmen Sie Energie, Masse und Impuls eines Röntgen-Quants der Frequenz $4 \cdot 10^{18}$ Hz.

Energie: $W = h \cdot f = 6{,}626 \cdot 10^{-34}\,\text{J s} \cdot 4 \cdot 10^{18}\,\text{Hz} = 2{,}65 \cdot 10^{-15}\,\text{J} = 16{,}54\,\text{keV}$

Masse: $m = \frac{h \cdot f}{c^2}\ \frac{W}{c^2} = \frac{2{,}65 \cdot 10^{-15}\,\text{J}}{(3 \cdot 10^{8}\,\text{m/s})^2} = 2{,}94 \cdot 10^{-32}\,\text{kg}$ (3,2 % von m_e)

Impuls: $p = \frac{h}{\lambda} = m \cdot c = 2{,}94 \cdot 10^{-32}\,\text{kg} \cdot 3 \cdot 10^{8}\,\text{m/s} = 8{,}82 \cdot 10^{-24}\,\text{kg} \cdot \text{m/s}$

Im Unterschied zum Photoeffekt, bei dem *gebundene* Elektronen durch Photonen freigesetzt werden, untersuchte **A. H. Compton** die **Wirkung von energiereichen Photonen auf freie Elektronen**. Dazu streute er Röntgen-Quanten an den äußeren Hüllenelektronen verschiedener Materialien, die wegen ihrer schwachen Bindungskräfte als quasi-freie Elektronen angesehen werden dürfen. Dabei kommt es zu **elastischen Stößen** der Quanten mit den als ruhend angenommenen Elektronen.

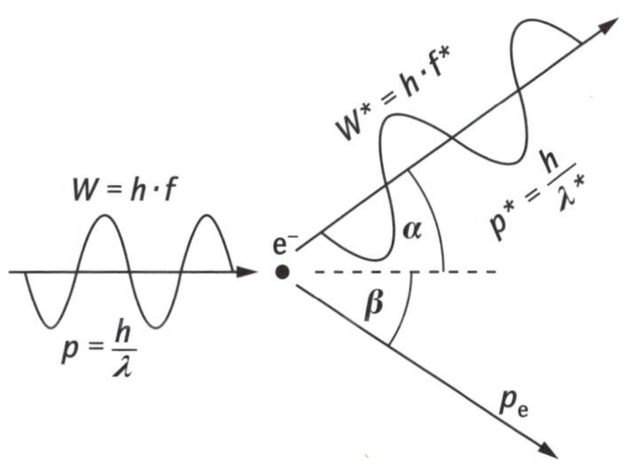

Ein stoßendes Quant überträgt einen Teil seiner Energie $W = h \cdot f$ und seines Impulses $p = \frac{h}{\lambda}$ auf das Elektron, das unter dem Winkel β wegfliegt. Das Quant selbst wird unter dem Winkel α aus seiner ursprünglichen Richtung abgelenkt und fliegt mit der verminderten

Energie W^* und dem verminderten Impuls p^* bzw. der vergrößerten Wellenlänge λ^* weiter. Aus der relativistischen Formulierung der Energie- und Impulserhaltung folgt, dass sich die Wellenlänge λ in Abhängigkeit vom Streuwinkel α um $\boldsymbol{\Delta\lambda = \lambda^* - \lambda = \lambda_C \cdot (1 - \cos\alpha)}$ vergrößert. Dabei wird der Ausdruck $\lambda_C = \frac{h}{m_e \cdot c} = \mathbf{2{,}4\,pm}$ als **Compton-Wellenlänge** bezeichnet.

BEISPIEL 3 ▪ **Warum fällt der Compton-Effekt bei der Streuung sichtbaren Lichtes (z. B. $\lambda = 500\,\text{nm}$) an freien Elektronen nicht auf?**

Die Photonenmasse $m = \frac{h}{c \cdot \lambda} = \frac{6{,}626 \cdot 10^{-34}\,\text{J s}}{3 \cdot 10^8\,\text{m/s} \cdot 500 \cdot 10^{-9}\,\text{m}}$ beträgt nur ca. 0,0005 % der Elektronenmasse m_e, sodass das Elektron keine Stoßenergie und keinen Impuls übernimmt. Die prozentuale Änderung der Wellenlänge fällt dementsprechend mit höchstens $\frac{\Delta\lambda}{\lambda} \cdot 100 \leq \frac{2\lambda_C}{\lambda} \cdot 100 = 0{,}001\,\%$ sehr gering aus.

ZUR VERTIEFUNG

Photonen mit einer Energie von mindestens 1,02 MeV (Nachweis!) können sich, entsprechend der Äquivalenz von Energie und Masse, in ein Elektron-Positron-Paar umwandeln. Begründen Sie, warum die Photonen nicht schon vor der Paarbildung aus einem Elektron-Positron-Paar bestehen.

11.2 Welleneigenschaften von Elektronen

In zahlreichen Experimenten (Milikan-Experiment, Fadenstrahlrohr u. a.) werden **Elektronen als klassische Teilchen mit der (Ruhe-)Masse** $\boldsymbol{m_e = 9{,}1094 \cdot 10^{-31}\,\text{kg}}$ angesehen. 1927 wiesen jedoch C. J. Davisson und L. H. Germer mithilfe des im Folgenden beschriebenen **Beugungsexperimentes** die bereits 1924 von L. de Broglie postulierten **Welleneigenschaften der Elektronen** nach.

Die **polykristalline Graphitfolie** GF enthält sehr viele kleine Einkristalle, die beliebige räumliche Orientierungen aufweisen. Der vom Wehnelt-Zylinder WZ erzeugte Elektronenstrahl ruft beim Auftreffen auf den Netzebenen dieser Einkristalle **Bragg-Reflexionen** hervor, wobei nur diejenigen Kristalle zur konstruktiven Interferenz beitragen, deren Netzebenen mit der Richtung des Zentralstrahls den zur n-ten Interferenzordnung gehörenden **Glanzwinkel** $\boldsymbol{\alpha_n}$ einschließen. Wegen der Rotationssymmetrie zum Zentralstrahl beschreiben alle konstruktiv interferierenden Strahlen Kegelmäntel, aus denen der hierzu senkrechte Leuchtschirm LS **kreisförmige Beugungsringe** „ausschneidet". Man beobachtet zwei **Beugungsringe erster Ordnung** ($n = 1$), die von verschiedenen Netzebenen des hexagonalen Graphitgitters mit den Abständen d_1 und d_2 herrühren.

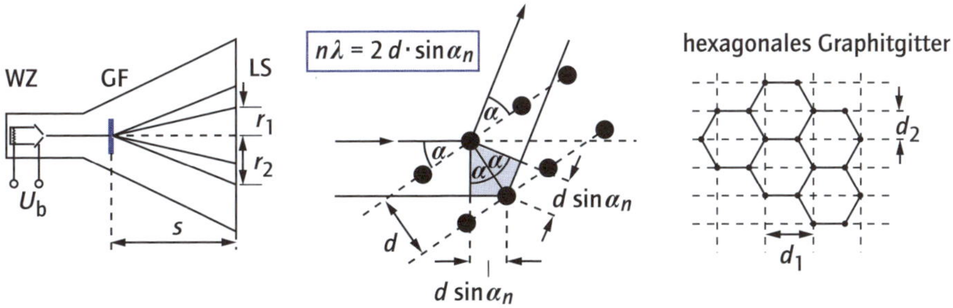

BEISPIEL 4 ▪ Im Davisson-Germer-Experiment ist der Leuchtschirm $s = 13{,}5\,\text{cm}$ von der Graphitfolie entfernt.

a) Zu dem bereits röntgenologisch bestimmten Netzebenenabstand $d_1 = 213\,\text{pm}$ gehört ein Beugungsring vom Radius $r_1 = 1{,}2\,\text{cm}$. Welche Wellenlänge kommt den Elektronen zu?

Neben der geometrischen Beziehung $\tan(2\cdot\alpha_1) = \frac{r_1}{s}$ gilt die Bragg-Formel $2\cdot\sin\alpha_1 = \frac{\lambda}{d_1}$. Die Näherung $\tan(2\cdot\alpha_1) \approx \sin(2\cdot\alpha_1) \approx 2\cdot\sin\alpha_1$ führt somit auf $\frac{r_1}{s} = \frac{\lambda}{d_1}$, das heißt

$$\lambda = \frac{r_1 \cdot d_1}{s} \text{ und mit Daten folgt: } \lambda = \frac{0{,}012\,\text{m} \cdot 213\,\text{pm}}{0{,}135\,\text{m}} = 18{,}9\,\text{pm}$$

b) Welcher Netzebenenabstand gehört zu dem zweiten Beugungsring vom Radius $r_2 = 2{,}1\,\text{cm}$?

Bei unveränderter Wellenlänge folgt aus Teil a) die Beziehung

$$r_1 \cdot d_1 = r_2 \cdot d_2 \quad \text{bzw.} \quad d_2 = \frac{r_1}{r_2} \cdot d_1 \quad \text{und mit Daten:}$$

$$d_2 = \frac{1{,}2\,\text{cm}}{2{,}1\,\text{cm}} \cdot 213\,\text{pm} = 122\,\text{pm}$$

c) Warum kann der Beugungsring mit dem Radius r_2 kein Ring zweiter Ordnung sein?

Aus der Bragg-Formel $2\cdot\sin\alpha_n = \frac{n\cdot\lambda}{\text{d}}$ folgt für einen Beugungsring n-ter Ordnung $\frac{r_n}{s} = \frac{n\cdot\lambda}{d}$ für den Radius dieses Rings also $r_n = n \cdot \frac{s\cdot\lambda}{d} = n \cdot r_1$.
Somit müsste sich der Radius beim Übergang von der ersten zur zweiten Ordnung verdoppeln, was hier für $r_2 : r_1 = 2{,}1 : 1{,}2$ nicht der Fall ist!

De Broglie zog den damals noch recht spekulativen Analogieschluss, dass die für Photonen gültige Beziehung $p = \frac{h}{\lambda}$ auch für Elektronen gültig sei. Dementsprechend ließ sich jedem Teilchen mit dem Impuls p eine **Materiewelle** (auch: **De-Broglie-Welle**) der Wellenlänge $\lambda = \frac{h}{p}$ zuordnen.

BEISPIEL 5 ▪ Die im Davisson-Germer-Experiment gestreuten Elektronen durchlaufen zunächst im Wehnelt-Zylinder die Beschleunigungsspannung $U = 4\,\text{kV}$. Mit welcher Wellenlänge ist im Streuexperiment zu rechnen?

Aus der Energieerhaltung $e \cdot U = \frac{1}{2} \cdot m_e \cdot v^2 = \frac{p^2}{2 \cdot m_e}$ ergibt sich der **Impuls der Elektronen** zu:

$$\boldsymbol{p = \sqrt{2 \cdot m_e \cdot e \cdot U}} = \sqrt{2 \cdot 9{,}109 \cdot 10^{-31}\,\text{kg} \cdot 1{,}602 \cdot 10^{-19}\,\text{C} \cdot 4 \cdot 10^{3}\,\text{J/C}}$$
$$= 3{,}417 \cdot 10^{-23}\,\text{kg m/s}$$

und die De-Broglie-Wellenlänge beträgt:

$$\lambda = \frac{h}{p} = \frac{6{,}626 \cdot 10^{-34}\,\text{J s}}{3{,}417 \cdot 10^{-23}\,\text{kg m/s}} = 1{,}94 \cdot 10^{-11}\,\text{m} = 19{,}4\,\text{pm}$$

Der experimentelle Wert $\lambda = 18{,}9\,\text{pm}$ aus Beispiel 4, a) liegt nur 2,6 % unter diesem Wert.

Beispiel 5 lässt uns auch verstehen, warum man mit einem **Elektronenmikroskop** bis hin zu atomaren Strukturen vorstoßen kann. Während das Auflösungsvermögen eines Lichtmikroskops in etwa durch die halbe Wellenlänge des blauen Lichtes $\left(\frac{\lambda}{2} = 250\,\text{nm}\right)$ begrenzt bleibt, führt bei einem Elektronenmikroskop eine sehr hohe Beschleunigungsspannung zu einer sehr viel kleineren De-Broglie-Wellenlänge und somit auch zu einem sehr hohen Auflösungsvermögen.

Materiewellen konnten auch für andere Mikroteilchen, beispielsweise für Neutronen, experimentell nachgewiesen werden. Dass sie hingegen im makroskopischen Bereich keine Rolle spielen, zeigt das folgende Beispiel.

BEISPIEL 6 ▪ Welche De-Broglie-Wellenlänge hätte ein Fußgänger ($m = 70\,\text{kg}$), der sich mit 4,3 km/h bewegt?

Wellenlänge: $\lambda = \frac{h}{p} = \frac{h}{m \cdot v} = \frac{6{,}626 \cdot 10^{-34}\,\text{J s}}{70\,\text{kg} \cdot 1{,}2\,\text{m/s}} = 7{,}9 \cdot 10^{-36}\,\text{m}$

Diese Wellenlänge ist viel zu kurz, um nachgewiesen werden zu können!

ZUR VERTIEFUNG

Unter der Annahme, dass genau n Wellenlängen eines Elektrons auf die n-te Bohr'sche Bahn eines Wasserstoffatoms passen, folgt mit

$2\pi \cdot r_n = n \cdot \lambda = n \cdot \frac{h}{p}$ **gerade das erste Bohr'sche Postulat**

$p \cdot r_n = n \cdot \frac{h}{2\pi}$.

Unter diesem Aspekt sind nur solche Bahnen zulässig, auf denen sich ein Elektron als resonante, das heißt stehende Welle lokalisiert. Skizzieren Sie die entsprechenden Bilder stehender Elektronen-Wellen.

11.3 Aufenthaltswahrscheinlichkeit und Unschärferelation

Obschon sich **Photonen und Elektronen** in zahlreichen physikalischen Eigenschaften unterscheiden, so resultiert gerade aus ihrer beider Zuordnung zur Mikrophysik die gemeinsame Eigenschaft, sich **je nach den Versuchsbedingungen als Welle oder als Teilchen zu verhalten**. Dieser **Dualismus-Problematik** wurde in zahlreichen, zum Teil recht ausgeklügelten Experimenten nachgegangen. Wir wollen uns hier jedoch auf das grundlegende Doppelspaltexperiment beschränken:

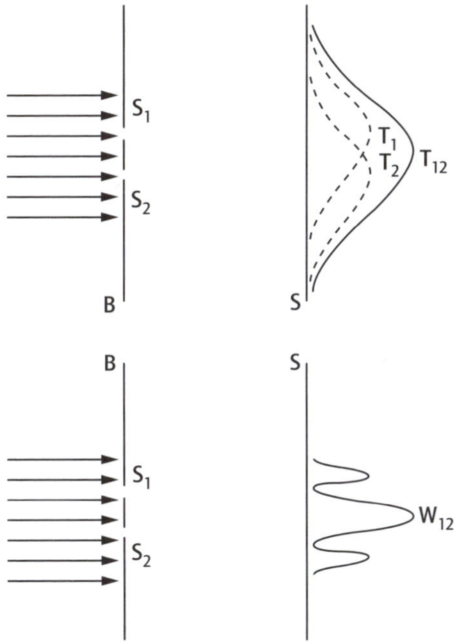

Trifft ein Teilchenstrom auf die Blende B, in der nur ein Schlitz, S_1 oder S_2, geöffnet ist, so kommt es auf dem Beobachtungsschirm S zu den für Teilchen typischen Verteilungen T_1 oder T_2. Beim gleichzeitigen Öffnen beider Schlitze S_1 und S_2 wäre dann zu erwarten, dass sich die beiden Verteilungen T_1 und T_2 **zur Gesamtverteilung T_{12}** additiv überlagern. Tatsächlich wird aber das unten gezeigte **Interferenzbild W_{12}** beobachtet, das nur durch Welleneigenschaften des auf B auftreffenden Stromes erklärt werden kann. Selbst dann, wenn nur noch ein einziges Photon oder Elektron zwischen Quelle und Schirm unterwegs ist, **hängt das Verhalten der einzelnen Teilchen davon ab, ob nur einer oder beide Schlitze geöffnet sind**. Wenn beide Schlitze geöffnet sind, dann erscheinen auf S zwar diskrete Punkte, die auf das Auftreffen einzelner Teilchen schließen lassen, jedoch setzen sich im Laufe der Zeit alle diese Punkte mosaikartig zu dem Interferenzmuster W_{12} zusammen. Dieser Vorgang ist nicht mehr mit der klassischen Vorstellung einer eindeutig beschreibbaren Teilchenbahn vereinbar. Offensichtlich verhalten sich Photonen und Elektronen, auch wenn sie schließlich auf S als Teilchen nachgewiesen werden, zwischenzeitlich nicht eindeutig als Teilchen. Die Frage nach ihrer wahren Natur ließ sich auch durch ausgefeiltere Experimente nicht beantworten und stellt prinzipiell eine Grenze der physikalischen Erkenntnisgewinnung dar.

N. Bohr, W. Pauli und W. Heisenberg schränkten in ihrer **Kopenhagener Deutung** die Frage nach der eigentlichen Natur der Mikroobjekte infolge der prinzipiellen Unbeantwortbarkeit auf die Problemstellung ein, wie weit denn überhaupt mit den Methoden der Physik Erkenntnisse über Mikroteilchen gewonnen werden können. Mikroteilchen sind weder Teilchen noch Wellen im klassischen Sinne und die Vorstellungen (Modelle) von Wellen und Teilchen dienen dazu, beobachtete Phänomene aspekthaft zu beschreiben, ohne ihnen jedoch eine weitergehende Bedeutung beizumessen.

Es blieb die Aufgabe übrig, beide Vorstellungen zu einem widerspruchsfreien Erklärungsmodell zusammenzufügen. Während E.-Schrödinger den mathematischen Rahmen zur Beschreibung materieller Teilchen (z. B. Elektronen) durch **Wellenfunktionen $\Psi(r,t)$** ausarbeitete, gab M. Born diesen Materiewellen eine **statistische Interpretation**. Er deutete Ψ als Wahrscheinlichkeitsamplitude, deren Quadrat, entsprechend der Intensität einer klassischen Welle, die Wahrscheinlichkeit angibt, das Teilchen in einem bestimmten Raumelement vorzufinden. Für nichtmaterielle Photonen sollte die elektrische Feldstärke $E(r,t)$ der Wellenfunktion $\Psi(r,t)$ entsprechen, sodass dann die zu E^2 proportionale Lichtintensität die Wahrscheinlichkeit angibt, Photonen am Ort dieser Intensität anzutreffen.

Zurück zum Doppelspalt: Auf ihrem Weg zum Schirm lässt sich keine Aussage über die wahre Natur der Mikroteilchen treffen. Stehen dem Teilchen zwei Wege, repräsentiert durch S_1 und S_2, zur Verfügung, so **interferieren hinter B die den beiden Wegen zugeordneten Wellenfunktionen $\Psi_1(r,t)$ und $\Psi_2(r,t)$ miteinander** und erzeugen auf dem Schirm die Interferenzfunktion $\Psi_{12}(r,t)$, deren Amplitudenquadrat die Auftreffwahrscheinlichkeit des Teilchens an der betreffenden Stelle des Schirms angibt.

BEISPIEL 7 ▪ Warum widerspricht am Doppelspalt die Interferenzverteilung W_{12} der für Teilchen erwarteten Auftreffverteilung T_{12}?

W_{12} weist gegenüber T_{12} Minima auf, also Orte mit einer verschwindenden Auftreffwahrscheinlichkeit. Photonen oder Elektronen können somit bei Öffnung beider Spalte bestimmte Stellen des Schirms nicht erreichen, die sie bei Öffnung nur eines Spaltes durchaus erreichen können. Es wurde schon erwähnt, dass **der für die klassische Physik typische Determinismus**, demzufolge die Bahn eines Teilchens bei gleichzeitiger Kenntnis von Ort und Geschwindigkeit bzw. Impuls vorhersagbar ist, **für Bewegungen von Mikroteilchen versagt**. So kann beispielsweise eine exakte Ortsbestimmung $x = x_0$ (Ortsunschärfe $\Delta x = 0$) als punktueller Ausschnitt aus einer assoziierten Materiewelle mit beliebiger Wellenlänge ($0 < \lambda < \infty$) aufgefasst werden. Der

Impuls bleibt dann aber gemäß der De-Broglie-Beziehung $p = \frac{h}{\lambda}$ vollkommen unbestimmt (Impulsunschärfe $\Delta p_x = \infty$). Umgekehrt: Eine exakte Impulsangabe ($\Delta p_x = 0$) setzt eine eindeutige Wellenlänge voraus, die sich jedoch nur für einen unbegrenzten Wellenzug sinnvoll deuten lässt. Folglich bleibt jetzt der Aufenthaltsort vollkommen unbestimmt ($\Delta x = \infty$).

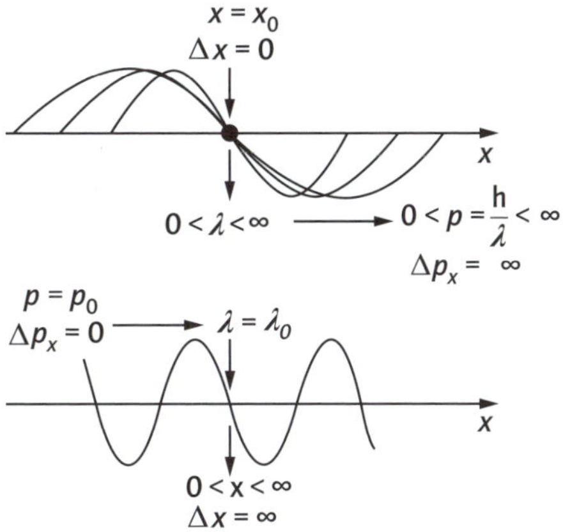

Beide Situationen bilden so die Extremfälle der von **W. Heisenberg** formulierten **Unschärferelation $\Delta x \cdot \Delta p_x \geq h$**. Sie besagt, dass die gleichzeitigen Orts- und Impulsangaben für ein Mikroteilchen prinzipiell die Unschärfen Δx und Δp_x aufweisen, deren Produkt die Größenordnung der Planck'schen Konstanten h nicht unterschreiten kann.

BEISPIEL 8 ▪ **Ein mit 200 V beschleunigtes Elektron fliegt mit dem exakten Impuls p_y. Beim Passieren der x-Achse wird ein 100-pm-Photon an ihm gestreut, um so seinen Ort möglichst genau zu bestimmen.**

a) Zeigen Sie, dass auch hier die Heisenberg'sche Unschärferelation erfüllt wird.

Das Photon der Wellenlänge λ lässt keine Auflösung unterhalb von $\frac{\lambda}{2}$ zu, sodass die Ortsungenauigkeit der Messsung durch $\Delta x \geq \frac{\lambda}{2} = 50\,\text{pm}$ beschränkt wird. Bei der elastischen Streuung überträgt das Photon einen Teil seines Impulses p auf das Elektron, und bei einer 180°-Rückstreuung wird der übertragene Teil maximal und beträgt $2p$.

Somit kann die Impulsunschärfe zu $\Delta p_x \leq 2p = 2 \cdot \frac{h}{\lambda}$ abgeschätzt werden. Insgesamt folgt: $\Delta x \cdot \Delta p_x \approx \frac{\lambda}{2} \cdot \frac{2 \cdot h}{\lambda} = h$.

b) Welchen Einfluss übt diese Messung auf die weitere Flugbahn des Elektrons aus?

Der zunächst scharfe Impuls ($\Delta p_y = 0$) des Elektrons beträgt

$$p_y = \sqrt{2 \cdot m_e \cdot e \cdot U}$$
$$= \sqrt{2 \cdot 9{,}109 \cdot 10^{-31}\,\text{kg} \cdot 1{,}602 \cdot 10^{-19}\,\text{C} \cdot 200\,\text{J/C}}$$
$$= 7{,}64 \cdot 10^{-24}\,\text{kg m/s}$$

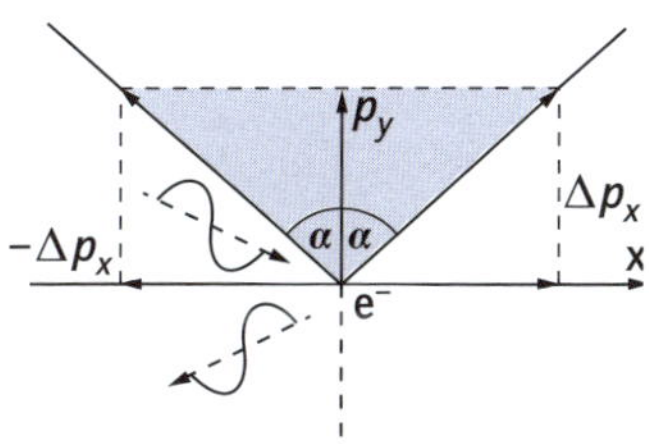

und wird bei der Photonenstreuung um einen Querimpuls von höchstens

$\Delta p_x = 2 \cdot \frac{h}{\lambda} = \frac{2 \cdot 6{,}626 \cdot 10^{-34}\,\text{Js}}{100 \cdot 10^{-12}\,\text{m}} = 1{,}33 \cdot 10^{-23}\,\text{kg m/s}$ vergrößert. Somit wird das Elektron seine Flugbahn in einem Winkelbereich der Öffnung 2α in nicht vorhersagbarer Weise fortsetzen. Es gilt:

$$\alpha = \tan^{-1}\left(\frac{\Delta p_x}{p_y}\right) = \tan^{-1}\left(\frac{1{,}33 \cdot 10^{-23}\,\text{kg m/s}}{7{,}64 \cdot 10^{-24}\,\text{kg m/s}}\right) = 60{,}1\,°.$$

c) Welche Auswirkungen hätte eine solche Ortsmessung hinter einem Doppelspalt?

Bleibt der Spalt, durch den das Elektron fliegt, unbestimmt, so kommt es zur Interferenzfigur W_{12}. Mit Photonen, deren Wellenlänge kleiner als der Spaltabstand ist, lässt sich jedoch der Ort des Elektrons so genau bestimmen, dass auch der durchflogene Spalt identifiziert werden kann. Dann aber zerstört die damit verbundene Impulsunschärfe das Interferenzmuster und die lokalisierten Elektronen erzeugen nun die für klassische Teilchen typische Verteilung T_{12}.

CHECKLISTE

11 Quantenphysik – Grundlagen

- **Das Photoeffekt-Experiment zeigt, dass Licht als Photonenstrom aufzufassen ist, durch den Energieportionen (Quanten) der Größe $W = h \cdot f$ transportiert und übertragen werden.**
- **Photonen besitzen die Ruhemasse $m_0 = 0$ und bewegen sich stets mit Lichtgeschwindigkeit. Es gilt: $W = h \cdot f$, $m = \frac{W}{c^2} = \frac{h \cdot f}{c^2}$ und $p = m \cdot c = \frac{h}{\lambda}$. Auch die Compton-Streuung und die Paarbildung belegen den Teilchencharakter elektromagnetischer Strahlung.**
- **Im Beugungsexperiment nach Davisson und Germer erzeugen gestreute Elektronen Interferenzringe. De Broglie ordnete Elektronen, die sich mit der Geschwindigkeit v bewegen, die Wellenlänge $\lambda = \frac{h}{p} = \frac{h}{m_e \cdot v}$ zu (Materiewellen).**
- **Mikroteilchen erzeugen im Widerspruch zu ihrem Teilchencharakter hinter einem Doppelspalt ein für Wellen typisches Interferenzmuster (Dualismus).**
- **E. Schrödinger beschrieb Mikroteilchen durch Wellenfunktionen $\Psi(x, t)$ und M. Born deutete sie als Wahrscheinlichkeitsamplituden, deren Quadrat die Aufenthaltswahrscheinlichkeit eines Teilchens zur Zeit t am Ort x angibt.**
- **Der Dualismus bedingt die prinzipielle Unmöglichkeit, den Ort x und den Impuls p eines Mikroteilchens gleichzeitig exakt (scharf) zu bestimmen. Heisenberg'sche Unschärferelation $\Delta x \cdot \Delta p_x \geqq h$.**

12 Kernphysik

α-, β- und γ-Strahlung sind die messbaren Belege für die vielfältigen radioaktiven Kernzerfälle, die allesamt mit stoffspezifischen Halbwertszeiten einem exponentiellen Zerfallsgesetz folgen. Streuexperimente geben zusammen mit dem Tröpfchenmodell Aufschluss über den Aufbau der Atomkerne aus Protonen und Neutronen. Das Verhältnis der abstoßenden Coulomb-Kräfte und der anziehenden Kernkräfte führt schließlich zu den Isotopenreihen der Elemente. Während die Erhaltungssätze der elektrischen Ladung, der Nukleonenzahl, des Impulses und der Energie ganz allgemein die Realisierbarkeit natürlicher und künstlicher Kernreaktionen abstecken, rückt der u-förmige Verlauf der Bindungsenergie-Kurve, deren Beitrag sich für jedes Element aus dem Massendefekt ergibt, die Kernspaltung und die Kernverschmelzung als Prozesse der Energiegewinnung in den Blickpunkt.

12.1 Die drei Arten der radioaktiven Strahlung

1896 stellte H. Bequerel fest, dass von Uransalzen eine dauerhaft harte Strahlung ausgeht, die, ähnlich der Röntgenstrahlung, auch abgedecktes Fotopapier schwärzt. Er belegte diese neuartige, stoffgebundene Erscheinung mit dem Begriff „Radioaktivität". Kurz darauf isolierte das Forscherpaar Marie und Pierre Curie die bis dahin unbekannten Elemente Polonium und Radium, die beide in hohem Maße radioaktiv waren, und schon bald wurden weitere radioaktive Stoffe entdeckt. Im Rahmen der nun einsetzenden Forschungsaktivitäten fand man heraus, dass sich **drei verschiedene Strahlungsarten** klassifizieren ließen, die von verschiedenen unbeeinflussbar ablaufenden Prozessen im Atomkern ausgehen.

Erste wichtige Aufschlüsse hierzu liefert das folgende Experiment: Von einem abgeschirmten radioaktiven Präparat P aus gelangt ein durch die Kollimatorblende K begrenzter Strahl in das homogene Magnetfeld $\vec{B}$, das in die Papierebene weist. Während α-Strahlung einen linksseitigen Kreisbogen beschreibt, folgt β-Strahlung einem rechtsseitigen Kreis-

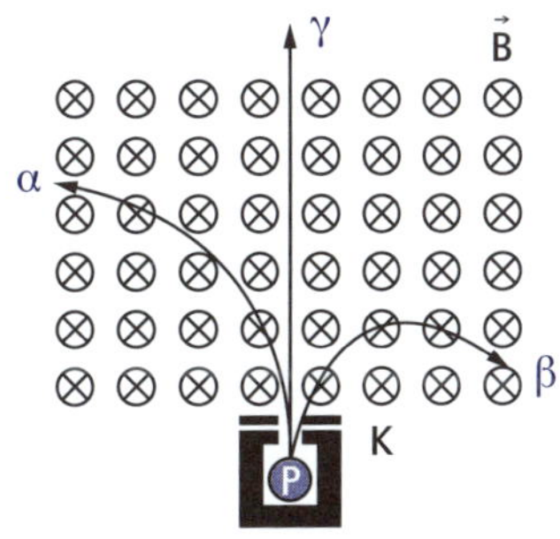

bogen und γ-Strahlung passiert das Magnetfeld ohne Ablenkung. Gemäß der **Lorentz-Kraft $\vec{F}_L = q \cdot \vec{v} \times \vec{B}$** (3-Finger-Regel!) muss α-Strahlung aus positiv geladenen Teilchen und β-Strahlung aus negativ geladenen Teilchen bestehen, während γ-Strahlung elektrisch neutral ist. Weitere Untersuchungsergebnisse führen zu folgenden Präzisierungen:

α-Strahlung besteht aus zweifach positiv geladenen Heliumkernen ^4_2He und ihre diskreten Energiewerte reichen von 1 MeV bis 10 MeV. In Luft beträgt ihre energieabhängige Reichweite bis zu 10 cm. Obwohl sie bereits in der Haut absorbiert wird, kann sie dort infolge ihrer hohen spezifischen Ionisation erhebliche Strahlungsschäden verursachen. Ein Blatt Papier oder eine dünne Aluminiumfolie bewirken bereits eine vollständige Abschirmung. Ursache für die α-Strahlung ist der Zerfall eines aus A Nukleonen (Z Protonen und $A - Z$ Neutronen) gebildeten Mutterkerns X in einen Tochterkern T und einen Heliumkern. **Die Zerfallsgleichung hat die Form: $^A_ZX \rightarrow {}^{A-4}_{Z-2}T + \alpha$.**

β-Strahlung: Man unterscheidet zwischen der β^--Strahlung und der seltener auftretenden β^+-Strahlung, bei der Elektronen $_{-1}^{0}e$ bzw. Positronen $_{+1}^{0}e$ mit Energien von 0,1 MeV bis 5 MeV ausgesandt werden. Ihre Reichweite in Luft beträgt energieabhängig 0,1 m bis 5 m und sie kann einige Zentimeter tief in organisches Gewebe eindringen. Wenngleich β-Strahlung eine vergleichsweise geringe spezifische Ionisation zeigt, so kann auch sie erhebliche Strahlenschäden verursachen. Eine 10 mm dicke Aluminiumschicht oder eine 3 mm dicke Bleischicht bieten bereits einen vollständigen Schutz. Dass sich infolge der β-Strahlung die Kernladungszahl Z um eine Einheit erhöht (β^-) bzw. erniedrigt (β^+), wurde bereits 1913 von F. Soddy erkannt. Unerklärlich blieben zunächst jedoch die **kontinuierlichen β-Energiespektren**, denn die Mehrzahl der β-Partikel besaß nicht die erwartete Maximalenergie und der Energieerhaltungssatz schien verletzt zu sein. Erst 1930 postulierte W. Pauli die Existenz des (Anti-)Neutrinos ν ($\bar{\nu}$) als eines weiteren Zerfallsteilchens, um dadurch den Erhaltungssatz zu retten. Demnach wandelt sich beim **β^--Zerfall** im Atomkern ein Neutron (n) in ein Proton (p), ein Elektron und ein Antineutrino um: $^1_0n \rightarrow {}_{+1}^{1}p + {}_{-1}^{0}e + \bar{\nu}$

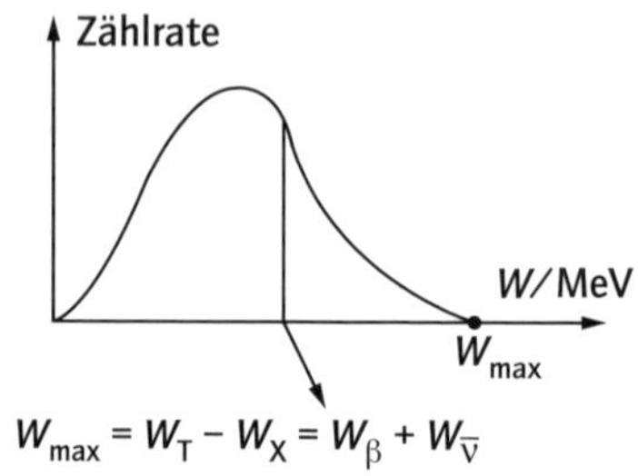

und es resultiert eine **Zerfallsgleichung der Form: $^A_ZX \rightarrow {}_{Z+1}^{A}T + e^- + \bar{\nu}$.**

Beim **β⁺-Zerfall** beschreibt $_{+1}^{1}p \rightarrow {}_{0}^{1}n + {}_{+1}^{0}e + \nu$ die Umwandlung eines Protons in ein Neutron, ein Positron und ein Neutrino, und die **Zerfallsgleichung hat die Form** $_{Z}^{A}X \rightarrow {}_{Z-1}^{A}T + e^{+} + \nu$. Konkurrierend zum β^{+}-Zerfall kommt auch der **Elektroneneinfang** vor, bei dem der Kern ein Elektron einer inneren Schale einfängt, das sich dann zusammen mit einem Proton in ein Neutron umwandelt.

BEISPIEL 1

a) Notieren Sie die Reaktionsgleichung und das Zerfallsschema für den Elektroneneinfang.

Reaktionsgleichung: $_{+1}^{1}p + {}_{-1}^{0}e \rightarrow {}_{0}^{1}n + \nu$

Zerfallsschema: $_{Z}^{A}X \rightarrow {}_{Z-1}^{A}T + e^{+} + \nu$ (identisch mit Schema des β^{+}-Zerfalls!)

b) Das instabile Bismut-Isotop $_{83}^{212}Bi$ zerfällt zu 35 % durch α-Zerfall und zu 65 % durch β⁻-Zerfall. Formulieren Sie mithilfe einer Nuklidkarte die Zerfallsgleichungen.

α-Zerfall: $_{83}^{212}Bi \xrightarrow{-35\,\%} {}_{81}^{208}Tl + \alpha(6{,}05\,MeV)$ (Tochterkern: Thallium)

β^{-}-Zerfall: $_{83}^{212}Bi \xrightarrow{-65\,\%} {}_{84}^{212}Po + e-(\leq 2{,}3\,MeV) + \overline{\nu}$ (Tochterkern: Polonium)

INSIDER-TIPP

Verglichen mit den Größenordnungen der Energiewerte, wie sie typischerweise im Bereich der Mechanik auftreten, sind die „Energieportionen" (Quanten) selbst der harten γ-Strahlung außerordentlich gering, und sie werden daher üblicherweise in der Maßeinheit „Elektronenvolt (eV)" gemessen. Merke: 1 eV ist diejenige Energie, die ein Elektron beim Durchlaufen einer Beschleunigungsspannung von 1 V erhält und es gilt: $1\,eV \triangleq 1{,}602 \cdot 10^{-19}\,J$ bzw. $1\,J = 0{,}6242 \cdot 10^{19}\,eV$.

γ-Strahlung besteht aus hochenergetischen Photonen (0,01 bis 10 MeV), die beim Übergang angeregter Atomkerne in einen Zustand geringerer Anregung oder in den Grundzustand abgestrahlt werden. Photonen besitzen keine Ruhemasse und deshalb ist ihre Wechselwirkung mit Materie vergleichsweise gering. Es sind vorwiegend der Photo- und der Compton-Effekt und bei Energien oberhalb von 1,02 MeV auch die Paarbildung, die zu einer Schwächung der γ-Strahlung führen. Und weil eine *vollständige* Abschirmung der exponentiell mit der Dicke d des Materials abnehmenden Strahlungsintensität $I(d)$ nicht gelingt, gibt man hier üblicherweise die **energieabhängige Halb-**

wertsdicke $d_{1/2}$ des Materials an, durch die die Anfangsintensität I_0 auf die Hälfte ihres Wertes reduziert wird. Beispielsweise halbiert eine 1,2 cm (0,1 cm) dicke Bleischicht die Intensität von 10 MeV (100 keV) Photonen.

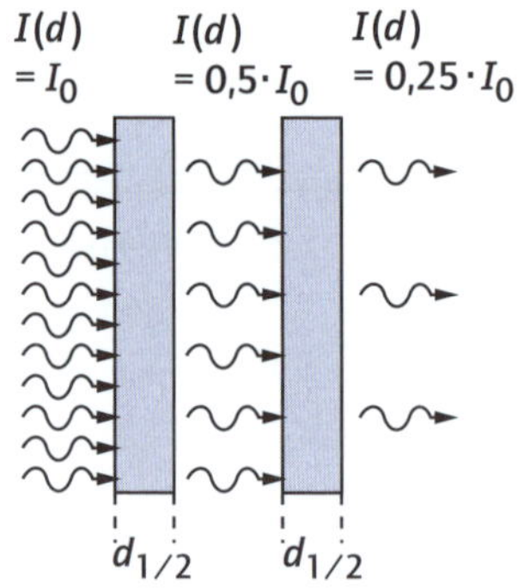

Ihre große Durchdringungsfähigkeit und ihre hohe Quantenenergie machen die γ-Strahlung für organisches Gewebe noch gefährlicher, als es Röntgenstrahlung bekanntermaßen schon ist.
γ-Strahlung ist nicht mit einer Änderung der Nukleonenzahl A verbunden und sie tritt häufig als „Begleiterscheinung" der beiden anderen Strahlungsarten auf, bei denen oftmals angeregte Tochterkerne ($^A_Z\mathrm{T}^*$) gebildet werden, die sich dann durch Emission von γ-Strahlung ihrem energetischen Grundzustand ($^A_Z\mathrm{T}$) nähern.
Die **Zerfallsgleichung hat somit die Form: $^A_Z\mathrm{X}^* \rightarrow {}^A_Z\mathrm{X} + \gamma$.**

BEISPIEL 2

a) Zeigen Sie: Das exponentielle Schwächungsgesetz für γ-Strahlung lautet: $I(\mathrm{d}) = I_0 \mathrm{e}^{-(\ln 2/d_{1/2})\cdot d}$

Für eine Absorberschicht der Dicke $d = r \cdot d_{1/2}$ gilt $I(d) = I_0 \cdot \left(\frac{1}{2}\right)^r$
und die Beziehung $\left(\frac{1}{2}\right)^r = \mathrm{e}^{-r \cdot \ln 2}$ führt auf $I(d) = I_0 \cdot \mathrm{e}^{-r \cdot \ln 2}$.
Schließlich substituiert man $r = \frac{d}{d_{1/2}}$ und erhält $I(d) = I_0 \cdot \mathrm{e}^{-(\ln 2/d_{1/2})\cdot d}$.

b) Beim β⁺-Zerfall des Natriumisotops $^{22}_{11}\mathrm{Na}$ wird γ-Strahlung der Energie 1,275 MeV emittiert, die durch eine 4 cm dicke Bleiplatte um 90 % geschwächt wird. Bestimmen Sie die Halbwertsdicke.

Man logarithmiert das Schwächungsgesetz und formt um zu:
$d_{1/2} = -\left[\frac{\ln 2}{\ln(I(\mathrm{d})/I_0)}\right] \cdot d$ und mit $\frac{I(4\,\mathrm{cm})}{I_0} = 0{,}1$ (10 %)
folgt dann die Halbwertsdicke zu: $d_{1/2} = -\left[\frac{\ln 2}{\ln 0{,}1}\right] \cdot 4\,\mathrm{cm} = 1{,}2\,\mathrm{cm}$.

ZUR VERTIEFUNG

1. Beschreiben Sie den Aufbau und die Wirkungsweise wichtiger Messgeräte zum Nachweis radioaktiver Strahlung.
2. Vertiefen Sie ihre Kenntnisse über das biologische Gefährdungspotenzial ionisierender Strahlen und das Ergreifen geeigneter Schutzmaßnahmen. Kennen Sie auch das quadratische Abstandsgesetz?

12.2 Das Gesetz des radioaktiven Zerfalls

Weil radioaktive Strahlung stets auf Zerfallsvorgänge in Atomkernen zurückgeht, ist die Strahlungsintensität, gemessen als Zählrate n, ein Maß für die Anzahl der stattgefundenen Zerfälle. Erfahrungsgemäß nimmt aber die Strahlungsintensität eines jeden Präparates mit der Zeit mehr oder weniger schnell ab und es stellt sich die Frage: **Wie kann ein radioaktiver Zerfallsverlauf experimentell erfasst, mathematisch beschrieben und natürlich auch physikalisch begründet werden?** Experimentiert man nun mithilfe eines beliebigen Elementes X aus einer der vier natürlichen Zerfallsreihen, so muss man mit zweierlei Beeinträchtigungen rechnen: Zum einen wird die Substanz X stets nachgebildet, falls ihre Muttersubstanz hinreichend kurzlebig ist, und zum anderen sind die Tochtersubstanzen von X zumeist selber radioaktiv und überlagern dadurch die Zählrate von X. Diese **Problematik der isolierten Zerfallsanalyse** kann umgangen werden, indem man z. B. den β^--Zerfall des **künstlich** hergestellten Iodisotops $^{128}_{53}I$ zum stabilen Xenonisotop $^{128}_{54}Xe$ untersucht. Zu den Messdaten:

t/min	0	5	10	15	20	25	30	35	40
n/(Imp./10 s)	160	139	119	105	91	78	67	61	52
$\ln n$	5,08	4,93	4,78	4,65	4,51	4,36	4,20	4,11	3,95

gehört der folgende Graph $n(t)$ und der linearisierte Graph $\ln n(t)$: Der Graph $n(t)$ zeigt die zeitlich abnehmende Zählrate n und erlaubt es, die **Halbwertszeit $T_{1/2}$** als diejenige Zeit zu bestimmen, nach der die **anfängliche Zählrate n_0** auf die Hälfte zurückgegangen ist. Allerdings kann aus dieser Darstellung nicht die genaue Gesetzmäßigkeit der Abnahme abgelesen werden. Hierzu dient die **halblogarithmische Darstellung** mit dem linearen Ansatz $\ln n(t) = -\lambda \cdot t + b$, der durch Exponieren zur Basis e auf

$$n(t) = e^{-\lambda \cdot t + b} = e^{b} \cdot e^{-\lambda \cdot t} \text{ führt.}$$

Die erste Bedingung $n(t = 0) = n_0$ führt auf $n_0 = e^b$ und die zweite Bedingung

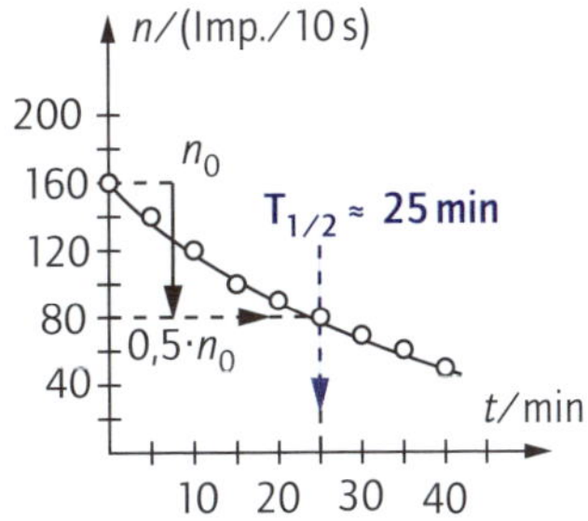

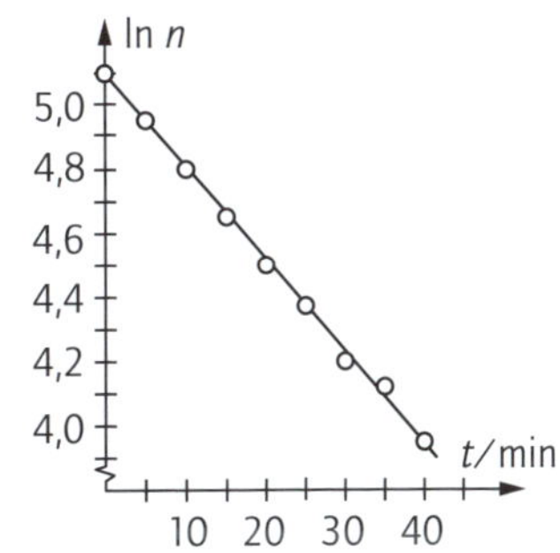

$n(T_{1/2}) = 0{,}5 \cdot n_0$ liefert dann $0{,}5 \cdot n_0 = n_0 \cdot e^{-\lambda \cdot T_{1/2}}$ und die **Zerfallskonstante** λ zu $\lambda = -\frac{\ln 0{,}5}{T_{1/2}} = \frac{\ln 2}{T_{1/2}}$.

Das **exponentielle Zerfallsgesetz** lautet: $\boldsymbol{n(t) = n_0 \cdot e^{-(\ln 2/T_{1/2}) \cdot t}}$ und speziell für das Iod-Zerfallsexperiment $n(t) = 160\,\text{Imp.}/(10\,\text{s}) \cdot e^{-0{,}0277(1/\text{min}) \cdot t}$.

BEISPIEL 3 ▪ **Eine anfängliche Zählrate von 56 Imp./s hat nach einer Stunde auf 18 Imp./s abgenommen. Bestimmen Sie die Zerfallskonstante und die Halbwertszeit.**

Zerfallskonstante: $\lambda = \frac{-\Delta(\ln n)}{\Delta t} = \frac{-(\ln 18 - \ln 56)}{60\,\text{min} - 0\,\text{min}} = 0{,}0189\,\text{min}^{-1}$

Halbwertszeit: $T_{1/2} = \frac{\ln 2}{\lambda} = \frac{\ln 2}{0{,}0189\,\text{min}^{-1}} = 36{,}6\,\text{min}$

Die Zählrate $n(t)$ erfasst im Allgemeinen nur einen Bruchteil der gesamten Strahlung, die ein punktförmiges Präparat gleichmäßig in alle Raumrichtungen abstrahlt. Platziert man z. B. ein Zählrohr mit Eintrittsfläche S_Z im Abstand r zum Präparat, dann wird nur der Anteil $\frac{S_Z}{S_K}$ der gleichmäßig durchstrahlten Kugeloberfläche $S_K = 4\pi \cdot r^2$ erfasst. Man bezeichnet nun die **gesamte Aktivität des Präparates mit $A(t)$** und es gilt die Verhältnisgleichung

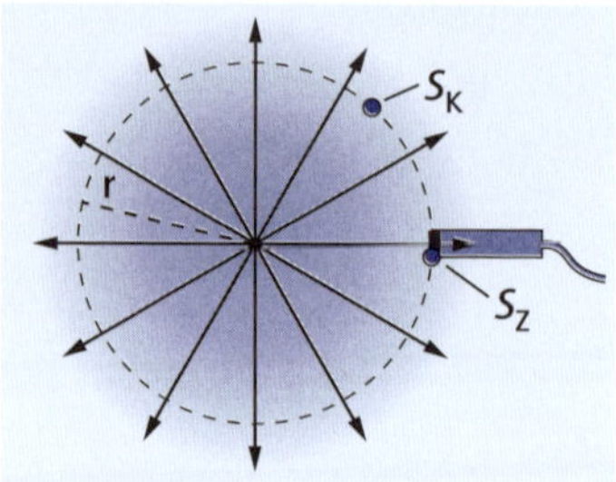

$\frac{A(t)}{S_K} = \frac{n(t)}{S_Z}$, bzw. $\boldsymbol{A(t) = \frac{S_K}{S_Z} \cdot n(t)}$.

BEISPIEL 4 ▪ **Im Iod-Zerfallsexperiment (→ Seite 171, oben) wurden die Zählraten 50 cm entfernt vom Präparat mit einem Zählrohr ermittelt, dessen Fensterfläche 15 cm² betrug.**
Wie groß war die anfängliche Aktivität des Präparates?

Kugeloberfläche: $S_K = 4\pi \cdot r^2 = 4\pi \cdot (50\,\text{cm})^2 = 31\,416\,\text{cm}^2$

Anfangsaktivität: $A_0 = \frac{S_K}{S_Z} \cdot n_0 = \frac{31\,416\,\text{cm}^2}{15\,\text{cm}^2} \cdot \frac{160\,\text{Imp.}}{10\,\text{s}} = 33\,510\,\text{Imp./s}$

Weil die Aktivität $A(t)$ stets zur Zählrate $n(t)$ proportional ist, gilt auch für sie ein **Zerfallsgesetz der Form** $\boldsymbol{A(t) = A_0 \cdot e^{-(\ln 2/T_{1/2}) \cdot t}}$. Andererseits ist die Aktivität, aufgefasst als Änderungsrate $\frac{\Delta N}{\Delta t}$ der Anzahl $N(t)$ noch nicht zerfallener Atomkerne, für hinreichend kleine Zeitintervalle $\Delta t \ll T_{1/2}$ auch proportional zu $N(t)$ selbst, also gilt:

$$A(t) = -\frac{\Delta N}{\Delta t} = \lambda \cdot N(t) \quad \text{bzw.} \quad N(t) = \frac{1}{\lambda} \cdot A_0 \cdot e^{-(\ln 2/T_{1/2}) \cdot t}$$

und mit dem Anfangsbestand $N_0 = \frac{A_0}{\lambda}$ an noch nicht zerfallenen Kernen sieht man, dass auch die Anzahl dieser Kerne mit der Zeit exponentiell abnimmt und ebenfalls einem **Zerfallsgesetz der Fom** $N(t) = N_0 \cdot e^{-(\ln 2/T_{1/2}) \cdot t}$ genügt.

Fazit: Die Zählrate $n(t)$, die Aktivität $A(t)$ und auch die Anzahl noch nicht zerfallener Kerne $N(t)$ klingen mit derselben Zerfallskonstanten λ, also auch mit derselben Halbwertszeit $T_{1/2}$ exponentiell ab.

12.3 Rutherfords Streuexperiment, Tröpfchenmodell

Zu Beginn des 20. Jahrhunderts galt der atomare Aufbau der Materie als gesicherte Erkenntnis, jedoch war die innere Struktur der Atome noch unklar. So nahm J. J. **Thomson** (1856–1940) in seinem **„Rosinenkuchen-Modell"** an, dass die positiven Ladungen homogen über das gesamte Atomvolumen (den „Kuchen") verteilt sind und die Elektronen wie „Rosinen" darin stecken. Vor diesem Hintergrund wird die große Bedeutung des 1910 von E. **Rutherford** durchgeführten **Streuexperimentes** verständlich, durch das die tatsächliche Verteilung der Masse und der positiven Ladungen innerhalb eines Atoms aufgeklärt wurde. Rutherford beschoss eine nur wenige Atomschichten dicke Goldfolie mit α-Teilchen und zog aus der Verteilung der gestreuten Schusspartikel Rückschlüsse auf den atomaren Aufbau.

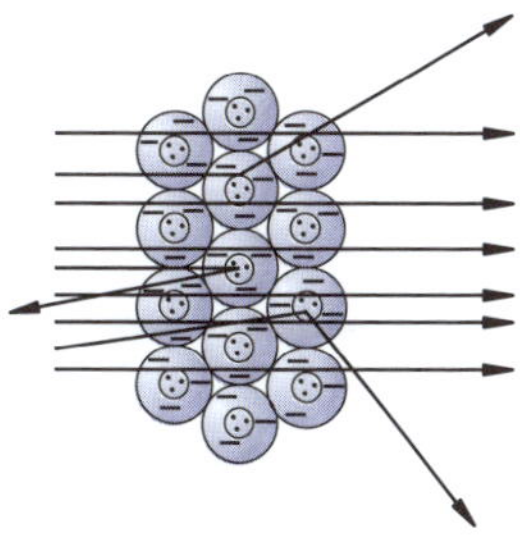

Wäre Thomsons Modell richtig gewesen, so hätten alle α-Teilchen die Goldfolie ohne nennenswerte Ablenkungen durchsetzt. Tatsächlich wurden aber neben zahlreichen Teilchen mit ungehindertem Durchgang auch auffallend viele gestreute Teilchen registriert, was im Ergebnis zu dem neuen **Atommodell von Rutherford** führte:

- 1. Der größte Teil des Atomvolumens ist bis auf die negativ geladenen Elektronen leer und die vergleichsweise schweren α-Teilchen können diese Bereiche ungehindert durchfliegen.
- 2. Abgesehen von den Elektronen konzentriert sich die gesamte atomare Masse im Zentrum eines Atoms und mit ihr auch die gesamte positive Ladung, die durch abstoßende Coulomb-Kräfte diejenigen α-Teilchen ablenkt, die dem **kugelförmig gedachten Atomkern** sehr nahe kommen.
- 3. Die unter 180° zurückgestreuten α-Teilchen erreichen die größte Annäherung an einen Atomkern und ermöglichen sogar eine Abschätzung seines Radius.

BEISPIEL 5 ▪ Ein α-Teilchen ($q_1 = 2 \cdot |e|$) der kinetischen Energie 7,7 MeV wird an einem Goldkern ($q_2 = 79 \cdot |e|$) zentral zurückgestreut. Bestimmen Sie den kürzesten Abstand *r* zwischen α-Teilchen und Goldkern.

Bei Annäherung an den Goldkern wird die kinetische Energie des α-Teilchens zunehmend in potenzielle Energie umgewandelt und beträgt im Abstand *r*:

$$E_p(r) = \frac{1}{4\pi \cdot \varepsilon_0} \cdot \frac{q_1 \cdot q_2}{r}$$

$$= \frac{(8{,}988 \cdot 10^9\,\mathrm{V \cdot m/C}) \cdot 158 \cdot (1{,}602 \cdot 10^{-19}\,\mathrm{C})^2}{r}$$

$$= 3{,}644 \cdot 10^{-26}\,\mathrm{J \cdot m} \cdot \frac{1}{r}$$

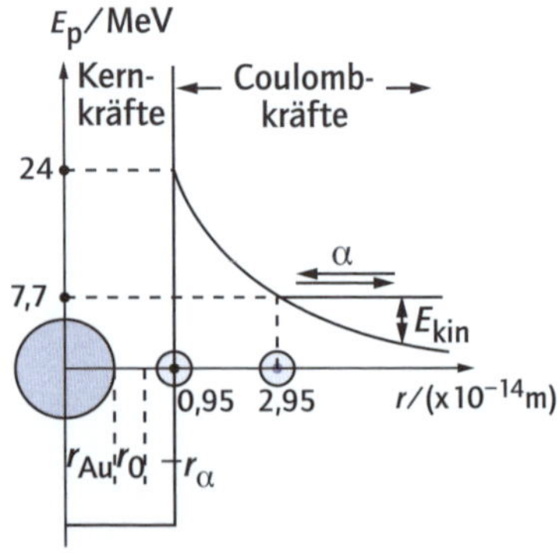

Sobald sich die gesamte kinetische Energie in potenzielle Energie umgewandelt hat, ist die größtmögliche Annäherung erreicht, und die Energieerhaltung

$$3{,}644 \cdot 10^{-26}\,\mathrm{J \cdot m} \cdot \frac{1}{r}$$

$$= 7{,}7 \cdot 10^6\,\mathrm{eV} \cdot 1{,}602 \cdot 10^{-19}\,\mathrm{J/eV}$$

führt auf den minimalen Abstand $r = 2{,}95 \cdot 10^{-14}\,\mathrm{m}$.

Weil Rutherford über keine energiereicheren α-Teilchen verfügte, konnte er den Goldkernradius lediglich zu $r_{K,Au} < 3 \cdot 10^{-14}\,\mathrm{m}$ abschätzen. Mit hochenergetischen α-Teilchen wurde jedoch inzwischen nachgewiesen, dass bei Energien ab 24 MeV **starke anziehende Kernkräfte** wirksam werden und dadurch der Rand eines Goldkerns zu $r_{K,Au} = 9{,}5 \cdot 10^{-15}\,\mathrm{m}$ abgesteckt wird.

Ein **kugelförmiger Atomkern** nimmt das Volumen $V_K = \frac{4}{3} \cdot \pi \cdot r_K^3$ ein. Da er sich aus *A* ebenfalls kugelförmigen Nukleonen (Neutronen und Protonen) vom Rauminhalt $V_0 = \frac{4}{3} \cdot \pi \cdot r_0^3$ zusammensetzt, gilt in guter Näherung: $V_K = A \cdot V_0$ bzw. $\frac{4}{3} \cdot \pi \cdot r_K^3 = A \cdot \frac{4}{3} \cdot \pi \cdot r_0^3$ und daher: $\boldsymbol{r_K = r_0 \cdot \sqrt[3]{A}}$

Bei bekanntem Kernradius ermöglicht dieses **Tröpfchenmodell** die Berechnung einiger wichtiger Daten:

BEISPIEL 6 ▪ Der Radius eines Goldkerns ($A_{Au} = 197$) beträgt $9{,}5 \cdot 10^{-15}\,\mathrm{m}$.

a) Schätzen Sie den Radius eines Nukleons und eines α-Teilchens ab.

$$r_0 = \frac{r_{K,Au}}{\sqrt[3]{A_{Au}}} = \frac{9{,}5 \cdot 10^{-15}\,\mathrm{m}}{\sqrt[3]{197}} = 1{,}6 \cdot 10^{-15}\,\mathrm{m} \quad \text{(Bestwert: } 1{,}3 \cdot 10^{-15}\,\mathrm{m)}$$

$$r_\alpha = r_0 \cdot \sqrt[3]{A_\alpha} = 1{,}6 \cdot 10^{-15}\,\mathrm{m} \cdot \sqrt[3]{4} = 2{,}5 \cdot 10^{-15}\,\mathrm{m} \quad \text{(Bestwert: } 2{,}1 \cdot 10^{-15}\,\mathrm{m)}$$

b) Schätzen Sie die Dichte der Kernmaterie ab, wenn die Nukleonenmasse bereits aus anderen Experimenten zu $m_0 = 1{,}67 \cdot 10^{-27}\,\mathrm{kg}$ bekannt ist.

Dichte der (von *A* unabhängigen!) Kernmaterie:

$$\rho_K = \frac{m_K}{V_K} = \frac{m_0 \cdot A}{\frac{4}{3} \cdot \pi \cdot r_0^3 \cdot A} = \frac{m_0}{\frac{4}{3} \cdot \pi \cdot r_0^3} = \frac{1{,}67 \cdot 10^{-27}\,\text{kg}}{\frac{4}{3} \cdot \pi \cdot (1{,}6 \cdot 10^{-15}\,\text{m})^3} = 9{,}7 \cdot 10^{16}\,\text{kg/m}^3$$

(Bestwert: $1{,}8 \cdot 10^{17}\,\text{kg/m}^3$)

ZUR VERTIEFUNG

Warum besitzen Helium-Kerne, die bei α-Zerfällen emittiert werden, wesentlich geringere Energien, als bei umgekehrter Flugrichtung zum Erreichen dieser Kerne benötigt werden? Klären Sie diesen Sachverhalt mithilfe des quantenphysikalischen Tunneleffektes auf.

12.4 Stabilität von Atomkernen

Gerade weil die radioaktiven Zerfälle auf die instabile Natur zahlreicher Atomkerne hinweisen, ist die Frage, **warum ein aus Z Protonen und** $N = A - Z$ **Neutronen bestehender Atomkern zumindest zeitweise ein stabiles Gebilde darstellt** und nicht unmittelbar in seine Bestandteile, die Nukleonen, zerfällt, von großem physikalischen Interesse. Denn ohne stabile Atomkene gäbe es keine stabilen Atome und auch keine daraus aufgebaute Materie. Im Abschnitt 12.3 wurde bereits angesprochen, dass sich die Wechselwirkungen zwischen den Nukleonen eines Kerns auf zwei Arten von Kräften gründen, die über die Stabilität eines Kernes entscheiden:

- Von jedem positiven Proton gehen abstoßende Coulomb-Kräfte auf alle anderen Protonen des Kerns aus, sie bleiben aber ohne Wirkung auf die ungeladenen Neutronen. Diese elektrischen Kräfte sind von großer Reichweite und wirken über den Kern selbst hinaus, wie wir es ja schon aus dem Streuexperiment von Rutherford kennen. Sie allein könnten keinen Zusammenhalt im Kern bewirken, sondern würden infolge der Abstoßungen seine Stabilität vielmehr verhindern.
- Nähern sich zwei Nukleonen auf einen Abstand von der Größenordnung des Nukleonenradius $r_0 = 1{,}3 \cdot 10^{-15}\,\text{m}$ an, so werden zwischen ihnen die **anziehenden Kernkräfte** wirksam. Sie sind wesentlich stärker als die Coulomb-Kräfte, jedoch nur von sehr geringer Reichweite, sodass sich ihre bindende Wirkung nur zwischen den direkt benachbarten Nukleonen eines Kerns entfalten kann. Würden ausschließlich diese Kernkräfte wirken, so wären keine Kernzerfälle möglich und es käme zu einem zunehmenden „Zusammenklumpen" von Kernmaterie.

Erst das Zusammenspiel der anziehenden Kernkräfte und der abstoßenden Coulomb-Kräfte sorgt dafür, dass sich bestimmte Anzahlen von Protonen und Neutronen zu stabilen Atomkernen zusammenlagern können. Eine **Betrachtung der energetischen Verhältnisse** soll nun helfen zu klären, welche **Zahlenverhältnisse von Neutronen und Protonen in stabilen Kernen** zu erwarten sind.

Die Energiezustände im Kern gebundener Nukleonen können zunächst qualitativ durch ein **Potenzialtopfmodell** (→ Seite 156) beschrieben werden. Dabei sind die Potenzialtöpfe für Neutronen und Protonen von unterschiedlicher Tiefe, denn bei den Protonen bewirkt ihr zusätzliches Coulomb-Potenzial eine Anhebung um das Stück ΔE. Dem **Pauli-Prinzip** folgend können nur jeweils zwei Neutronen bzw. zwei Protonen mit entgegengesetztem Spin (Drehimpuls) die diskreten Energieniveaus in aufsteigender Reihenfolge besetzen, und dies geschieht in stabilen Kernen bis zu einer für beide Nukleonensorten einheitlichen Energieobergrenze. Offensichtlich übersteigt die Anzahl der Neutronen die Anzahl der Protonen umso mehr, je größer die Energiedifferenz ΔE ausfällt. **Leichte Kerne** besitzen nur wenige Protonen und deshalb nur ein geringes Coulomb-Potenzial. Die Differenz ΔE ist hier gering und die **Anzahlen** der Neutronen und Protonen sind (ungefähr) **ausgeglichen** ($A - Z \approx Z$). Bei **schweren Kernen** bewirkt die große Protonenzahl jedoch ein starkes Coulomb-Potenzial. ΔE nimmt zu und die **Neutronenzahl übersteigt jetzt deutlich die Protonenzahl** ($A - Z > Z$). Trägt man alle dauerhaft oder zeitweise stabilen Kerne in ein $(A - Z)$-Z-Diagramm ein, so resultiert eine **Nuklidkarte**, die hier grob wiedergegeben wird.

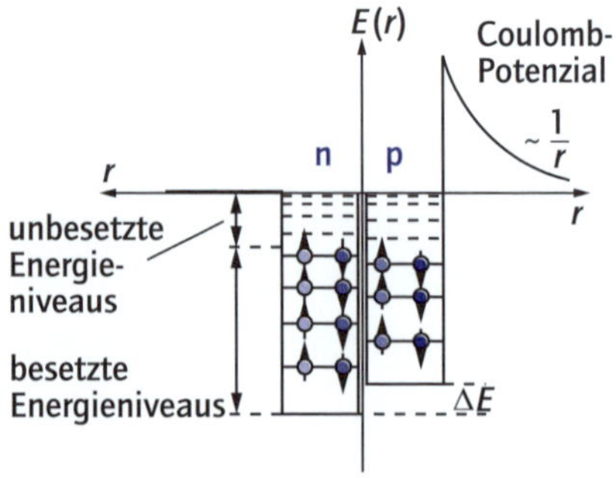

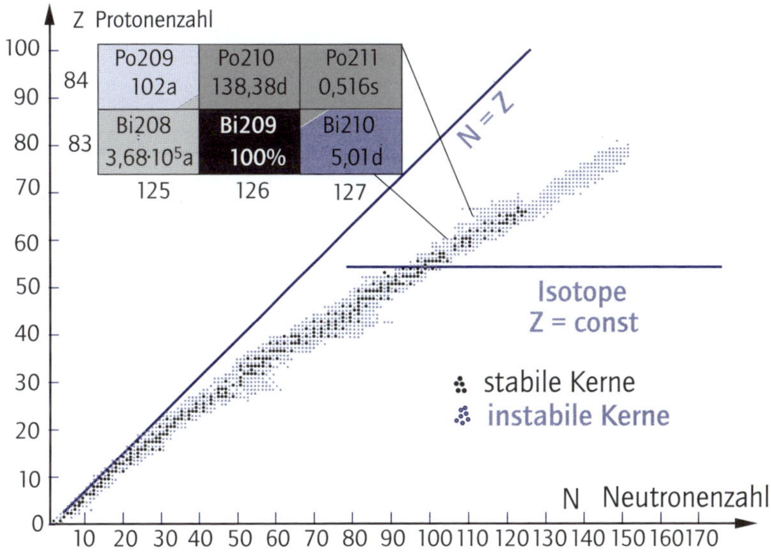

BEISPIEL 7

a) Erläutern Sie anhand einer Nuklidkarte den Begriff „Isotop".

Alle Kerne, die sich bei gleicher Protonenzahl Z (= Kernladungszahl) durch verschiedene Neutronenzahlen N unterscheiden, stellen die „Isotope" eines bestimmten chemischen Elementes dar.

b) Woran erkennt man den mit steigender Atom-Masse zunehmenden Neutronenüberschuss in der Nuklidkarte?

Während sich die Isotope der leichten Elemente ($A < 30$) um die 45°-Achse $A - Z = Z$ gruppieren, liegen die Isotope der schweren Elemente zunehmend unterhalb dieser Achse.

c) Wo findet man die β^-- und die β^+-Strahler in der Nuklidkarte?

Die β^--Strahler (β^+-Strahler) bauen ihren Überschuss an Neutronen (Protonen) durch Umwandlung eines Neutrons (Protons) in ein Proton (Neutron) ab und erhöhen dadurch ihre Stabilität. Man findet sie jeweils am rechten (linken) Rand einer Isotopen-Zeile.

Es zeigt sich, dass massenspektroskopisch sehr präzise bestimmte Kernmassen stets geringfügig kleiner sind als die Summe der Massen aller am Kernaufbau beteiligten Nukleonen. Sobald sich nämlich Nukleonen zu einem Kern zusammenschließen, tritt ein **Massendefekt** ein, dem dank Einsteins berühmter Formel $E = m \cdot c^2$ ein **Energieäquivalent** entspricht, eben die Bindungsenergie dieses Kerns. Die Größenordnung nuklearer Bindungsenergien zeigt das folgende Beispiel:

BEISPIEL 8

a) Im Zusammenhang mit Kernbindungsenergien wurde $\frac{1}{12}$ der Masse des Kohlenstoffisotops C-12 als atomare Masseneinheit $1\,u = 1{,}660\,54 \cdot 10^{-27}\,kg$ festgelegt. Bestimmen Sie das Energieäquivalent.

Energieäquivalent: $E = m \cdot c^2 = 1{,}660\,54 \cdot 10^{-27}\,kg \cdot (2{,}997\,92 \cdot 10^8\,m/s)^2$
$= 1{,}49241 \cdot 10^{-10}\,J = 931{,}5\,MeV$

b) Bestimmen Sie für einen Heliumkern den Massendefekt, die Bindungsenergie und die Bindungsenergie pro Nukleon aus: $m_{He} = 4{,}002\,603\,3\,u$, $m_H = 1{,}007\,825\,0\,u$ und $m_n = 1{,}008\,664\,9\,u$.

Massendefekt: $\Delta m = m_{He} - (2 \cdot m_H + 2 \cdot m_n) = -0{,}030\,377\,u$

Bindungsenergie: $E = -0{,}030\,377 \cdot 931{,}5\,MeV = -28{,}3\,MeV$

Bindungsenergie pro Nukleon: $\frac{E}{A} = \frac{-28{,}3\,MeV}{4} = -7{,}07\,MeV$

INSIDER-TIPP

Im Beispiel 8 wird auf die tabellierten Atommassen m_{He} und m_H zurückgegriffen. Dabei heben sich die Massen der beiden Helium-Hüllenelektronen mit denen der beiden Wasserstoffatome durch Subtraktion auf und im Ergebnis wird nur der Massendefekt des Heliumkerns erfasst.

Die **Bindungsenergie pro Nukleon** $\frac{E}{A}$ variiert in der abgebildeten Weise mit der Massenzahl A. Zunächst nimmt sie für die leichten Elemente recht unregelmäßig ab, bis sie bei $A \approx 60$ (Eisen, Cobalt, Nickel) den minimalen Wert von $-8{,}6\,MeV$ erreicht. Danach steigt $\frac{E}{A}$ wieder langsam an und erreicht für die schweren Elemente Werte um $-7{,}5\,MeV$. $\frac{E}{A}$ ist diejenige Energie, die beim Zusammenschluss der Nukleonen zum Kern durchschnittlich von jedem beteiligten Nukleon freigesetzt wird, oder umgekehrt, pro Nukleon aufgebracht werden muss, um den Kern wieder in seine Bestandteile zu spalten. Damit kann $\frac{E}{A}$ **als ein Maß für die Stabilität von Atomkernen** angesehen werden. Darüber hinaus liefert der u-förmige Verlauf der $\frac{E}{A}$-Kurve auch wichtige Aufschlüsse über die Energietönung von Kernreaktionen.

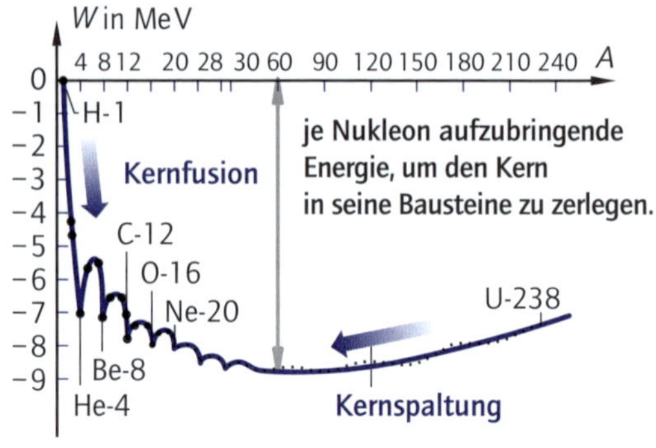

12.5 Kernreaktionen im Überblick

Die **erste dokumentierte Kernreaktion** verdanken wir E. Rutherford aus dem Jahre 1919. Anhand von Nebelkammeraufnahmen beobachtete er, dass sich Stickstoffkerne (N-14) unter Beschuss mit α-Teilchen bisweilen in einen Sauerstoffkern (O-17) und ein Proton (p) umwandeln. Ähnlich einer chemischen Reaktionsgleichung lässt sich auch für solche Kernreaktionen eine entsprechende **Reaktionsgleichung** formulieren.

Ausführlich: ${}^{14}_{7}N + {}^{4}_{2}He \rightarrow {}^{18}_{9}F^* \rightarrow {}^{17}_{8}O + {}^{1}_{1}p$; Kurzform: ${}^{14}_{7}N\,(\alpha,p)\,{}^{17}_{8}O$.

Das **allgemeine Reaktionsschema: A + a [→ X*] → B + b** bzw. die **Kurzform: A(a, b) B** besagt, dass der Primärkern A das eingeschossene Primärteilchen a einfängt und einen angeregten, sehr kurzlebigen Zwischenkern X* bildet, der im Allgemeinen nicht notiert wird und umgehend in den Sekundärkern B und das emittierte Sekundärteilchen b zerfällt. Und mithilfe der folgenden **Erhaltungssätze** kann vorab beurteilt werden, ob eine bestimmte, zunächst nur angenommene Reaktion auch stattfinden kann.

MERKE ▪ Erhaltungssätze, die zu beachten sind:

1. **Erhaltung der elektrischen Ladungen:** Die Gesamtzahl der einfach positiven Protonen darf sich bei einer Reaktion nicht ändern.
2. **Erhaltung der Nukleonenzahl:** Die Gesamtzahl aller Nukleonen (Protonen und Neutronen) darf sich bei einer Reaktion nicht ändern.
3. **Impulserhaltung:** Der Gesamtimpuls bleibt bei einer Reaktion erhalten: $\vec{p}_A + \vec{p}_a = \vec{p}_B + \vec{p}_b$.
4. **Erhaltung der Energie:**
   $m_A \cdot c^2 + E_{kin,A} + m_a \cdot c^2 + E_{kin,a} = m_B \cdot c^2 + E_{kin,B} + m_b \cdot c^2 + E_{kin,b}$
   Hieraus leitet sich der Q-Wert:
   $Q = (m_A + m_a - m_B - m_b) \cdot c^2 = E_{kin,B} + E_{kin,b} - E_{kin,A} - E_{kin,a}$
   einer Reaktion sowohl aus dem eintretenden Massendefekt als auch aus dem Unterschied der kinetischen Energien vor und nach einer Reaktion ab. Mit seiner Hilfe kann nun das breite Spektrum möglicher Kernreaktionen anhand der Energietönungen unterteilt werden: Bei den exothermen Reaktionen wird ein Energieüberschuss $Q > 0$ freigesetzt, für $Q < 0$ liegt hingegen eine endotherme Reaktion vor, die nur unter Zufuhr der benötigten Energie Q stattfinden kann.

BEISPIEL 9 ▪

a) Lässt sich das Kohlenstoffisotop $^{13}_{6}C$ (m_C = 13,003 355 u) durch Protonen-Beschuss (m_H = 1,007 825 u) in das Stickstoffisotop $^{13}_{7}N$ (m_N = 13,005 738 u) überführen, wenn als Sekundärteilchen ein Neutron (m_n = 1,008 665 u) emittiert wird?

Mit der Reaktionsgleichung: $^{13}_{6}C + ^{1}_{1}H \rightarrow ^{13}_{7}N + ^{1}_{0}n$ bestätigt man die Erhaltung der Ladungen (6 + 1 = 7 + 0) und der Nukleonen (13 + 1 = 13 + 1).

Der *Q*-Wert:

$$Q = (m_C + m_H - m_N - m_n)\cdot c^2$$
$$= (13{,}003\,355\,u + 1{,}007\,825\,u - 13{,}005\,738\,u - 1{,}008\,665\,u)\cdot c^2$$
$$= -0{,}003\,223\,u\cdot c^2 = -0{,}003\,223\cdot c^2\cdot 931{,}5\,MeV/c^2 = -3{,}00\,MeV$$

ist negativ und zeigt einen endothermen Reaktionsverlauf an. Daher muss die kinetische Energie der Protonen mindestens 3,00 MeV betragen, um diese Reaktion in Gang zu bringen.

b) Im Experiment findet die Kernreaktion aus Teil a) erst oberhalb einer Protonenenergie von 3,23 MeV statt. Begründen Sie, warum die tatsächliche Energieschwelle größer als 3,00 MeV ist.

3,00 MeV-Protonen würden lediglich *ruhende* Reaktionsprodukte hervorbringen, die den Gesamtimpuls null besäßen. Weil die bewegten Protonen aber einen Gesamtimpuls, zu dem die ruhenden Kohlenstoffkerne nichts beitragen, in den Stoßprozess einbringen, wäre so der Impulserhaltungssatz verletzt. Umfangreichere Rechnungen zeigen, dass Energie *und Impuls* erst ab 3,23 MeV erhalten bleiben.

Eine Einteilung der Kernprozesse nach der **Art der verwendeten Primärteilchen** wirft insbesondere Licht auf die technischen Bedingungen, unter denen ein Prozess künstlich durchgeführt werden kann. Zahlreiche Arten **geladener Teilchen**, von den leichten Protonen und α-Teilchen bis hin zu den schweren Ionen, erhalten in speziellen Beschleunigeranlagen hohe kinetische Energien, damit sie die Coulomb-Potenziale der Zielkerne (Targets) überwinden und in den Wirkungsbereich der Kernkräfte vordringen können. Anders verhält es sich mit den **Neutronen**, die z. B. von Kernreaktoren mit hoher Intensität als **elektrisch neutrale „Geschosse"** abgestrahlt werden. Sie brauchen kein Coulomb-Potenzial zu überwinden und dringen daher auch noch als abgebremste, sogenannte **thermische Neutronen** bis in die Kernbereiche vor, wo sie **Neutroneneinfang-Reaktionen** auslösen können.

BEISPIEL 10

a) Das Borisotop $^{10}_{5}B$ geht durch Neutronenbeschuss in Lithium (Li-7) über. Reaktionsgleichung?

Bei der Neutroneneinfang-Reaktion $^{10}_{5}B(n, \alpha)^{7}_{3}Li$ werden sekundäre α-Teilchen emittiert.

b) Warum lässt sich ein Geiger-Müller-Zählrohr, bei dem die Innenwände mit einer Borverbindung belegt wurden, für die Neutronenzählung einsetzen?

Die Neutronen selbst bewirken als elektrisch neutrale Partikel keine Ionisationen im Zählrohrvolumen und lösen somit auch keine Zählimpulse aus. An den Wänden des Zählrohres lösen sie jedoch sekundäre α-Teilchen aus, die als positive Partikel eine **indirekte Neutronenmessung** ermöglichen.

Der Umgang mit Neutronen wirft ein **doppeltes Abschirmungsproblem** auf: Einerseits müssen die Neutronen selbst durch protonenreiche Moderatoren (Deuterium, Helium, Kohlenwasserstoffe) abgebremst werden, andererseits sind aber auch die ionisierenden Sekundärpartikel abzuschirmen.

ZUR VERTIEFUNG

Zeigen Sie unter Anwendung des Energie- und Impulserhaltungssatzes, dass ein Neutron der Masse m_n bei einem zentral-elastischen Stoß mit einem Moderatorkern der Masse m_M einen Energieanteil von $\frac{4 \cdot m_n \cdot m_M}{(m_n + m_M)^2}$ überträgt.

Für welches Massenverhältnis $\frac{m_n}{m_M}$ ist der Energieverlust eines Neutrons maximal? Welche Empfehlungen ergeben sich hieraus für die Neutronenabschirmung?

Eine andere Einteilung der Kernreaktionen orientiert sich an den **Eigenschaften der entstandenen Reaktionsprodukte**. Oftmals besitzen die angeregten Zwischenkerne (X*) noch eine hinreichend lange Halbwertszeit, um als eigenständige Reaktionsprodukte angesehen und in vielen Bereichen (z. B. in Forschung, Medizin, Technik) als radioaktive Substanzen eingesetzt zu werden. Durch vielfältige Kernreaktionen lassen sich heute mehr als 1000 radioaktive Nuklide herstellen, die nicht in den vier natürlichen Zerfallsreihen vorkommen und damit den Bereich der **künstlichen Radioaktivität** abstecken. Bei ihrer Gewinnung spielt der Neutronenbeschuss eine große Rolle, denn bei diesem als **Aktivierung** bezeichneten Reaktionstyp gehen zahlreiche stabile Isotope durch **Neutroneneinfang** in ein radioaktives Isotop desselben chemischen Elementes über.

BEISPIEL 11

a) Indem man Berylliumpulver ($^{9}_{4}Be$) mit einem Salz des α-Strahlers Radium versetzt, gewinnt man eine Neutronenquelle. Welche Kernreaktion läuft ab?

Reaktionsgleichung: $^{9}_{4}Be + ^{4}_{2}He \rightarrow ^{13}_{6}C^* \rightarrow ^{12}_{6}C + n$; kurz: $^{9}_{4}Be(\alpha,n)^{12}_{6}C$.

b) Die Aktivierung des stabilen Iodisotops $^{127}_{53}I$ liefert einen β^--Strahler, der u. a. wegen seiner kurzen Halbwertszeit in der Medizin eingesetzt wird. Notieren Sie die Aktivierungs- und die Zerfallsreaktion.

Aktivierungsreaktion: $^{127}_{53}I + ^{1}_{0}n \rightarrow ^{128}_{53}I + \gamma$; kurz: $^{127}_{53}I(n,\gamma)^{128}_{53}I$

Zerfallsreaktion: $^{128}_{53}I \rightarrow ^{128}_{54}Xe + ^{0}_{1}e + \overline{\nu}$

Mit den **Transuranen** soll noch eine weitere Klasse von Reaktionsprodukten angesprochen werden. Ihre Ordnungszahlen sind größer als 92 und deshalb stehen sie im Periodensystem der Elemente „jenseits" von Uran. Die meisten Transuran-Kerne sind infolge großer elektrischer Abstoßungskräfte zwischen den Protonen instabil und besitzen, mit Ausnahme der Plutoniumisotope Pu-239 und Pu-244, kein natürliches Vorkommen auf der Erde. Zu ihrer künstlichen Herstellung beschießt man schwere Kerne mit Neutronen, α-Teilchen oder sogar mit Kohlenstoffkernen. Stellvertretend für die Vielzahl dieser zum Teil mehrstufigen Reaktionen wird hier der **dreistufige Herstellungsprozess von Pu-239** angeführt, denn dieses Plutoniumisotop ist spaltbar und deshalb neben dem Uranisotop U-235 von großer Bedeutung für die nukleare Energiegewinnung. Wird das nicht spaltbare Uranisotop U-238 mit Neutronen beschossen, so geht es durch Neutroneneinfang in das Isotop U-239 über, das sich dann durch zwei anschließende β^--Zerfälle zum angestrebten Plutoniumisotop Pu-239 umbildet. Dieses Verfahren wird in den **schnellen Brutreaktoren** großtechnisch verwirklicht und dient dort auch der Gewinnung spaltbaren Materials.

$$^{238}_{92}U(n,\gamma) \rightarrow ^{239}_{92}U + \gamma$$

$$^{239}_{92}U \rightarrow ^{239}_{93}Np + \beta^-$$

$$^{239}_{93}Np \rightarrow ^{239}_{94}Pu + \beta^-$$

12.6 Kernspaltung und Kernverschmelzung

Kernspaltung (Fission) und **Kernverschmelzung (Fusion)** sind als **betont exotherme Reaktionen** sowohl für die zivile Energiegewinnung (Kernreaktoren) als auch für militärische Zwecke (Atom- und Wasserstoffbombe) von großer Bedeutung. Hier nun ein Überblick über beide Reaktionstypen: 1938 entdeckten O. Hahn und F. Strassmann, dass das Uranisotop U-235, anders als das Isotop U-238, unter Neutronenbeschuss nicht immer einen schweren Sekundärkern bildet, sondern dass stattdessen auch zwei Sekundärkerne mit etwa der halben Massenzahl auftreten können: U-235-Kerne lassen sich spalten! So die physikalische Deutung, an der auch L. Meitner und O. Frisch maßgeblich beteiligt waren.

Beim Neutroneneinfang geht der $^{235}_{92}U$-Kern in den höchst instabilen $^{236}_{92}U^*$-Kern über, der heftig schwingt und sich dabei stark verformt. Kommt es zur Hantelform, bei der sich bereits zwei Sekundärkerne andeuten, die nur noch durch die Kernkräfte F_K weniger Nukleonen zusammengehalten werden, dann gewinnen die weit reichenden Coulomb-Kräfte F_C leicht die Oberhand und die Spaltung erfolgt unter Freisetzung von 2 bis 3 schnellen Neutronen. Im abgebildeten Beispiel entstehen ein Krypton- und ein Bariumkern sowie drei schnelle Neutronen, denen zusammen die beachtliche Energie von ca. 200 MeV zukommt.

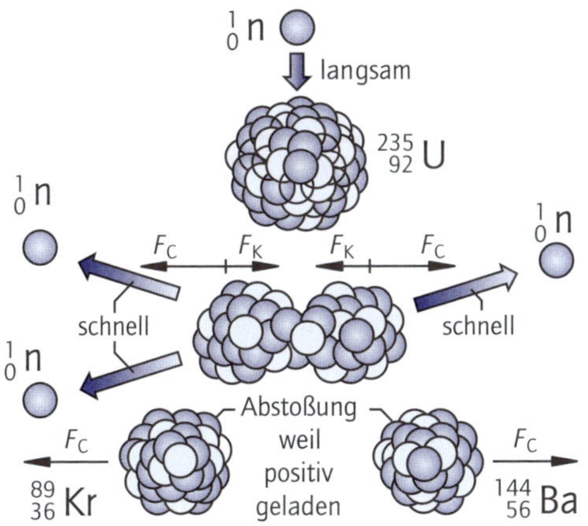

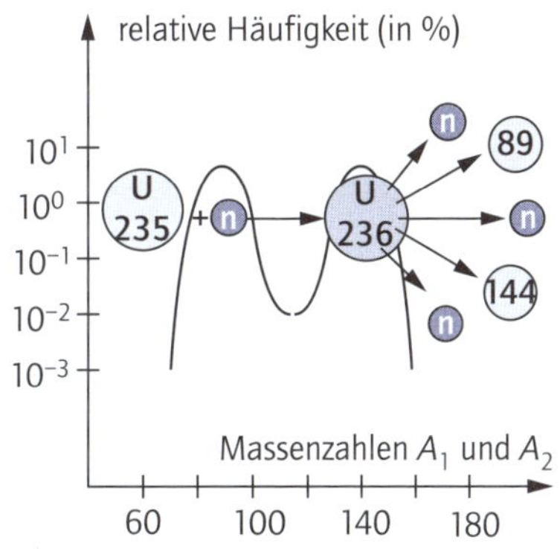

Die Reaktionsgleichung lautet:

$$^{235}_{92}U + ^{1}_{0}n \rightarrow ^{236}_{92}U^* \rightarrow ^{89}_{36}Kr + ^{144}_{56}Ba + 3\,^{1}_{0}n + 200\,MeV$$

Tatsächlich treten aber auch andere Reaktionsprodukte auf, weil sich die Größe der Sekundärkerne eher zufällig ergibt. So liefert z. B. die folgende Reaktion nur zwei Neutronen:

$$^{235}_{92}U + ^{1}_{0}n \rightarrow ^{236}_{92}U^{*} \rightarrow ^{94}_{37}Rb + ^{140}_{55}Cs + 2\,^{1}_{0}n + 200\,\text{MeV}$$

Die abgebildete Häufigkeitsverteilung zeigt, dass **Massenverhältnisse um $A_1 : A_2 = 2 : 3$ dominieren**.

BEISPIEL 12 ▪ **Begründen Sie, dass die Kernspaltung von U-235 unabhängig von den Reaktionsprodukten stets mit einem Energiegewinn von ca. 200 MeV pro Spaltungsreaktion verbunden ist.**

Der schwere U-235-Kern liegt am rechten Ende des $\frac{E}{A}$-Diagramms von Seite 178 und seine Bindungsenergie pro Nukleon beträgt −7,6 MeV. Die mittelschweren Sekundärkerne ($60 < A < 140$) kommen hingegen auf −8,5 MeV/Nukleon. Somit werden bei einer Spaltung ca. 0,9 MeV/Nukleon freigesetzt, insgesamt

0,9 MeV/Nukleon·(235 + 1) Nukleonen ≈ 200 MeV.

Bei der Spaltung von U-235 bzw. Pu-239 werden im Mittel $k = 2{,}5$ bzw. $k = 1{,}6$ Neutronen pro Spaltung freigesetzt, die ihrerseits weitere Spaltungen herbeiführen können und durch diese **Kettenreaktion** eine **selbsterhaltende Energiefreisetzung** ermöglichen. Man unterscheidet zwischen:

- einer **unkontrollierten Kettenreaktion** mit einer Neutronenvermehrung $k > 1$. Die Zahl der Spaltungsreaktionen wächst hier in kürzester Zeit exponentiell an und eine sehr große Gesamtenergie wird explosionsartig freigesetzt (Atombombe).
- und einer **kontrollierten Kettenreaktion**, bei der die Neutronenvermehrung durch Abfangen überzähliger Neutronen auf $k = 1$ eingestellt wird. Eine zeitlich konstante Zahl von Spaltungsreaktionen ermöglicht jetzt eine gleichmäßige und steuerbare Energiegewinnung (Kernkraftwerk).

Grundsätzlich ist das Zustandekommen einer Kettenreaktion an **zwei Bedingungen** gebunden, durch die sichergestellt wird, dass freigesetzte Neutronen mit hinreichender Wahrscheinlichkeit auf spaltbare Kerne treffen. Zum einen muss das **spaltbare Material in hinreichender Konzentration** vorliegen. So wird das spaltbare Isotop U-235, das in natürlichen Uranvorkommen nur zu 0,7 % enthalten ist, auf ca. 3 % angereichert. Andererseits muss aber auch die Menge des spaltbaren Materials eine **kritische Masse** erreichen. Sie liegt für reines U-235 bei 50 kg und für Pu-239 bei 16 kg.

ZUR VERTIEFUNG

E. Fermi nahm 1942 den ersten Versuchsreaktor in Betrieb. Informieren Sie sich über den Aufbau und die Funktionsweise heutiger Reaktortypen (Siedewasser-, Druckwasser- und Brutreaktor). Durch welche Sicherungsmaßnahmen (inhärente, passive und aktive Sicherungssysteme) sollen Reaktorstörungen und -unfälle vermieden werden? Wie kam es dennoch zu den katastrophenartigen Unfällen von Three Mile Island und von Tschernobyl?

Das $\frac{E}{A}$-Diagramm von Seite 178 zeigt, dass auch bei der **Verschmelzung zweier leichter Kerne** exotherme Reaktionsverläufe mit Energiegewinnen von einigen MeV pro Reaktion zu erwarten sind. Der Kern K_2 muss bei Annäherung an den Kern K_1 so viel kinetische Energie E_k besitzen, dass er sich gegen das Coulomb-Potenzial

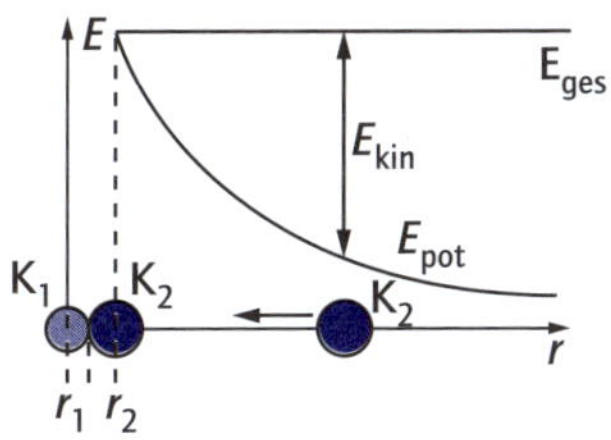

$$E_p(r) = \frac{1}{4\pi\cdot\varepsilon_0}\cdot\frac{(Z_1\cdot|e|)\cdot(Z_2\cdot|e|)}{r}$$

bis auf den Abstand $r = r_1 + r_2$ annähert. Denn die zur Fusion führenden Kernkräfte werden erst wirksam, wenn sich beide Kerne „berühren“.

BEISPIEL 13 ▪ Die Verschmelzung von Deuterium (m_D = 2,014102 u) und Tritium (m_T = 3,016049 u) zu Helium (m_{He} = 4,002603 u) ist mit Blick auf die angestrebte Realisierung in einem Fusionsreaktor nicht nur wegen ihrer sehr hohen Energieausbeute, sondern auch wegen der vergleichsweise niedrigen Plasmatemperatur von großem Interesse.

a) Wie groß ist die Energie, die bei dieser Fusionsreaktion freigesetzt wird?

Reaktionsgleichung: ${}^2_1\text{H} + {}^3_1\text{H} \rightarrow {}^4_2\text{He} + {}^1_0\text{n} + Q$

Q-Wert: $Q = (m_D + m_T - m_{He} - m_n)\cdot c^2$

$= (2{,}014102\,\text{u} + 3{,}016049\,\text{u} - 4{,}002603\,\text{u} - 1{,}008665\,\text{u})\cdot c^2$

$= 0{,}018883\,\text{u}\cdot c^2 = 0{,}018883\cdot c^2\cdot 931{,}5\,\text{MeV}/c^2 = 17{,}6\,\text{MeV}$

b) Welche (kinetische) Energie ist erforderlich, um die Fusionsreaktion in Gang zu bringen?

Deuteriumkern-Radius: $r_D = r_0\cdot\sqrt[3]{A_D} = 1{,}3\cdot 10^{-15}\,\text{m}\cdot\sqrt[3]{2} = 1{,}64\cdot 10^{-15}\,\text{m}$

Tritiumkern-Radius: $r_T = r_0\cdot\sqrt[3]{A_T} = 1{,}3\cdot 10^{-15}\,\text{m}\cdot\sqrt[3]{3} = 1{,}87\cdot 10^{-15}\,\text{m}$

Coulomb-Potenzial:

$$E_p(r_D + r_T) = \frac{1}{4\pi\cdot\varepsilon_0}\cdot\frac{(Z_D\cdot|e|)\cdot(Z_T\cdot|e|)}{r_D + r_T}$$

$$E_p(r_D + r_T) = \frac{1}{4\pi\cdot 8{,}854\cdot 10^{-12}\,\text{C/V}\cdot\text{m}}\cdot\frac{(1{,}602\cdot 10^{-19}\,\text{C})^2}{(1{,}64 + 1{,}87)\cdot 10^{-15}\,\text{m}} = 6{,}57\cdot 10^{-14}\,\text{J} \approx 0{,}4\,\text{MeV}$$

c) Bei sehr hohen Temperaturen bildet das Reaktionsgemisch ein Plasma. Bestimmen Sie unter der Annahme, dieses Plasma verhalte sich wie ein ideales Gas, seine erforderliche Tempertaur.
Kinetische Energie der „Gas"-Teilchen: $E_k = \frac{3}{2} \cdot k \cdot T$, das heißt: $T = \frac{2}{3} \cdot \frac{E_k}{k}$
und mit Daten: $T_k = \frac{2}{3} \cdot \frac{6{,}57 \cdot 10^{-14}\,J}{1{,}38 \cdot 10^{-23}\,J/K} = 3{,}2 \cdot 10^9\,K$
Hinweis: Tatsächlich verhält sich ein Plasma nicht wie ein ideales Gas. Genauere Rechnungen zeigen, dass „nur" eine Temperatur von ca. $3 \cdot 10^8\,K$ erforderlich ist, um die Fusion zu ermöglichen.

Wenngleich die technische Umsetzung von Fusionsreaktionen zur kontrollierten Energiegewinnung bisher daran scheitert, dass sich das Reaktionsgemisch noch nicht für längere Zeit als ein reaktionsfähiges Plasma zusammenhalten lässt, so rechtfertigen die erzielbaren **Vorteile gegenüber den Spaltungsreaktionen** dennoch alle Anstrengungen in dieser Richtung, liegt doch der Energiegewinn pro Kilogramm Fusionsmaterial mit $6{,}6 \cdot 10^{13}\,J$ ($1{,}8 \cdot 10^7\,kWh$) in derselben Größenordnung wie beim Spaltungsmaterial. Das zur Fusion benötigte Deuterium kommt natürlicherweise und unbegrenzt im Wasser vor und das ebenfalls benötigte Tritium ist zwar knapp, kann aber durch die Reaktion ${}^6_3Li(n, \alpha){}^3_1H$ leicht gewonnen werden, wobei die Neutronen aus der Fusion selbst stammen. Schließlich entstehen bei der Fusion keine radioaktiven Abfälle, sodass hier das Entsorgungs- und auch das Endlagerungsproblem entfallen würden!

ZUR VERTIEFUNG

Unsere Sonne gewinnt ihre abgestrahlte Energie von $4 \cdot 10^{26}\,J/s$ aus einer dreistufigen Kette von Fusionsreaktionen, dem sogenannten Proton-Proton-Zyklus, bei dem in jeder Sekunde $6{,}7 \cdot 10^{11}\,kg$ Wasserstoff verschmolzen werden. Andere Sterne, auf denen bereits das Element Kohlenstoff vorkommt, gewinnen ihre Energie vorzugsweise aus dem sechsstufigen Kohlenstoff-Stickstoff-Zyklus (auch: Bethe-Weizsäcker-Zyklus). Notieren Sie die Reaktionsgleichungen beider Fusionszyklen und zeigen Sie, dass in beiden Fällen Energien von ca. 26 MeV/Zyklus gewonnen werden. Welche Rolle spielen derartige Fusionszyklen für die Entstehung der chemischen Elemente in unserem Weltall?

CHECKLISTE

12 Kernphysik

- α-Strahlung $\left({}^{4}_{2}\mathrm{He}\right)$ entsteht bei Zerfällen der Form ${}^{A}_{Z}X \rightarrow {}^{A-4}_{Z-2}T + \alpha$. Energie: 1 bis 10MeV; Abschirmung z. B. ein Blatt Papier. β^--Strahlung $\left({}^{0}_{-1}\mathrm{e}\right)$ bzw. β^+-Strahlung $\left({}^{0}_{+1}\mathrm{e}\right)$ entsteht bei Zerfällen der Form ${}^{A}_{Z}X \rightarrow {}_{Z+1}^{A}T + e^- + \bar{\nu}$ bzw. ${}^{A}_{Z}X \rightarrow {}_{Z-1}^{A}T + e^+ + \nu$, Energie: $\leqq$ 5 MeV; Abschirmung z. B. durch 10 mm dicke Aluminiumschicht. γ-Strahlung entsteht bei Übergängen angeregter Kerne in einen Zustand geringerer Anregung; Energien: 10 keV bis 10 MeV; kann nicht vollständig abgeschirmt sondern nur abgeschwächt werden.
- Kernzerfälle folgen einem exponentiellen Zerfallsgesetz für die Aktivität $A(t) = A_0 \cdot e^{-\lambda \cdot t}$, für die Zählrate $n(t)$ und für die Anzahl noch nicht zerfallener Kerne $N(t)$. Dabei hängt die Zerfallskonstante λ über die Beziehung $\lambda = \frac{\ln 2}{T_{1/2}}$ mit der stoffspezifischen Halbwertszeit $T_{1/2}$ zusammen.
- Das Rutherford-Experiment zeigt: Atomkerne setzen sich aus Protonen und Neutronen zusammen und vereinen nahezu die gesamte Masse und die positive Ladung eines Atoms auf kleinstem Raum. Nukleonen- und Kernradien können nach dem Tröpfchenmodell abgeschätzt werden.
- Während sich alle Protonen infolge ihrer weitreichenden Coulomb-Kräfte gegenseitig abstoßen, wirken die anziehenden Kernkräfte nur zwischen benachbarten Nukleonen. Dieses Kräfteverhältnis hängt von der Anzahl der Protonen und Neutronen ab und bestimmt die Stabilität eines Kerns.
- Alle Isotope eines Elements besitzen bei gleicher Protonenzahl (Z) unterschiedliche Neutronenzahlen (N). Während für die leichten Elemente $N \approx Z$ gilt, überwiegt mit zunehmender Atommasse die Neutronenzahl ($N > Z$).
- Fügt man freie Nukleonen zu einem Kern zusammen, so tritt ein Massendefekt auf, der entsprechend der Einstein'schen Beziehung $E = mc^2$ der Bindungsenergie entspricht. Die Bindungsenergie pro Nukleon E/A zeigt einen u-förmigen Verlauf mit einem Minimum von ca. −8,6 MeV bei Massenzahlen um 60.
- Eine Kernreaktion findet nur dann statt, wenn die gesamte elektrische Ladung (Protonenzahl), Nukleonenzahl, Gesamtimpuls und Gesamtenergie erhalten bleiben. Kernspaltung; Kernverschmelzung.

Stichwortverzeichnis

Prüfungstraining auf CD-ROM

Durch eine einfache Navigation schnell zur gewünschten Information oder Aufgabe: Die Startseite führt per Mausklick direkt zu den allgemeinen Tipps zur Prüfungsvorbereitung oder zu den Trainingseinheiten, die genau auf die Kapitelinhalte des Buches zugeschnitten sind. Wie hier für das Kapitel Wärmelehre gezeigt, finden Sie zu jedem Themenbereich Aufgaben mit Lösungen. Einfach klicken und die gezielte Prüfungsvorbereitung kann losgehen!

Die CD-ROM ist auf allen Systemen lauffähig, auf denen ein Acrobat-Reader® installiert ist. Auf Windows-Systemen müsste sie von selbst starten; auf Mac-Systemen oder wenn die CD nicht automatisch startet, öffnen Sie bitte manuell die Datei „Startseite" mit Acrobat.